KB214640

죽음에 이르는 병

쇠렌 키에르케고르 지음 | 박병덕 옮김

Vision
Book

일러두기

1. 비전북 클래식 시리즈 《죽음에 이르는 병》은 육문사 발간 1991년 5월 31일 초판 도서를 2012년 9월 20일 개정 초판으로 출간하였다.
2. 이 책은 육문사와 비전북의 협약으로 원고 및 편집을 육문사에서 제공하고 비전북 에서 출간하였다.
3. 본문 하단의 주석 중 [1]의 형식은 역자가 붙인 것이고 *의 형식은 저자 주석임을 밝힌다.
4. 본문에 나오는 인명과 지명은 외래어 표기법을 따르며 관행상 굳어진 표기는 그대 로 실었다.
5. 본문에 인용된 성경은 개역개정판을 사용하였다.

Die krankheit zum tode

by Kierkegaard

죽음에 이르는 병

해설

키에르케고르의 생애와 사상

쇠렌 키에르케고르(Sören Kierkegaard)는 1813년 덴마크 수도 코펜하겐의 한 저택에서 7남매 중 막내로 태어났다.

키에르케고르가 태어날 무렵 덴마크는 심각한 인플레이션에 시달리고 있었다. 나폴레옹의 동맹국으로서 6년이라는 오랜 기간에 걸쳐 영국과 전쟁을 했기 때문이었다. 절망적인 경제적 파탄으로 덴마크는 역사상 유례없는 곤궁의 시대를 맞았다. 그 곤궁기는 1855년 키에르케고르가 사십이 세를 일기로 세상을 떠날 때까지 계속된다.

키에르케고르가 사망한 1855년을 전후하여 덴마크 국내에서는 정치적 경제적 개혁이 잇달았다. 부흥하는 덴마크의 빛나는 출발이 시작된 것이다. 생각하기에 따라서 그는 절망론의 철인에 어울리는 바로 그런 시대를 조국의 역사 속에서 살았다고 할 수 있다.

키에르케고르의 선조는 찬바람이 휘몰아치는 서유틀란트 반도의 황야 가운데 '세딩'이라는 작은 부락의 가난한 농부였다. 그곳에 교회가 있었는데 그 교회에는 목사가 상주하지 않아 키에르케고르의 선조는 그 목사관을 빌어서 살았다. 사람들은 목사관에서 사는 키에르케고르의 선조를 '키르케고르(Kirkegaard)' 라 불렀다.

덴마크어의 Kirke는 독일어의 Kirche, 영어의 Church에 해당하는 말이고 gaard는 독일어의 Garten, 영어의 garden에 해당하는 말이다. 따라서 '키르케고르'는 '교회의 정원' 또는 '교회의 저택(이것은 때로 묘지를 의미하기도 한다)' 이라는 뜻으로서 교회 저택에 살고 있는 일가를 마을 사람들이 '키르케고르'라고 부른 것이 그대로 가명(家名)이 된 것이다.

그 후 키에르케고르의 아버지가 세딩에서 수도 코펜하겐으로 옮길 때 'Kirkegaard' 라는 보통 명사 속에 아무런 의미도 없는 'e' 자를 집어넣어 'Kierkegaard' 라는 고유명사로 바꾸었다고 한다.

키에르케고르의 생애는 외면적으로는 비교적 단조로웠다. 키에르케고르가 태어났을 당시 그의 가정은 코펜하겐에서 부유한 생활을 하고 있었다. 아버지 미카엘 페더센 키에르케고르는 첫 부인이 죽은 후 하녀였던 안네 쇠렌스닷터 룬과 결혼한 후 5개월 만에 맏아들을 얻었다. 도덕적으로 엄격한 미카엘은 자신의 이 과실을 일생 동안 잊지 못하고 고뇌하였으며 이것이 아들 쇠렌의 생애에도 영향을 미쳤다.

쇠렌은 유복한 가정에서 태어나 부친의 엄격한 기독교적 분위기 속에서도 재치 있고 명석한 소년으로 귀여움을 받으며 성장하였다. 그의 부친은 상상의 즐거움을 아는 사람으로서 쇠렌에게 풍부한 상상력을 심어 주는 데 큰 기여를 했다.

부친은 여러 가지 학문 그 중에서도 철학에 관심을 가지고 있어서 때때로 친지들을 초대하여 철학적인 주제를 가지고 토론하기를 즐겼다. 그는 변증(辨證)의 재주로 좌중을 압도하곤 했는데 이것을 보는 일은 쇠렌의 큰 즐거움의 하나였다. 결국 이렇게 하여 아버지 미카엘은 쇠렌에게 풍부한 상상력과 날카로운 변증을 심어주게 되었으며 그 재능은 훗날 쇠렌으로 하여금 시(詩)와 철학이 교차하는 아름답고도 심오한 작품을 낳게 한 기초가 된 것이다.

키에르케고르의 특징을 이루고 있는 상상력과 변증법의 재능은 분명히 아버지 때문에 길러진 것이기는 하지만 결코 아버지의 계획적인 교육 방침에 의한 것은 아니었다. 아버지는 다만 그를 경건한 기독교인으로 육성할 생각이었다.

1830년 쇠렌은 코펜하겐 대학에 입학하여 부친의 희망대로 신학을 공부하기 시작하였다. 입학 후의 일은 거의 알려져 있지 않으나 1834년부터 세계의 문학사상(文學史上) 가장 귀중하고 방대한 자료인 '일기'를 쓰기 시작하였다. 처음에는 그저 짤막한 내용이었으나 점차 신학에서 문학으로 그리고 철학으로 옮겨진 관심의 변천을 보여 준다.

키에르케고르는 아버지와 형제들과는 달리 다분히 미적인 기질을 지니고 있었다. 그래서 그의 흥미는 신학에서 문학과 철학으로 옮겨가게 되고 생활은 아버지의 가문과는 다른 범위로 발전되었다. 그는 이른바 '미적인 생활'을 동경하여 문학, 음악, 오페라 등을 가까이 하고 산책을 즐기면서 사상을 키워갔다.

이십사 세가 되던 해 그는 '레기네'라는 한 여성을 만나 사랑에 빠졌다. 그 사랑은 불행으로 끝나게 될 운명이었지만 키에르케고르의 생애를 좌우할 정도의 의미를 가지는 것이었다.

레기네는 이미 약혼한 처지였으나 키에르케고르는 가까스로 구애에 성공하여 이십칠 세 때 그녀와 약혼하기에 이르렀다. 그런데 그 다음해 이유를 밝히지 않은 채 그는 일방적으로 약혼을 파기했다. 그 후 그는 일생을 독신으로 지냈다. 약혼 파기 사건은 그에게 한없는 고뇌의 원천이 되었다. 성실한 자기 고백이라고 일컬어지는 그의 작품 속에는 연애와 약혼의 체험으로 인한 고뇌의 깊이가 절실히 묘사되어 있다.

조국은 곤궁했지만 그는 아버지의 유산으로 경제적으로는 비교적 안락한 생활을 했다. 네 번 정도 베를린을 여행했을 뿐 코펜하겐을 떠난 일이 거의 없는 그는 혼(魂)의 문제에 관해서는 그렇게 정열적이고 혁신적이었음에 비해 정치에는 별로 관심이 없었다.

"사람이 전 세계를 얻는다 해도 스스로 혼을 잃으면 무슨 소용이 있을 것인가."

하는 그리스도의 말씀이 있다. 키에르케고르의 전 생애는 그리스도의 이 말씀의 19세기 판(版)이라고도 할 수 있다. 그의 생애는 오직 자신의 혼에 대한 문제를 파헤치는 고투의 역사였다.

'자기'라고 하는 개체로서의 작은 인간, 둘도 없는 오직 하나의 인간, 이것이 그에게 가장 큰 문제였던 것이다. 그는 헤겔 철학의 영향을 강하게 받는 동시에 그것의 철저한 비판자로서 일어섰다. 전 우주를 감싸는 헤겔 철학 체계나 세계사에 관한 장대한 역사 철학적 전망 따위는 그에게는 '자신'이라는 둘도 없는 단독자의 가장 절실한

혼의 문제를 잊은 헛소리로밖에 생각되지 않았다.

이십이 세 때의 일기에 그는,

"근본적인 것은 나에게 있어서의 진리를 찾아내는 일이다. 그것을 위해서라면 언제라도 살고 죽을 수 있는 그런 이념을…… 이른바 객관적인 진리 따위를 발견한들 그것이 나에게 무슨 소용이 있단 말인가!"

라고 썼다. 여기서 이미 '주체성이야말로 진리'라는 그의 후년의 생각을 엿볼 수 있다. 그가 그토록 외곬으로 열렬히 자기 자신을, 자신의 주체성을 문제 삼지 않으면 안 되었던 밑바닥에는 심각한 예외자 의식이 숨어 있다는 점에 주의할 필요가 있다.

예외자(Ausnahme)라는 말은 키에르케고르와 니체에게서 비롯되어 오늘날 실존 철학에서 중요한 의미를 가진 개념이 되었다. 예를 들어 열 명의 사람이 손을 마주잡고 춤을 추며 즐기고 있다고 하자. 그 무리에서 떨어져 나무 그늘에 혼자 서 있는 열한 번째의 사람이 있다면 그가 예외자이다. 사람들이 살고 있는 보편적인 장면, 보편적이고 인간적인 장면 밖에 내던져져 혼자 고독한 생애를 더듬도록 운명 지어져 있는 듯한 인간이 예외자이다.

키에르케고르는 소년 시절부터 자신은 다른 사람들과 같지 않다는 자의식으로 괴로워했다.

"다른 사람들과 같지 않다는 사실 때문에 얼마나 괴로웠던가. 그때 누군가가 아주 잠깐 동안만이라도 나를 다른 사람들과 같을 수 있게 해 주었다면 나는 그에게 무엇이든 주었을 것이다."

라고 그는 후년에 쓰고 있다. 그에게는 무언가 신체상의 결함이 있었다. 그는 때때로 '육체의 가시'에 대하여 말했다. 그것이 무엇인가는 그 자신도 확실히 말하고 있지 않지만 최근의 연구 결과는 그가 꼽추였다는 사실을 확인한다.

원래 '육체의 가시'라는 말은 사도 바울에게서 유래하는데 그 바울도 전설에 의하면 꼽추이고 못생긴 사람이었다고 한다. 등에 다른 사람들이 갖지 않은 장식을 달고 있다는 사실만으로도 예외자적 자의식에 쫓길 만하다.

더욱이 그의 가계(家系)에는 우울증의 혈통이라고 할 수 있는 피가 흐르고 있었던 것 같다. 그는 아버지에 대해 그토록 우울한 사람은 일찍이 본 적이 없다고 말했다. 그의 아버지는 때로 소년 키에르케고르 앞에 멈춰 서서 아들의 얼굴을 찬찬히 들여다보며,

"가엾은 아들아, 너는 결국 조용한 절망 속에 빠질 것이다."

라고 말했다 한다.

키에르케고르의 형제는 모두 7남매였는데 그 중 다섯 명은 일찍 죽고 장수한 큰형은 만년에 정신병 증세가 있어서 사교직(司敎職)에서 물러나지 않을 수 없었다. 그의 아들인 키에르케고르의 조카는 오랫동안 정신병원에 입원하였으며 그곳에서,

"나의 숙부는 '이것이냐 저것이냐'이고, 나의 아버지는 '이것도 저것도'이고, 그리고 나는 '이것도 아니고 저것도 아니다'."

라고 중얼거렸다 한다. 그 밖에도 그의 조카들 중에는 정신병적 경향이 현저했던 사람도 있고 자살한 사람도 있다고 한다.

키에르케고르는 《공포와 전율》에서 '광기(狂氣)의 요소가 없는 위대한 천재는 일찍이 존재한 일이 없었다'고 한 아리스토텔레스

의 말을 인용, 광기와 천재와의 필연적인 관계를 언급하면서 천재가 신의 선물이라면 광기는 그에 따른 신의 질투라고 말하고 있는데 이것은 결코 남의 일이 아니었던 것이다.

남보다 뛰어난 지성을 갖추었으면서 그것을 싸고 있는 육체는 기형에 가깝다. 게다가 가계에 우수(憂愁)의 피가 흐르고 있었다. 키에르케고르가 자기 자신의 존재를 심각하게 의문 부호로서 받아들이고 보편 밖으로 내던져진 예외자로서 자기 자신의 존재 이유를 신을 향해 소리 높이 물었다고 해도 이상할 것이 없다.

아니, 당연하다. 마치 손으로 더듬어 찾는 듯한 실험적인, 지나치게 실험적인 그의 실존과 사색은 여기서부터 생긴 것이다. 큰 의문 부호로서 자기를 의식하는 그의 예외자적 실존을 가장 단적이고 상징적으로 표현하는 것은, 생각건대 레기네에 대한 그의 불행한 사랑의 사건이 아닐까 한다.

그는 왜 사랑하는 사람으로부터 멀어지지 않으면 안 되었을까?

"약혼을 파기한 그 날부터 나의 베개는 밤마다 젖었다."

라고 한 그의 말에 거짓은 없을 것이다. 그에 대한 레기네의 애정역시 절실하고 진실한 것이었다. 그녀는 여성으로서의 자존심도 팽개쳐 버리고 거의 미친 듯이 약혼을 파기하지 말아 달라고 그의 발밑에 울며 엎드렸던 것이다. 도대체 그는 무슨 까닭에 그렇게까지 사랑하는 사람과의 결혼을 스스로 허락할 수 없었던 것일까? 아니, 그보다도 약혼을 파기할 정도라면 도대체 무엇 때문에 일부러 그녀에게 접근했던 것일까?

연구자들의 필사적인 추적에도 불구하고 그 사정은 아직도 깊은 수수께끼이다. 구체적인 사정이야 어떠하든 그 밑바닥에는 보편적인 것 밖으로 내던져진 예외자적 존재의 입장에서 보편적이고 인간적인 것을 찾고자 했던 피투성이 싸움이 숨어 있었다고 하면 아주 잘못된 생각일까?

보편적인 것 밖으로 내던져진 예외자적 존재의 입장에서 볼 때보편적 인간성에 대한 향수의 구극적(究極的)인 근거와 통일을 찾을수 있기 위해서는 예외자적 존재의 내면적인 분열이 너무나도 심각하다. 예외자의 입장은 주어진 보편의 모든 형태 밖으로 내던져진 또는 그것을 꿰뚫고 나가는 이른바 의지할 데 없는 허무적 실존의 입장이다.

거기에서는 주어진 통일 모두가 산산이 찢어져 그 통일을 구성하고 있던 변증법적인 모든 계기가 상반하는 양극으로 분열한다. 그리하여 허무적 실존의 주체는 이들 상반하는 양극 사이를 끊임없이 유전(流轉)하는 것이다.

이것이 헤겔이 말하는 '불행한 의식'의 입장이다. 혹은 키에르케고르가 말하는 '가장 불행한 자'의 탈자적 무현재성(脫自的 無現在性)의 입장이다. 아니 이 책에서 절규한 '죽음에 이르는 병'이라는절망의 입장이다. 그리고 이것이 바로 전 생애를 통한 키에르케고르자신의 주체적, 운명적인 입장이었다.

이런 입장을 견디며 살아야 하는 예외자적 실존의 주체는 구극적절대적인 통일을 구하기 위해 부여된 보편의 입장 내지는 로고스적보편의 입장을 뚫고 나가지 않을 수 없다. 키에르케고르의 경우 그리스인의 지혜나 헤겔적 사변 철학의 체계를 깨뜨리고 초월적 기독교적 신앙의 초로고스적인 역설 가운데에서 구원을 구할 수 있었던 것이다.

삼십 세 때 《이것이냐 저것이냐》로 덴마크의 사상계에 데뷔한 이래 많은 저서를 발표한 그의 생애는 결과적으로 '저술가' 그것이었다. 만년에는 그리스도 수난의 의의를 강조하고 일어나 안이하게 세상과 타협하며 살고 있는 교회를 공격했다. 교회와의 시가전(市街戰)이 한창일 때 그는 거리에서 쓰러져 병원으로 옮겼으나 바로 죽었다. 그의 나이 사십이 세였다.

저작 활동과 그 배경

《이것이냐 저것이냐》로 시작된 키에르케고르의 저작 활동은 수년 동안 활발히 계속되어 개성적이고 훌륭한 작품이 수없이 발표되었다. 그런데 키에르케고르는 아버지 미카엘에게 바친 《종교 강화(講和)》를 제외하고는 모든 작품을 가명으로 발표하였다.

중요한 작품의 예를 들면 《이것이냐 저것이냐》는 빅토르 엘레미터, 《공포와 전율》은 침묵의 요하네스, 《반복》은 콘스탄틴 콘스탄티우스, 《철학적 단편》과 그 《후기(後記)》는 요하네스 클리막스, 《불안의 개념》은 비길리우스 하우프니엔시스, 《인생행로의 여러 단계》는 제본가 힐라리우스, 《죽음에 이르는 병》과 《기독교의 수련》은 안티 클리막스가 그 저자로 되어 있다. 어째서 이렇게 여러 개의 가명이 사용되어야 했을까?

기독교계의 모든 사람들은 실제로는 기독교도가 아니면서도 자신을 기독교도로 생각하고 있다. 사람들의 이 같은 착각을 일깨우기 위해서는 높은 곳에서 호소해서는 아무 소용이 없다. 오히려 자신도 그 착각자 중의 한 사람으로 자처하며 그와 같은 착각이 얼마나 무서운가를 사람들에게 알아차리게 하고 반성케 하는 것이 효과적이다.

키에르케고르는 소크라테스의 조산술(助産術)에서 이 방법을 배워 '간접 전달'이라고 하는 이 방법을 저작에 끌어들여 사람들을 진리 속으로 인도하고자 했던 것이다.

그런데 흔히 미적인 생활 방법이라고 불리는 이와 같은 착각 속에 살고 있는 사람들의 살아가는 방법에는 여러 가지 단계가 있다. 그래서 전달이 효과를 거두기 위해서는 생활 방법의 차이에 따라 형식을 바꿔야 했다. 그 차이에 따라 각각 다른 입장에 서 있는 저자가 필요했던 것이라고 풀이된다.

《이것이냐 저것이냐》는 1843년 2월에 출판되었으며 덴마크에서 유례없는 대저작이었는데 주로 그 안에 포함되어 있는 유혹자의 일기로 큰 호평을 받았다. 이 책은 미적 생활자와 윤리적 생활자를 '저것이냐 이것이냐'로 대립시켜 양자택일을 독자에게 호소하는 형식을 취하고 있으나 실제로는 그리 단순한 것이 아니다.

이것은 사변철학(思辨哲學)에 대한 도전임과 동시에 레기네를 사랑하기 때문에 겪고 있는 고충을 호소하여 자기의 참뜻을 전하려는 의도가 숨어 있었다. 또한 자기 내부에 살고 있는 시인과 싸우는 형식으로 행해지는 자기비판의 책이다.

계속하여 같은 해 시월에 《반복》과 《공포의 전율》이 동시에 출판되었다. 전자는 상실된 자아의 회복 또는 재생(再生)이라고도 할 수 있는 '반복'이라는 삶의 범주를 추구하는 해학적인 소설체 작품이며 후자는 신앙의 아버지로 우러르는 아브라함과 그의 아들 이삭의 이야기를 통해 신앙의 참뜻을 설명하고 있는 작품인데 여기에서도 레기네에게 전해지기를 바라는 뜻이 숨겨져 있다.

1845년에는 이 세 개의 작품을 한데 묶은 것으로 보이는 《인생 행로의 여러 단계》가 출판되었는데 이 책의 제3부인 <책임 있다, 책임 없다>는 일종의 자전적인 시화(詩化)로도 보이며 심각한 고민이 고백되어 있다.

1844년에는 ≪철학적 단편≫과 ≪불안의 개념≫이 거의 동시에 출판되었고 1846년에는 <철학적 단편에의 완결적 비(非)학문적인 후기>, <현대의 비판>을 포함한 <두 개의 시대>에 대한 문학 평론이 잇달았다. ≪불안의 개념≫은 불안이라는 현상에 대해 일찍이 없었던 깊은 분석을 가한 천재적일 작품이다. '원죄'의 문제에 관련하여 그 전제이자 결과인 불안으로부터 원죄가 설명되고 불안의 여러 형태에 대한 놀라울 만한 정밀한 서술과 심층심리의 분석이 전개되고 있다. 그 내용을 간단히 설명하는 것은 불가능하며 또 무의미하다.

≪철학적 단편≫은 소크라테스를 등장시키지만 소크라테스로 대표되어지는 것은 헤겔풍의 사변철학이다. 문제는 신앙이며 그 대상은 예수 그리스도이다. 영원한 신이 인간으로서 이 세상에 살았다는 것은 인간의 이성으로서는 이해할 수 없는 배리(背理)이며 역설이다. 이성은 그것에 대하여 좌절하지 않을 수 없다. 그리고 이성이 좌절하는 바로 그곳에서 신앙이 시작된다.

그런 역설적인 진리는 객관적으로 인식할 수 없다. 그것은 이성의 입장에서 보면 불확실한 것에 지나지 않는다. 그렇지만 이성으로 보아서 불확실한 것이라면 그야말로 믿는 수밖에 없다. 신앙이라는 주관적 정열의 대상이 될 수밖에 없다. 이런 의미에서 주관적 정열의 대상이 되는 것이 주관적 혹은 주체적 진리라고 불리는 것으로서, 키에르케고르는 '주체성이 진리다'라는 역설적인 말로써 간결하게 표현하고 있다.

그리고 이것은 1835년 여름 키에르케고르의 수기에서 "진리란

이데아를 위하여 사는 것 외의 아무것도 아니다"라고 했고 ≪이것이냐 저것이냐≫의 끝부분에서 "교화하는 진리만이 제일가는 진리이다"라고 한 것으로서 말하자면 그의 사상의 완성인 것이다.

객관적으로, 즉 외부로부터의 냉철한 방관만으로는 인생의 궁극적인 진리에는 도달할 수 없다. 다만 인간이 저마다 주체적인 모든 정열과 인격을 기울여 이른바 생명을 걸고 믿을 때 비로소 획득되는 것이다.

오늘날 실존철학 내지 실존주의에 사용되는 '실존'이란 말은 ≪철학적 단편의 후기≫에서 처음으로 문제 해결을 위한 열쇠로 사용된 용어로서 특수한 의미를 포함하고 있다 하겠다. 그 본래의 뜻은 위에서 서술했듯이 인간 각자가 진실한 '기독교인'이 되려는 노력을 해야 한다는 것, 그런 인간의 생활 방법을 나타내는 것이다.

그런 기독교인으로서 자기 생성의 노력, 그 내면적 행위야말로 키에르케고르의 실존 개념의 핵심인 '실존하는 것은 인간 존재의 최고 관심이다'라는 것으로서, 여기에 인간의 인간다운 이유가 있다고 생각된다. 후기는 이런 실존의 문제를 철저히 연구한 책으로서 소위 실존사상의 보고(寶庫)이며 실존철학의 성전(聖典)이라고도 일컬어지는 책이다.

1845년 12월 말경 ≪게아(大地)≫라는 제목의 <미학연보(美學年報)>가 출판되었는데 거기에는 키에르케고르의 ≪인생행로의 여러 단계≫의 제3부 <책임 있다, 책임 없다>에 대한 메라의 혹독한 비평이 실렸다. 학창시절 친구였던 메라가 책을 제대로 읽지도 않고서 무책임하고 지극히 경솔한 문투의 인신공격을 했던 것이다.

이에 분노한 키에르케고르는 《조국》에 반박문을 실으며 메라가 편집장으로 있던 《코르자르》지에서 이 문제를 다루어 줄 것을 요청했다. 이후 이 잡지에는 여러 번에 걸쳐 키에르케고르를 야유하는 모욕적인 만화와 함께 비꼬는 기사가 실렸다. 이 때문에 키에르케고르는 참을 수 없는 모욕과 괴로움을 느껴야 했으나 이 사건은 훗날 그의 사상의 깊이를 더해 주는 데 큰 몫을 하게 된다.

《코르자르》의 선동적인 기사로 세상 사람들은 키에르케고르를 별난 사람으로 취급했고 예외자로 낙인찍었던 것이다. '단 한 사람도 나를 이해해 주지 않는다'는 외로움과 '단 한 사람에게조차도 나를 이해시키는 것이 불가능하고 어리석은 사람들이 모인 세상에서 나 혼자라는 사실'이 주는 고독감이 '단독자 의식'을 심화시켰다.

지금까지 키에르케고르가 기독교인의 생활에 대해 문제 삼아온 것은 내부로부터 오는 곤란, 종교적 내면으로부터 오는 곤란뿐이었다. 종교성이 내부에 깊이 감추어져서 외부에 나타나는 것이 적을수록 내면성은 깊어지리라고 생각했다. 그러나 이제 참된 내면성은 그 반대의 것에 의해 표현되어야만 한다는 것이 명백해졌다. 즉 기독교인으로서 진리에 살고 진리를 전하고자 하는 사람은 다만 내부의 고뇌를 견딜 뿐만 아니라 외부로부터의 박해도 각오해야 한다는 것이다.

이 세상에 있어서 진리는 수난에 의해 밝혀진다. 그리스도는 수난을 위하여 이 세상에 온 것이다. 그러므로 그리스도를 따르는 자는 이 세상에서 당연히 몰락을 각오해야 한다. 참으로 진리에 따르고자 하는 사람은 누구나 순교자여야 한다. 이 세상의 지혜와는 반대로 신에게 선택된 자라면 누구보다도 깊이 고뇌해야 한다.

이와 같이 신과의 관계는 박해받고 순교하는 것이므로 참된 그리스도교는 대중의 종교일 수 없다. 기독교인이 되는 길은 자기 자신의 죄의식에 의해 자기 스스로 결단하는 길밖에 없으므로 기독교인이 되기 위해서는 혼자이지 않으면 안 된다. 각자가 오직 하나의 인간으로서 신 앞에 서야 한다고 키에르케고르는 생각하게 되었던 것이다.

만년의 격했던 교회 공박에서 끊임없이 반복했던 "대중은 허위이다"라는 말은 이 사건에서 생긴 것으로서 그것은 이윽고 '인간의 자기소외(自己疎外)'라는 키에르케고르의 시대 비판의 정신이 되었던 것이다.

《현대의 비판》은 대작 《철학적 단편의 후기》를 완성한 후에 휴양 삼아서 가볍게 썼던 《규르렌브르그 부인의 두 개의 시대》라는 소설에 대한 서평 일부이다. 이것이 독일어로 번역되면서 널리 알려지게 되었다. 하이데거는 '오늘날에 쓰인 것 같다'고 평했고 야스퍼스도 존재와 시간의 일상성의 분석에 이 책을 많이 참고했다.

1848년 봄은 키에르케고르에게 제2의 변혁기였다. 그때까지 그는 자기의 종교적인 고뇌를 시인다운 아름다운 말로써 노래해 왔다. 그러나 눈부신 그 모든 작품이 실은 익사 지경인 사람이 물 위로 내뿜는 거품이며 자신의 시체에게 불러 주는 장송곡일 뿐이었다고 생각하게 되었다.

폐쇄성, 즉 우울의 고뇌를 제3자 입장에서 가명으로, 타인의 일처럼 이야기했던 그 모든 것은 진실한 이야기가 아니었다. 신의 사랑과 용서를 믿고 단지 혼자서 신 앞에 서서 겸허하게 죄를 고백하면서 말하는 것, 그것이 참되게 이야기하는 것이며 그때 인간은 '직접적'으로 이야기하게 되는 것이다.

우울이 사라지고 재생을 경험한 키에르케고르는 그런 의미에서 '나는 이야기해야만 한다'고 결의했던 것이다. 이 체험을 바탕 삼아 전부터 최대의 관심사였던 '죄와 그 속죄'에 관한 문제와 함께 ≪코르자르≫ 사건 이후 자기의 사명이라고 생각한 '기독교계에 기독교를 끌어들일' 의도를 포함한 대작의 집필을 진행하였다.

이것이 곧 ≪죽음에 이르는 병≫이며 그 속편이 ≪기독교의 수련≫이다. 그는 이른바 자신의 상처를 통해 불안과 절망에 고뇌하는 근대적 인간의 모습을 적나라하게 폭로했던 것이다.

≪죽음에 이르는 병≫에 대하여

후에 그 연구자들이 단테의 ≪신곡(神曲)≫에 비교하여 '≪신곡≫
<지옥편>의 19세기적인 심리학화(心理學化)'라고도 일컫는 절망론
의 책 ≪죽음에 이르는 병≫을 키에르케고르가 안티 클리막스라는
가명으로 발표한 것은 1849년 7월이었다.

그가 ≪죽음에 이르는 병≫을 처음 구상한 것은 1848년 2월이나
3월쯤으로 추측된다. 이 무렵 그는 일기에 이렇게 쓰고 있다.

"새로운 책을 쓰려고 한다. 그 표제는 '근본적인 치료를 하는 사
상 기독교적 약제(藥劑)'. 여기서는 속죄의 교리가 다루어질 것이다.
제일 먼저 도대체 어떤 점에 병이 죄가 존재하는가를 나타내야 한다.
제1부 죄의 의식에 관하여 : 죽음에 이르는 병 — 기독교적 담화(談
話). 제2부 근본 치료 : 기독교적 약제 — 속죄."

이 글로 미루어 보아 제1부에 해당하는 부분만이 독립하여 이 책
이 되었음을 알 수 있다. 이 구상의 제2부에 해당하는 부분은 ≪기독
교에의 실천적 입문(Einubung im Christentum)≫이라는 표제로 그
다음해에 같은 안티 클리막스라는 필명으로 발표되었다.

여기서 주의해야 할 점은 죽음에 이르는 병으로서의 절망은 그의
처음의 계획으로는, 그리고 그의 실존적 사색의 근본은 어디까지나
구제(救濟)와의 근본적인 연관에서 포착되어 있다는 점이다. 그에 의
하면 절망은 참으로 변증법적이다. 그것은 한편으로 죽음에 이르는
병이다. 그렇지만 다른 한편으로 그것을 통해서만 인간은 진실로 구

제될 수 있는 것이다.

단 이 책에 있어서는 '머리말'에서도 확실히 말한 것처럼 절망은 어디까지나 '병'으로서 받아들여지고 있지 '약'으로서 이해되고 있지는 않다. 여기서 한 마디 덧붙이고 싶은 것은 죽음에 이르는 병이라고 하면 자칫 죽을 병, 즉 그것으로 죽어 버리는 병처럼 이해하기 쉬운데 결코 그런 의미의 병이 아니라는 것이다. 좀 역설적으로 말한다면 죽음에 이르는 병이란 그것으로는 결코 죽지 않는 병, 죽으려야 죽을 수 없는 병이다.

절망이란 바로 그런 것이다. 죽어서 또는 자살해서 묘지에 안주할 수 있다면 그것은 아직 절망의 극치라고 할 수 없다. 죽으려야 죽을 수 없는 것, 끊임없이 죽음에 직면하고 죽음에 이르면서도 죽을 수 없는 것, 아니 영원히 죽음을 죽지 않으면 안 되는 것, 이것이 절망자의, 또는 가장 불행한 자의 참모습이다.

"가장 불행한 자의 무덤은 하늘일 것이다."

라고 그는 말했다.

키에르케고르가 묘사하는 기독교의 이상형으로부터 거리가 먼 키에르케고르 자신을 포함한 현실의 기독교계를 신랄한 논리로써 비판했다는 점, 절망이라는 병에 대한 모든 증세를 분석하고 진단하여 치유에의 길을 제시하고 있다는 점에서 이 책은 유례없는 철학서이다.

오늘날의 실존주의는 이 책에서 가장 많은 영향을 받았다. 하이데거나 야스퍼스의 실존 개념도 이 책의 영향이 컸으며 사르트르나 까뮈가 말하는 '부조리 개념'도 절망의 한 형태로서 받아들여질 수 있는 것이다.

　여기에서 말하는 '절망'이란 일상적인 용어와는 달리 '인간의 자아가 신을 떠나서 신을 상실하고 있는 상태'를 의미한다. 일반적으로 말하면 인간의 자기소외인 것이다. 이 상태를 철저히 규명하고 현대인에게 두려움을 주는 병에 대하여 진단을 내리고 각성을 촉구했다는 것에 이 책의 가장 큰 의의가 있다고 하겠다.

죽음에 이르는 병

교화와 각성을 위한 기독교적 심리학적 논술

안티 클리막스* 著

쇠렌 키에르케고르 編

코펜하겐, 1849년

---

* 키에르케고르의 익명으로서 그의 저서 ≪철학적 단편≫의 저자로 사용한 그의
익명 요하네스 클리막스와 대조를 이룬다. 후자가 비기독교적인 입장으로부터
기독교로의 길을 걸으려는 데 비하여 안티 클리막스는 엄밀한 의미에서의 기독
교인으로서 이 책 속에 말해지고 있다.

주여, 쓸모없는 사물에 대해서는 우리 눈을 흐리게 해 주시고
당신의 모든 진리에 대해서는 우리 눈을 맑게 하여
그것을 보게 하소서.*

* 독일어로 인용되어 있고 가톨릭 신학자 사이러(1751~1832)의 시이며,
  에베소서 제5장 15절~21절에 관한 설교 끝에 기록되었다고 함.

머리말

　많은 사람들이 이 책의 논술 형식을 이상하게 생각할지도 모른다. 교화적이라고 하기엔 너무나 엄밀하고 학문적이라고 하기엔 너무나 교화적이라고. 후자에 대해서는 할 말이 없으나 전자에 대해서는 내 생각은 다르다. 이 책의 논술이 너무나 엄밀해서 교화적이 아니라고 한다면 그것은 잘못이다. 하긴 누구나 이 책의 논술에 토를 달 만한 전제들을 가지고 있는 것은 아니므로 이 책이 모든 사람에게 교화적이 아니라고는 할 수 없다.

---

1) "하나님을 사랑하는 자, 곧 그의 뜻대로 부르심을 입은 자들에게는 모든 것이 협력하여 선을 이루느니라.(로마서 제8장 28절)" 라는 말을 염두에 두고 있다. '교화 · Erbauung' 라는 개념은 키에르케고르의 모든 저작을 통해 중요한 의미를 가지고 있다. '교화' 는 소위 대학의 강의 같은 것과는 대조적으로, 어디까지나 개개의 인간에게 주체적으로 작용하여 신과의 관계에서 개체적 인간의 실존을 깨닫게 하고 심화시키는 것을 지향한다. 그것은 분명히 '기독교적인' 범주이다.

기독교적으로 말한다면 모든 것이 교화에 도움이 될 수 있다.[1] 결국 교화적이 아닌 학문성은 바로 그 때문에 비기독교적이다. 모든 기독교적인 서술은 의사의 임상강의와 비슷해야 한다. 의학을 아는 자만이 그 강의를 이해할 수 있다 해도 강의가 환자의 침대 곁에서 행해진다는 사실을 잊어서는 안 된다.

학문에 의한 인생의 고답적인 괴리와는 반대로 기독교적인 것의 인생에 대한 이와 같은 관계, 다시 말해 기독교적인 것의 이런 윤리적 측면이 바로 교화적인 것이다. 교화적인 서술 방법은 그것이 그외의 점에서는 아무리 엄밀하다 하더라도 냉정한 학문성과는 질적으로 완전히 다르다.

학문의 초연한 영웅적 정신은 기독교적인 견해로 보면 영웅적 정신이라기보다 오히려 하나의 비인간적인 호기심에 지나지 않는다. 기독교에서의 영웅적 정신(아주 드물게 발견되지만)이란 인간이 완벽하게 자기 자신이려고 하는 것, 특정의 개체적인 인간이려고 하는 것이다.

이렇게 큰 노력을 하고 이렇게 큰 책임을 혼자 지면서 신 앞에 혼자 서는 것이다. '순수'한 인간인 체하거나 세계사의 운행에 대해 신탁(神託)을 말하는 따위의 일은 결코 기독교적인 의미에서의 영웅적 정신이 아니다.[2] 기독교적인 인식은 그 형태가 아무리 엄밀하다 하더라도 모두 '배려(配慮:Sorge)'가 아니면 안 된다. 이것이 바로 교화적인 것이다.

---

2) 헤겔의 철학 체계, 특히 역사 철학을 염두에 두고 말하는 것이다.

배려란 인생에 대한, 즉 인간의 현실에 대한 관계이며 따라서 (기독교적으로는) 진지함이다. 냉정한 지식의 초연성은 (기독교적으로는) 보다 높은 차원의 진지함은커녕 말장난과 허영을 의미할 뿐이다. 진지한 것은 또한 교화적인 것이다.

그러므로 이 작은 책은 어떤 의미에서는 신학교 학생도 쓸 수 있는 종류의 것이나 또 다른 의미에서는 어느 대학 교수도 쓰기 어려운 것이기도 한다.

어쨌든 이 논문이 이와 같은 체제가 된 것은 충분히 생각해서 결정한 일이며 또한 심리학적으로도 옳은 방법이다. 세상에는 지나치게 의식적(儀式的)인 양식이 있는데 이는 때로 너무 의식적이어서 결국 뭐가 뭔지 모르게 되거나 사람들이 그런 것에 익숙해짐으로써 결과적으로 무의미한 것이 되고 만다.

끝으로 물론 특별히 말해 둘 필요도 없지만 그 필요 없는 말을 한마디 해 두고 싶다. 이 책 제목에도 있듯이 '절망'은 이 책 전체를 통하여 '병'으로서 이해되고 있으며 '약'으로서 이해되고 있지는 않다는 것을 확실히 주의해 둔다. 절망은 그만큼 변증법적이다. 마찬가지로 죽음도 기독교적으로는 가장 비참한 정신적 상태를 표현한다. 그럼에도 불구하고 구원은 바로 죽는 일에서, 왕생(往生)하는 데에서 성립하는 것이다.

1848년

서론(緒論)

"이 병은 죽음에 이르지 않는다.(요한복음 제11장 4절)"

그럼에도 불구하고 나사로는 죽었다.

"우리의 친구 나사로가 잠들었도다. 그렇지만 내가 깨우러 가노라."

라고 한 그리스도의 말씀을 그의 제자들이 이해하지 못했을 때 그리스도는 제자들에게 다시 말했다.

"나사로가 죽었느니라.(요한복음 제11장 14절)"

이렇게 하여 나사로는 정녕 죽어 버린 것이다. 그런데도 이 병은 죽음에 이르지 않았다. 우리는 그리스도가 당시 사람들에게,

"네가 믿으면 하나님의 영광을 보리라.(요한복음 제11장 40절)"

하신 말씀에서 그때 그리스도께서 기적을 행하리라 생각하셨음을 안다.

그리스도가 나사로를 죽은 사람들 가운데에서 살려 내신 저 기

적 — 이렇게 '이 병'은 죽음에 이르지 않았을 뿐만 아니라 그리스도가 예언한 것처럼 하나님의 아들이 그에 의해 영광을 얻고 하나님의 영광이 나타나기에 이르렀다 — 을 그리스도는 생각하고 있었던 것이다.

오오, 그렇지만 그리스도가 나사로를 소생시키지 않았다고 해도 이 병, 아니 죽음조차도 죽음에 이를 수 없는 것임은 마찬가지로 진실이 아닐까? 그리스도가 묘지 쪽으로 걸어가서 큰 소리로 '나사로야 나오라' 하고 불렀을 때(요한복음 제11장 43절) '이 병'은 죽음에 이를 수 있는 것이 아님이 확실해졌다.

그렇지만 그리스도가 그렇게 말하지 않았다 하더라도 부활이요 생명(요한복음 제11장 25절)이신 그리스도가 묘지 곁으로 걸어갔다는 사실만으로도 이 병은 죽음에 이르지 않음을 의미하고 있는 것이 아닐까? 그리스도가 그곳에 있다는 사실은 이 병이 죽음에 이르지 않는다는 것을 의미하는 것이 아닐까?

설령 나사로가 죽은 사람들 가운데에서 살아났다고 해도 결국은 또 죽음으로 종국을 고하지 않으면 안 된다고 한다면 그것이 나사로에게 무슨 도움이 된단 말인가! 그리스도가 그를 믿는 모든 사람들에게 부활이요 생명인 분이 아니라면 그것이 나사로에게 무슨 도움이 된단 말인가! 나사로가 죽은 사람들 가운데에서 살아났다고 해서 우리가 이 병은 죽음에 이르지 않는다고 말할 수 있는 것이 아니고 그리스도가 그곳에 있음으로 해서 이 병은 죽음에 이르지 않는 것이다.

인간적으로 말하면 죽음은 모든 것의 끝이다. 인간적으로 말하면 단지 생명이 있는 동안에만 희망이 있다. 그런데 기독교적인 의미에서 죽음은 결코 모든 것의 끝이 아니다. 그것은 모든 것의 내부에 있어서, 즉 영원한 생명 안에서 하나의 작은 사건에 지나지 않는다. 기독교적인 의미에서는 단순히 인간적인 의미에서의 생명에서보다 무한히 많은 희망이 죽음 안에 존재한다. 이 생명이 건강과 활력으로 넘쳐날 때보다도 더욱 많은 희망이 존재한다.

그러므로 기독교적인 의미에서는 죽음조차도 '죽음에 이르는 병'이 아니다. 하물며 지상적(地上的)이며 시간적인 고뇌, 즉 곤궁·질병·비참·고난·재해·고통·번민·비애·통한 따위로 불리는 어느 것이 그러하겠는가! 이런 것들이 아무리 참기 힘든 고통이고 우리 인간, 아니 고뇌하는 사람 자신이 '죽음보다 더 괴롭다'고 호소할 정도라 하더라도 그 모든 것들은—그것들을 병에다 비유하면—기독교적인 의미로는 결코 죽음에 이르는 병이 아니다.

기독교는 기독교인에게 모든 지상적인 것, 현세적인 것뿐만 아니라 죽음 자체에 대해서조차 초연하도록 가르친다. 인간이 보통 가장 불행한 재앙이라고 부르는 모든 것들을 기독교인이 뽐내는 듯 눈 아래로 내려다볼 때 그는 교만해지지 않을 수 없는 것처럼 생각된다. 그러나 그때 기독교는 다시금 인간이 인간으로서는 알 수 없는 비참을 발견한다.— '죽음에 이르는 병'이 그것이다.

자연 그대로의 인간이 두려워하는 것으로서 열거할 수 있는 것, 그가 그것을 전부 열거해서 이제 아무것도 더 들 수 없는 경우에도 그것은 기독교인에게 마치 농담과 같은 것이다. 자연인과 기독교인과의 관계는 마치 어린아이와 어른과의 관계와도 같은 것이다. 어린아이가 두려워하는 것을 어른은 아무렇지도 않게 생각한다. 정말 두려워할 것을 알지 못하는 것이 어린아이의 미숙한 점이다. 그리하여 어린아이는 두려워하지 않아도 될 것을 두려워한다.

자연인도 이와 같다. 그는 무엇이 진실로 두려운 것인지를 모른다. 그렇다고 공포로부터 벗어난 것이 아니다. 오히려 두려워하지 않아야 할 것을 두려워한다. 신에 대한 이교도의 관계 역시 마찬가지이다. 이교도는 단지 진실한 하나님을 모를 뿐만 아니라 우상을 신으로서 숭배한다.

기독교인만이 죽음에 이르는 병이 무엇을 의미하는지를 안다. 기독교인은 자연인이 모르는 용기를 획득한다. 기독교인은 두려워해야 할 것을 두려워함을 배움으로써 그런 용기를 획득하는 것이다. 이런 방법에 의해서만 인간은 용기를 얻을 수 있다.

인간은 더욱 큰 위험을 두려워할 때 언제나 작은 위험 속에 뛰어들 수 있는 용기를 갖는다. 만약 인간이 위험을 무한히 두려워한다면 그 밖의 것은 전혀 존재하지 않는 것과 마찬가지이다.

기독교인이 배워서 알게 되어 두려워해야 할 것은 '죽음에 이르는 병'이다.

제 1 편

절망은 죽음에 이르는 병이다

I

절망은 죽음에 이르는
병이라는 사실

A. 절망은 정신, 즉 자기에게 있어서의 병이며 세 가지 경우를 생각할 수 있다. — 절망하여 자아를 가지고 있다는 사실을 의식하지 못하는 경우(비본래적인 절망), 절망하여 자기 자신이려고 하지 않는 경우, 절망하여 자기 자신이려고 하는[1] 경우

인간은 정신이다. 정신이란 무엇인가? 정신이란 자아이다. 자아란 무엇인가? 자아란 자신이 스스로에게 관계하는 관계이다. 관계에는 관계가 자기 자신에게 관계함이 포함되어 있다. 따라서 자아란 단순한 관계가 아니고 관계가 자기 자신에게 관계하는 그것이다. 인간은 유한성과 무한성, 시간적인 것과 영원적인 것, 자유와 필연의 종합이다. 종합이란 둘 사이의 관계이다. 그렇지만 이런 생각만으로 인간은 아직 자아가 아니다.

둘 사이의 관계에서 관계 그 자체는 부정적 통일(否定的 統一)로서의 제3자이다. 그들 둘은 관계에 대하여 관계하는 것이며 그것도 관계 안에서 관계에 대하여 관계한다. 예를 들면 인간이 영(靈)이라

---

1) '하는'에 해당되는 덴마크어 'Ville'는 영어의 'Will'보다 의지적인 의미가 훨씬 강하다. '자기 자신이려 하는'은 '자기 자신이기를 결심하여 선택하는' 정도의 강한 의미이다.

고 하는 경우 영(靈)과 육(肉)의 관계가 그런 관계이다. 그와 반대로 관계가 그 자신에 대하여 관계할 때 이 관계야말로 적극적인 제삼자이며 이것이 바로 자아인 것이다.

자기 자신에 관계하는 그런 관계, 즉 자아는 스스로 정립(定立)한 것이거나 혹은 타자(他者)에 의해 정립되어진 것 중 어느 하나가 아니면 안 된다.

그런데 자기 자신에 관계하는 관계가 타자에 의해 정립되어질 경우 — 물론 그 관계는 제3자이다 — 그 관계는 다시 한 번 전체 관계를 정립한 것에 관계하는 관계이기도 하다.

이런 파생적인 정립 관계가 바로 인간의 자아이다. 그것은 자기 자신에 관계함과 동시에 타자에 대해서도 마찬가지로 관계하는 관계이다. 따라서 본래적인 절망에는 두 가지 형태가 존재하게 된다. 인간의 자아가 스스로 자기를 정립했다고 하면 절망의 첫째 형태, 즉 절망하여 자기 자신으로 있기를 바라지 않고 자신으로부터 탈출하려는 형태를 생각할 수 있을 것이다. 절망하여 자기 자신으로 있기를 원하는 형태는 문제가 될 수 없다.

그런데 자아가 절망하여 자기 자신으로 있기를 원하는 것은 대체 무엇 때문일까? 그것은 자아라는 전체 관계가 완전히 의존적인 것으로 스스로가 자신에 의해 평형 내지 평안에 도달할 수 있는 것이 아니라 오히려 자기 자신과의 관계에 있어서 또 전체 관계를 정립한 것에 대하여 관계함으로써만 가능하기 때문이다.

그러므로 이 절망의 제2 형태, 절망하여 자기 자신으로 있기를 바라는 형태는 단순히 절망의 한 특수한 종류라기보다는 오히려 그 반대로 모든 절망을 그 안에 해소시키고 다시 그것에로 환원시키는 것이다.

절망한 어떤 사람이 자신이 절망에 빠져 있음을 알고서 절망이 어디에선가 자기에게로 떨어지는 재난 같은 것으로 말하거나 하는 따위의 바보 같은 짓은 하지 않고 — 그것은 현기증을 일으키고 있는 사람이 신경 착각으로 무언가가 자기 머리 위에 올라타고 있다든가 자기 위로 떨어진다든가 하고 말하는 것과 같다. 그러나 실제로 이런 무게나 압박은 전혀 외적인 것이 아닌 내면적인 것이 거꾸로 반영된 것에 지나지 않는다. — 혼자서 온 힘을 다하여 절망을 제거해 버리려 한다면, 그는 아직 절망 가운데 있는 것이며 아무리 강한 결심으로 절망과 싸울 작정을 해도 그 고투(苦鬪) 자체가 그를 점점 더 깊은 절망 속으로 끌고 들어가 버린다.

절망에 있어서 분열 관계는 결코 단순한 분열 관계가 아니고 자기 자신에 관계함과 동시에 타자에 의해 정립된 관계에서의 분열 관계이다. 따라서 그 자기만의 관계 속에서의 분열 관계는 동시에 이 관계를 정립한 힘과의 관계 속에서 무한히 자기를 반성하게 한다.

그래서 절망이 완전히 없어진 경우의 자아의 상태를 서술하는 정식(定式)은 자아는 자기 자신에 관계하면서 자신으로 있기를 바라는 동시에 자기를 정립한 힘 안에 자각적으로 자아를 확고히 하는 것이다.

B. 절망의 가능성과 현실성

절망은 우월일까, 그렇지 않으면 결함일까? 순수하게 변증법적으로 말하면 그것은 양쪽 모두이다. 절망 상태에 있는 사람을 생각하지 않고 추상적으로 절망을 생각하면 절망은 대단한 우월이라고 말하지 않을 수 없다. 이 병에 걸릴 수 있다는 것이 인간이 동물보다 우월한 점이다. 그것은 인간이 똑바로 서서 걷는다는 따위보다도 훨씬 더 본질적으로 인간의 우월을 나타낸다. 그것은 정신적인 존재로서 인간의 무한한 직립(直立)과 앙양(昂揚)을 의미하기 때문이다.

이 병에 걸릴 수 있다는 것이 인간이 동물보다 우월한 점이며 이 병에 착안할 수 있음이 기독교인이 자연인보다 뛰어난 점이며 이 병으로부터 벗어날 수 있음이 기독교인의 행복이다.

절망할 수 있다는 것은 무한한 우월이다. 그런데 현실적으로 절망한다는 것은 가장 큰 불행이고 비참일 뿐만 아니라 최대의 타락이기조차 하다. 일반적으로 가능성과 현실성은 이런 관계로는 성립하지 않는다. 보통은 이러이러하게 될 수 있다는 것이 하나의 우월이라고 한다면 지금 그렇게 되어 있다는 것은 더욱 큰 우월이다. 다시 말해 인간이란 존재 가능에서 존재로 상승하는 것이다.

그런데도 절망에 있어서는 거꾸로 존재 가능에서 존재로 하강한다. 가능성이라는 우월의 무한한 높이에 현실적인 하강이라는 무한한 깊이가 대응한다. 절망에 대하여 이렇게 말한다면 절망하고 있지 않다는 것이 실은 상승인 것이다. 그런데 규정 또한 애매하다. 절망하고 있지 않다는 것은 절름발이가 아니라든가 장님이 아니라든가 하는 것과는 사정이 다르다.

절망하고 있지 않다는 것이 절망하고 있지 않다는 것 이상도 이하도 아닌 경우에는 그것이 오히려 절망하고 있는 것이다. 절망하고 있지 않다는 것은 절망할 수 있다는 가능성을 부정한 것이 아니면 안 된다. 가령 한 사람이 절망하고 있지 않다는 것이 사실이라면 그는 절망할 수 있다는 가능성을 모든 순간에 있어서 부정하지 않으면 안 된다.

가능성과 현실성 간의 관계는 일반적으로 그렇지 않다. 많은 철학자들이 현실성은 부정된 가능성이라고 말하지만 그것은 완전한 진리가 아니다. 오히려 현실성은 성취된 현세적인 가능성이다. 그런데 여기서는 그 반대로 현실성(절망하고 있지 않다는 것, 즉 하나의 부정)이란 무력한 부정된 가능성이다. 일반적으로 현실성이라 하면 가능성에 힘을 불어넣는 것이지만 여기서 그것은 오히려 가능성을 소멸시키는 것이다.

절망이란 자기 자신에 관계하는 관계로서의 자기(종합)에 있어서 분열 관계이다. 그렇지만 종합 그 자체는 분열 관계가 아니다. 단지 그 가능성에 지나지 않는다. 다시 말해 종합 속에 분열 관계의 가능성이 존재하는 것이다. 만약 종합 자체가 분열 관계라고 한다면 절망은 전혀 존재하지 않으리라.

그 경우 절망은 인간의 본성에 내재하는 그 무엇이며 따라서 진실한 절망은 아니다. 그렇게 되면 절망은 인간이 우연히 부닥치게 되어 그로 인해 괴로움을 겪는(인간이 병에 걸린다거나 또는 죽음이 모든 사람의 운명인 것 같은 의미로) 그 무엇일 것이다.

그런데 그렇지는 않다. 절망은 가능성으로서 인간 속에 숨어 있다. 만약 인간이 종합이 아니라면 절망하는 일은 결코 있을 수 없을 것이다. 또 종합이 신의 손에 의해 근원적으로 올바른 관계 안에 있는 것이 아니라면 이 경우에도 인간이 절망하는 일은 있을 수 없을 것이다.

그렇다면 절망은 어디에서 오는 것일까? 종합이 자기 자신에 관계하는 그 관계에서 온다. 인간을 관계되게 한 신은 인간을 그의 손에서 해방시킨 것이다. 그리하여 인간은 자기 자신에 관계하는 관계가 되었다. 그런데 그 관계가 정신이며 자아라고 하는 점에 책임이 있기 때문에 모든 절망은 이런 책임 밑에 있으며 절망이 지속되는 순간순간마다 이런 책임 밑에 있다.

절망한 사람이 다변(多辯)으로써, 또 교묘하게 자신과 타인을 속이면서 자기의 절망은 오직 외부로부터 온 불행이며 그래서 그것은 자기의 책임이 아니라고 변명한다 하더라도. 앞에서 현기증의 예를 들 때 설명한 것처럼 그런 말의 밑바닥에는 하나의 혼동이 있다.

절망과 현기증이란 질적으로 다른 것이기는 하지만 그들 사이에는 공통되는 면도 많다. 즉 현기증이 정념(情念)의 규정 밑에 있는 것은 마치 정신의 규정 밑에 있는 것과 똑같은 것으로 현기증은 절망 상태와 비교되는 것을 잉태하고 있는 것이다.

이렇게 해서 분열 관계(절망)가 발생했다고 하자. 그럼 그 당연한 결과로서 그것은 지속되는 것일까? 아니, 결코 그렇지 않다. 분열 관계가 지속된다고 하면 그것은 분열 관계에서 오는 것이 아니고 자기 자신에 관계하는 관계에서 오는 것이다. 말하자면 분열 관계가 나타날 때마다 또 분열 관계가 존재하는 순간마다 그것은 먼저 말한 관계로부터 발생되는 것이어야 한다.

보라, 우리는 인간이 예를 들면 부주의에 의해 스스로 병을 초래한다고 말한다. 한 번 병이 나타나게 되면 그것은 그 순간부터 현존하는 병으로 인정되고 지금은 현실이지만 그 근원은 여전히 과거에 귀속된다. 만약 우리가 병자에게,

"앓는 자여, 너는 이 순간에 이 병을 네게로 끌어들이고 있는 것이다."

라고 끊임없이 말해 준다면 너무 참혹하고 비인간적일 것이다. 그것은 우리가 병의 현실성을 순간마다 그 가능성으로 환원하고자 하는 것이다. 병자가 병을 스스로 초래한 것은 사실이다. 그렇지만 그는 단 한 번만 그것을 한 것이고 병의 지속은 그가 일찍이 한 번 자기에게 끌어들였던 일의 단순한 귀결일 뿐이다. 병이 지속되는 원인을 순간마다 병자에게 돌리는 일은 옳지 않다. 그는 병을 불러들였다고는 할 수 있으나 병을 가지고 있다고는 말할 수 없다.

그런데 절망은 이와는 다르다. 절망의 모든 현실적인 순간은 그 가능성에 환원되어야 한다. 절망한 사람은 그가 절망하고 있는 모든 순간에 절망을 스스로 끌어들이고 있는 것이다. 절망은 언제나 현재적인 시간 안에 있다. 거기에는 현실에 대하여 남겨질 수 있는 과거적인 모습도 없다.

절망의 모든 현실적인 순간에 절망한 사람은 일체의 과거적인 것을 가능한 한 현재적인 것으로서 받아들인다. 그것은 절망하는 것이

정신 영역에서 일어나는 것이고 인간 안의 영원한 것에 관계하는 것이기 때문이다. 그런데 인간은 영원한 것에서 탈출할 수 없다. 아니 그것은 영원히 불가능한 일이다. 인간은 아무리 해도 영원한 것을 내던져 버릴 수는 없다. 그보다 불가능한 일은 없다.

인간이 영원한 것을 소유하지 않는 순간이 있다면 그는 그 영원한 것을 지금 막 던져 버렸거나 던져 버리고 있음에 틀림없다. 그러나 영원한 것은 곧 다시 되돌아온다. 그래서 인간은 절망하고 있는 모든 순간에 절망을 스스로 불러들이고 있는 것이다. 절망은 분열 관계로부터 온 것이 아니라 자기 자신에 관계하는 관계로부터 온 것이기 때문이다.

그리고 인간은 자신의 자아로부터 탈출할 수 없는 것처럼 자기 자신에 대한 관계에서도 탈출할 수 없다. 양자는 동일한 것이며 자아란 바로 자기 자신에 대한 관계를 뜻하기 때문이다.

C. 절망은 죽음에 이르는 병이다.

'죽음에 이르는 병'이라는 이 개념은 특별한 의미로 이해되어야 한다. 보통 그것은 그 종국(終局)과 결말이 죽음이라는 병을 의미하고 있다. 사람들은 치명적인 병을 죽음에 이르는 병이라고 한다. 이런 의미로서 절망은 결코 죽음에 이르는 병이라고 말할 수 없다.

기독교의 입장에서 보면 죽음이란 그 자체가 생(生)으로의 이행(移行)이다. 따라서 기독교에 있어서 지상적 육체적인 의미로서의 죽음에 이르는 병 따위는 전혀 고려되지 않는다. 물론 죽음이 병의 종국임에는 틀림없지만 그 죽음이 최후는 아니다. 죽음에 이르는 병이라는 것을 가장 엄밀한 의미로 이야기한다면 그것은 종국이 죽음이고 죽음이 종국이 되는 그런 병이어야 한다. 절망이 바로 그런 병이다.

그런데 절망은 또 다른 의미에서 한층 더 명확하게 죽음에 이르는 병이다. 이 병으로 사람이 죽는 일은 없다.(보통 죽는다고 하는 의미에서는) 다시 말해 이 병은 육체적인 죽음으로 끝나지는 않는다. 반대로 절망의 고뇌는 인간이 죽을 수 없다는 바로 그 점에 존재하는 것이다.

절망한 사람은 죽을병에 걸려 있는 사람과 비슷하다. 이 사람은 길게 누워 죽을 지경에 이르러 있기는 하나 죽을 수가 없다. 이렇게 '죽을 정도로 앓고 있다'는 것은 죽을 수 없다는 의미이기는 하나 그렇다고 살 희망이 아직 그 곳에 있다는 의미는 아니다. 아니 죽음이라는 최후의 희망조차도 이룰 수 없을 만큼 모든 희망을 잃고 있는 것이다.

죽음이 최대의 위험일 때 사람은 생(生)을 원한다. 그렇지만 더 두려워할 만한 위험을 알게 되면 죽음을 원한다. 죽음이 희망의 대상이 될 정도로 위험이 증대된 그때 절망은 죽을 수 있다는 희망까지도 잃는 것이다.

이 궁극의 의미에서 절망은 죽음에 이르는 병이다. 자기 안의 이 병에 의하여 우리는 영원히 죽지 않으면 안 된다. 우리는 죽지 않아야 함에도 죽지 않을 수 없다. 아니 우리는 죽음을 죽지 않으면 안 되는 것이다. 이 얼마나 고뇌에 찬 모순이란 말인가! 원래 죽는다는 것은 지나가 버리는 것을 의미한다.

그런데 죽음을 죽는다는 것은 사람이 그 죽음을 경험함을 의미한다. 지극히 한순간이라도 이런 죽음을 경험하는 것은 영원히 죽음을 경험하는 셈이 되는 것이다. 인간이 병으로 죽는 것처럼 절망으로 죽는 것이라면 인간 안의 영원한 것, 즉 자아는 육체가 병으로 죽는 것과 똑같은 의미로 죽을 수 있어야 할 것이다.

그러나 그것은 불가능하다. 절망에 의한 죽음은 언제나 자기를 생 가운데로 옮겨 놓는다. 절망한 사람은 죽을 수 없다. 이것은 마치 '칼이 사상을 죽일 수 없는 것'[2]과 같다. 절망 또한 그 내부에 존재하

---

2) 키에르케고르의 원고 난외(欄外)에는 이 말의 출처로서 덴마크의 시인 Johannes Ewald(1743~1781)의 이름이 기재되어 있으며, 이 말은 Ewald의 시구를 인용한 것임.

는 영원자인 자아를 삼켜 버릴 수는 없다.

"그 벌레는 죽지 않고 그 불은 사라지지 않는다."[3]

절망이란 자기 자신을 삼켜 버리는 바로 그것이다. 그렇지만 그것은 자기 자신을 삼켜 버리려는 열정뿐이지 자기 자신을 삼켜 버릴 수 있는 힘을 갖고 있지는 않다. 그리고 이 무력성(無力性) 안에서 자기 자신을 삼켜 버리고자 하는 새로운 형태가 만들어지는데 여기서도 절망은 자기를 삼켜 버릴 수 없다.

이 새로운 무력성이 절망을 더욱 깊게 한다. 그것은 절망에 있어서 작열의 첨단이며 싸늘한 불꽃이다. 이리하여 절망한 사람은 자기 자신을 삼켜 버리려 다함이 없는 무력성의 뾰족한 끝으로 자기 속에 점점 더 깊은 절망의 구멍을 뚫어 가는 것이다.

절망한 사람에게는 절망이 그 자신을 삼켜 버릴 수 없다는 사실이 아무런 위안도 되지 않는다. 오히려 그 반대로 이 위안이 '벌레도 죽지 않는' 그의 고뇌인 것이다. 자기 자신을 삼켜버릴 수도, 자기 자신에게서 탈출할 수도, 무(無)로 돌아갈 수도 없기 때문에 그는 절망한 것이다. 아니 절망하고 있는 것이다.

절망한 사람은 무언가에 대하여 절망한다. 한순간 그렇게 보인다. 그렇지만 그것은 지극히 순간일 뿐이다. 바로 그 순간에 진실한 절망, 즉 절망의 진상(眞相)이 나타난다. 그가 무언가에 대하여 절망하고 있는 것은 사실 자기 자신에 대하여 절망하고 있는 것이다. 그

---

3) 마가복음 제9장 48절. "거기에서는 구더기도 죽지 않고 불도 꺼지지 아니하느니라." 이 말은 이사야서 제66장 24절에도 나온다.

래서 자기 자신으로부터 벗어나고자 하는 것이다.

지배욕이 있는 자 — 이 사람의 표어는 '제왕이 아니면 무(無)'[4]이다 — 가 제왕이 되지 못한 경우 그는 그것에 대해 절망한다. 그런데 그 절망의 진짜 의미는 다른 곳에 있다. 즉 그는 제왕이 되지 못한 까닭에 그 자신으로 있는 것이 견딜 수 없다.

그는 자기가 제왕이 되지 못한 것에 대해 절망하고 있는 것이 아니라 제왕이 되지 못한 자기 자신에 대해 절망하고 있는 것이다. 이 자기, 제왕이 되었더라면 그의 큰 기쁨이었을(어떤 의미로는 이 역시 마찬가지로 절망 상태) 자기가 지금의 그에게는 무엇보다도 견딜 수 없는 것이다.

사실 그는 제왕이 되지 못한 것이 견딜 수 없는 게 아니라 제왕이 되지 못한 자기가 견딜 수 없는 것이다. 좀더 정확히 말한다면 자기 자신으로부터 벗어날 수 없다는 사실이 그에게는 견딜 수 없다. 만약 그가 제왕이 되었다면 그는 절망하는 자기로부터 벗어났을 것이다. 그런데 제왕이 되지 못했다. 그래서 그는 절망하여 자기로부터 벗어날 수가 없는 것이다.

어느 쪽이든 본질적으로 그는 절망하고 있다. 그는 스스로의 자아를 갖고 있지 않기 때문에, 즉 그는 그 자신이 아니기 때문이다. 그가 제왕이 되었다 해도 그것으로 그는 자기 자신이 되지 않고 오히려

---

4) 이탈리아의 전제 정치가이며 황제였던 체자레 보르지아(Cesare Borgia)의 표어로, 보통 라틴어 그대로 Aut Caesar aut nihil로 인용된다. 그는 마키아벨리의 ≪군주론≫의 모델이 되었다.

자기 자신으로부터 벗어났을 것이다. 또 만약 그가 제왕이 되지 못한 것 때문에 절망에 빠졌다면 그는 스스로 자기 자신으로부터 벗어날 수 없는 점에 절망하고 있는 것이다.

그러므로 절망한 사람을 한 번도 본 일이 없는 정말로 천박한 인간만이 절망자에 대하여(마치 그것이 형벌이기나 한 듯이) 자기 자신을 삼켜 버리고 있다고 말할 수 있다. 실은 바로 이 점에 그는 절망하고 있는 것이다. 그것이 불가능하기 때문에 그는 고뇌하고 있는 것이다. 아무리 해도 불살라 버릴 수 없는, 아니 완전히 불살라 버릴 수는 없는 어떤 것(자기) 안에 절망이 불꽃을 던진 것이다.

따라서 무언가에 대해 절망하는 것은 결코 본래적인 절망은 아니다. 그것은 마치 의사가 아직 초기인 병에 대해 증상이 아직 나타나지 않았다고 이야기할 때와 같은 상태이다. 절망의 진상 — 자기 자신에 대하여 절망하고 있는 것 — 이 나타나는 것은 그 다음이다.

젊은 처녀가 사랑 때문에 절망하고 있다. 그때 그녀는 연인을 잃어버린 것(그가 죽었거나 또는 그녀를 배반했다)에 대하여 절망하고 있는 것이다. 그녀의 절망은 아직 그 진상 — 그녀가 자기 자신에 대하여 절망하고 있다는 것 — 을 나타내지 않고 있다.

그녀의 이 자아, 그녀가 '그의' 애인이 되었더라면 아무런 고통 없이 벗어날 수 있었던, 혹은 잃어버렸을 자아가 지금은 그녀에게 고뇌인 것이다. 그녀는 이제 '그'가 없는 자아로 있어야 하기 때문이다. 그녀에게 있어서 충족이 될 수 있었던 (하긴 다른 의미로는 마찬가지로 절망 상태이기는 하지만) 자아가 '그'가 죽은 지금은 미워할 공허가 되었거나 혐오를 일으키는 요인이 되었다. 자신은 '그'에게

배반당한 인간이라는 것을 그녀의 자아가 그녀에게 상기시키기 때문이다. 그럼 시험 삼아 그런 처녀에게,

"너는 자기 자신을 삼켜 버리고 있다."

라고 말해 보라. 그녀는 틀림없이 이렇게 대답할 것이다.

"아니에요. 그렇게 될 수 없는 것이 나의 고민입니다."

자신에게 절망하는 것, 절망하여 자기 자신으로부터 벗어나려 하는 것, 이것이 모든 절망의 정식(定式)이다. 그래서 절망의 제2형태(절망하여 자기 자신이기를 원하는 경우)는 제1형태(절망하여 자기 자신이기를 원하지 않는 경우)로 환원할 수 있다. 또 다른 면에서 우리는 '절망하여 자기 자신이기를 원하지 않는' 형태를 '절망하여 자기 자신이기를 원하는' 형태로 환원한 것이다(A 참고). 절망한 사람은 절망하여 자기 자신이기를 원한다.

그런데 그가 절망하여 자기 자신이기를 원한다고 하면 그는 자기 자신으로부터 벗어나려 하지 않는 것이 아닐까? 언뜻 그렇게 생각되지만 상세히 고찰해 보면 모순은 결국 마찬가지라는 것을 알 수 있다. 절망한 사람이 절망한 경우에 뜻하는 자아는 그 자신의 자아가 아니다. 그가 진실한 자기로서의 자신이 되기를 원하고 있다면 그것은 참으로 절망의 반대이다. 사실은 그는 자신의 자아를 그것을 정립한 힘으로부터 분리시키려 하는 것이다.

그렇지만 그것은 그의 모든 절망에도 불구하고 그의 힘으로는 이룰 수 없는 것이다. 그의 자아를 정립한 힘은 절망의 극치에서 애쓰는 그의 힘보다 훨씬 강하여 그가 원하지 않는 자아로 있도록 그를 억압한다. 그렇지만 그는 어디까지나 자기 자신 ― 자기의 참자아 ―

으로부터 벗어나 그 자신이 발견한 자아로 있기를 원한다.

그는 자기가 원하고 있는 의미에서의 자아가 될 수 있다면 필시 유쾌할 것(다른 의미로는 이것 역시 절망의 상태이지만)이라고 믿고 있다. 그와 반대로 자기가 원하지 않는 바의 자아로 억류되는 것, 이것이 그의 고뇌이다. 다시 말하면 자기 자신을 벗어날 수가 없다는 고뇌이다.

육체는 육체의 병에 의해 삼켜져 버리는 일이 있어도 영혼은 영혼의 병(죄)에 의해 삼켜져 버리는 일이 없다는 점에서 소크라테스는 영혼의 불사(不死)를 증명했다.[5] 마찬가지로 우리는 절망이 인간의 자아를 삼켜 버릴 수 없고 바로 거기에 절망의 자기 모순적인 고뇌가 존재한다는 점에서 인간 안에 영원자가 존재한다는 것을 증명할 수 있다.

만약 인간 안에 영원자가 존재하지 않았다면 인간은 절망할 수도 없었을 것이다. 절망이 인간의 자아를 삼켜 버릴 수 있다면 인간은 절망할 필요가 없을 것이다.

절망하는 자아에 있어서 이 병은 죽음에 이르는 병이다. 절망한 사람은 죽을병에 걸려 있다. 사람들이 보통 병에 관해 이야기하는 것과는 전혀 다른 의미로 이 병은 인간의 가장 귀중한 부분을 침식한다. 그런데도 이 병에 걸려 있는 사람은 죽을 수가 없는 것이다. 절망

---

5) 플라톤의 ≪국가≫ 제10권에 나오는 말로서, "영혼은 불사하며 결코 멸망하지 않는다. 육체의 악인 병은 육체를 멸망시켜 육체가 아닌 상태로 만들어 버리나 영혼의 악은 영혼을 그러한 의미로는 멸망시키지 않는다."

이라는 병에서 죽음은 병의 종국이 아니라 오히려 끝남이 없는 종국이다. 죽음으로 이 병에서 구제되는 것은 불가능하다. 병과 고뇌 그리고 죽음 — 아아, 여기서의 죽음이란 죽을 수조차 없다는 바로 그것인 것이다.

이것이 절망에 빠진 인간의 상태이다. 설령 절망한 사람이 자기가 절망하고 있다는 사실을 전혀 알지 못한다 하더라도 혹은 자기의 자아를 잃고 있음을 알아차리지도 못할 정도로 철저히 자아를 상실하는 데 성공했다 해도(이것은 절망 상태에 관한 무자각을 특색으로 하는 절망의 경우에 흔히 있는 일이지만) 반드시 영원은 그의 상태가 절망이었다는 것을 드러내고야 만다. 그리고 그의 자아를 그에 못 박아 언제까지나 자아로부터 벗어날 수 없는 고뇌 속에 그를 남겨 둔다.

이렇게 하여 자기의 자아로부터 벗어나는 데 성공했다고 믿는 것은 그의 환상에 지나지 않았음이 그대로 드러나고 마는 것이다. 영원은 반드시 그렇게 한다. 자아를 갖는다는 것, '자기'로 있는다는 것은 인간에게 허락된 최대의 것(진실로 무한한 허용)이고 동시에 영원이 인간에 대해 요구하는 것이기 때문이다.

II

절망의 보편성

아마 의사는 완벽하게 건강한 사람은 한 사람도 없다고 말하리라. 마찬가지로 우리가 인간이라는 것을 잘 알고 있다면 조금이라도 절망하지 않고 있는 인간은 한 사람도 없다고 말할 수 있을 것이다. 가장 깊은 내면에 동요·알력·분열·불안 따위가 존재하지 않는 인간은 한 사람도 없다. — 불안, 미지에 대한 불안, 그것을 알려 하는 것조차도 왠지 두려운 느낌이 드는 것에 대한 불안, 생존의 가능성에 대한 불안, 혹은 자기 자신에 대한 불안, 이런 불안을 가지지 않은 인간은 한 사람도 없다.

이렇게 의사가 인간은 자기 안에 병을 가지고 있다고 말하는 것과 같은 의미로 인간은 정신의 병을 자기 안에 가지고 있어서 병이 거기에 있다는 것이 때때로 번개처럼 자기 자신에게도 불가해(不可解)한 불안 속에 또는 불안과 함께 나타나는 것이다.

어쨌든 기독교 세계의 외부에는 절망한 일이 없는 인간은 한 사람도 산 일이 없었고 또 살고 있지도 않다. 그리고 기독교 세계의 내부에도 진실한 기독교인을 빼면 마찬가지로 없다. 완전한 기독교인이 되지 않는 한 기독교 세계 안의 인간도 역시 무엇엔가 절망하고 있는 것이다.

이런 고찰은 틀림없이 많은 사람들에게 역설적인 과장 또는 사람들을 낙심시키는 어두운 견해로 생각될 것이다. 그러나 결코 그렇지 않다. 그것은 어둠이 아니다. 오히려 반대로 사람이 흔히 어느 정도의 어둠 속에 스스로를 버려두고 싶어 하는 것을 빛 가운데로 끌어올리려 노력하는 것이다.

그것은 낙심시키는 것이 아니다. 오히려 사람의 기분을 앙양시키는 것이다. 그것은 인간은 정신이어야 한다는 인간에 대한 최고 요구의 관점에서 모든 사람을 고찰한 것이기 때문이다. 또 그것은 또 결코 역설이 아니다. 오히려 계속적으로 일관되는 근본적인 견해이며 과장이 아니다.

그에 반하여 절망에 관한 통상적인 고찰은 겉으로 본 모양에만 붙잡혀 있는 것으로 하나의 피상적인 고찰, 아니 결국 아무런 고찰도 아니다. 모든 인간은 자기가 절망하고 있는지 아닌지를 스스로 가장 잘 알고 있으리라고 전제한다. 즉 자기는 절망하고 있다고 말하는 사람은 절망하고 있는 것이고 스스로 절망하고 있다고 생각하지 않는 사람은 역시 절망하고 있지 않은 것으로 간주한다. 그 결과 절망은 비교적 드문 현상이 된다.

그런데 절망은 사실 아주 일상적인 것이다. 인간이 절망하고 있는 것이 드문 것이 아니라 진실로 절망하고 있지 않다는 것이 드문 것이다. 그것이야말로 실로 드문 것이다.

통속적인 견해로는 절망이 무엇인가를 이해하기에 지극히 불충분하다. 그것은 특히 다음과 같은 점을 간과하고 있다.(이 점만을 들기로 한다. 이것만이라도 바르게 이해한다면 몇 천, 아니 몇 천만의 사람들이 절망의 동료가 될 것이다.) ─ 절망하지 않았다는 것, 다시 말하면 자신이 절망하고 있다는 사실을 의식하지 못하는 것도 진실로 절망의 한 형태라는 것을.

통속적인 견해를 취하는 사람들은 절망에 대해 고찰할 때 그들이 병이나 건강에 대한 판단을 내릴 때 범하는 것과 똑같은 오류를 좀더 깊은 의미에 있어서 범하는 것이다. '좀더 깊은 의미에 있어서' 라고 말한 것은 통속적인 견해를 취하는 사람들에 있어서 정신에 관한 이해(이것 없이는 사람은 절망을 이해할 수 없다)는 병이나 건강에 관한 이해보다 아주 적기 때문이다.

사람들은 보통 어떤 사람이 자신이 병자라는 것을 말하지 않으면 사실 건강하다고 생각하며 더군다나 본인 스스로 자기는 건강하다고 말하면 그야말로 그대로 믿어 버린다. 그런데 의사는 병을 좀더 다른 눈으로 본다. 왜일까? 의사는 건강에 관하여 명료하고 투철한 의견을 가지고 있고 그에 따라 인간의 상태를 음미하기 때문이다.

단순한 망상에 따른 병이 있는 것처럼 단순한 망상에 따른 건강이 있다는 것을 의사는 알고 있다. 그래서 의사는 의심이 있는 경우에는 먼저 병이 나타나도록 수단을 강구하는 것이다.

대체로 의사는 그가 의사(그 일에 통한 사람)인 이상 사람이 자신의 용태에 대해 말하는 것을 절대적으로 신뢰하지는 않는다. 자신의 용태에 대해 건강하다든가 앓고 있다든가 혹은 번뇌하고 있다든가 등을 말하는 것을 절대적으로 신뢰하는 의사가 있다면 의사로 있다는 것이 잘못된 것이다.

의사는 단지 약을 처방할 뿐만 아니라 무엇보다도 병을 진단해야 한다. 따라서 제일 먼저 병자라고 생각하는 사람이 정말로 병자인지, 건강하다고 생각하는 사람이 정말로 건강한지를 진단해야 한다.

심리학자의 절망에 대한 태도 역시 의사의 병에 대한 태도와 마찬가지이다. 그는 심리학자로서 절망이 무엇인가를 잘 알고 있기 때문에 자신은 절망하고 있다든가 절망하고 있지 않다든가 하고 이야기하는 것으로 만족하지 않는다. 즉 자기는 절망하고 있다고 주장하는 사람도 어떤 의미에서는 언제나 절망하고 있지만은 않다는 것을 주의하지 않으면 안 된다.

실제로 사람은 절망을 가장할 수도 있고 또 정신의 한 규정인 절망을 여러 가지 일시적인 불쾌나 비관 — 이것은 절망에까지 이어지지 않고 지나가 버리는 것이다 — 과 혼동하는 오류에 빠지기 쉽다.

그때 심리학자는 여기에서도 절망의 모든 형태를 통찰하게 된다. 그것은 가식이라는 것, 그리고 이 가식이 그대로 절망인 것을 그는 실로 날카롭게 통찰하고 있는 것이다. 그는 또 이런 불쾌 따위는 그리 대단한 의미를 가지지 않는다는 것, 그러나 바로 그 점이 절망이라는 것을 실로 정확히 통찰하고 있는 것이다.

게다가 통속적인 견해는 정신의 병인 절망이 보통 병이라고 부르는 것과 비교하여 아주 다른 변증법적인 것이라는 점을 간과하고 있다. 절망에 있어서 이 변증법적인 것이 바르게 이해될 때 다시 몇 천의 사람들이 절망 밑으로 들어오게 될 것이다.

의사가 한 사람에 대해 어떤 시기에 건강하다는 확신을 품고 있었는데 후에 그 사람이 병에 걸렸다고 해도 그 사람이 예전에 건강했다는 점에서는 의사의 의견이 틀렸다고 말할 수 없다. 단지 그 사람이 지금 병에 걸려 있는 것일 뿐이다.

그런데 절망의 경우는 다르다. 절망이 나타나자마자 그 사람은 처음부터 절망하고 있었다는 것도 나타내는 것이다. 그러므로 아직 절망의 경험을 통해 구제받은 일이 없는 사람은 어떤 순간에도 그 사람의 상태에 대해 결정적인 말을 할 수 없다. 이는 그를 절망으로 이끈 조건이 나타나자마자 동시에 그가 과거의 전 생애를 통하여 절망하고 있었다는 사실도 나타나기 때문이다. 이와 반대로 그가 열병을 앓고 있다고 해서 그것으로 그가 전 생애를 통해 열병을 앓고 있다는 사실이 나타나는 것은 결코 아니다.

절망은 정신의 한 규정이다. 따라서 그것은 영원자에 관계하고 있다. 그러므로 절망의 변증법 안에는 영원적인 것이 포함되어 있다.

절망은 보통 병과는 전혀 다른 변증법을 포함하고 있을 뿐만 아니라 모든 징후가 변증법적이다. 그래서 피상적인 관찰은 절망의 존재 여부를 잘못 판단하기 쉽다. 즉 절망적일 수 없는 것이 오히려 절망 상태를 의미하는 경우가 있을 수 있다. 동시에 그것은 사람이 절망으로부터 구제된 상태를 의미할 수도 있다.

또 태연하게 있는 것이 오히려 절망 상태일 수 있으나 그것은 또 절망을 극복하고 평안을 발견한 상태를 의미할 수도 있다. 절망하고 있지 않다는 것은 앓고 있지 않다는 것과는 사정이 다르다. 앓고 있지 않다는 것은 결코 앓고 있음이 아니다. 그런데 절망하고 있지 않다는 것은 절망하고 있다는 것일 수 있다.

절망은 병의 경우처럼 나쁘다고 생각되는 곳과 아픈 데가 일치하는 게 아니다. 결코 그렇지 않다. 나쁘다고 생각하는 것 자체가 더욱 변증법적인 것이다. 나쁘다고 생각하는 마음을 한 번도 느껴 보지 못한 사람이 오히려 절망하고 있는 것이다.

지금까지 기술한 것의 의미 및 근거는 정신의 규정 밑에서 볼 경우(절망에 대해 이야기하려면 우리는 인간을 정신의 규정 밑에서 고찰하지 않으면 안 된다) 인간의 상태는 언제나 위기적이라는 점에 있다. 우리는 건강할 때가 아니라 병에 걸려 있을 때 위기라는 말을 입에 올린다. 왜일까? 육체적 건강은 직접적인 규정성이고 또 이것은 병의 상태에 있어서 처음으로 변증법적인 것이 되기 때문이다. 그래서 비로소 위기라는 말을 입에 올리게 되는 것이다.

그런데 정신적으로, 다시 말해 인간이 정신으로서 고찰되는 경우에는 건강할 때나 병에 걸려 있을 때나 마찬가지로 위기적이다. 정신의 직접적인 건강 같은 것은 존재하지 않는다.

만약 우리가 인간을 정신의 규정 하에 고찰하지 않고(그러면 절망에 대해 이야기할 수도 없다) 단순히 영(靈)과 육(肉)의 종합이라는 식으로 생각한다면 건강이 직접적인 규정성이고 영 내지 육의 병에 이르러 비로소 변증법적인 규정성이 된다. 그렇지만 인간이 자신이 정신으로 규정되어져 있음을 의식하지 않고 있다는 그것이 바로 절망이다.

인간적인 의미로 모든 것 가운데 가장 아름답고 사랑스러운 것인 여성의 청춘 — 이것은 순수한 조화이고 평화이며 환희이다 — 조차도 실은 절망일 뿐이다. 청춘은 행복이다. 그러나 행복이 결코 정신의 규정은 아니다.

행복의 아득히 먼 안쪽에 깊이깊이 숨겨져 있는 행복의 비밀 가장 안쪽에도 역시 불안이, 다시 말해 절망이 깃들어 있다. 절망이 가장 즐겁게 둥지를 트는 장소는 바로 그런 곳, 행복의 한가운데이다. 행복은 정신이 아니다. 그것은 직접성이다. 그리고 모든 직접성은 그것이 아무리 평화스럽고 안전한 것이라고 생각되더라도 실은 불안이다.

그러므로 그것이 대부분 대상이 없는 불안인 것은 지극히 당연하다. 직접성을 불안에 빠뜨리는 데는 전율할 사실을 무시무시한 말투로 이야기하는 것보다는 아무렇지도 않은 어조로, 그렇지만 반성의 힘으로 확실한 목표를 가지면서 막연한 사실에 대해 슬쩍 암시하는 말처럼 하는 편이 훨씬 효과적이다.

즉 '내가 말하려 하는 것을 당신 자신이 이미 잘 알고 있을 것이다.' 라는 식의 넘겨짚는 말을 꺼냄으로써 우리는 가장 쉽게 직접성을 불안으로 떨어뜨릴 수 있다. 물론 이때 직접성은 아무것도 알지 못한다. 그런데 반성은 무(無)에서 그 함정을 만들어 낼 때만큼 확실하게 목표물을 포착하는 일은 없고 그것이 무(無)의 반성, 즉 무한한 반성에 견디기 위해서는 탁월한 반성, 좀더 정확히 말해 위대한 신앙이 필요하다.

이런 이유로 모든 것 가운데 가장 아름답고 가장 사랑스러운 여성의 청춘조차도 절망일 뿐이며 또는 행운의 결과 외의 아무것도 아니다. 그러므로 이런 직접성을 가지고 전 생애를 빠져나가는 데 성공하는 일은 좀처럼 있을 수 없다. 설사 그것에 성공했다 해도 그런 행운은 아무런 도움도 되지 못한다. 그런 행운은 절망 외의 아무것도 아니기 때문이다.

절망은 병이다. 그렇지만 그것은 변증법적인 것이기 때문에 그것에 걸린 일이 없다는 사실이 최대의 불행이고 그것에 걸리는 일이 진실로 신(神)의 선물과 같은 종류의 병이다. 그렇지만 사람이 그로부터 치유되기를 원하지 않는다면 그처럼 위험한 병은 또 없다. 어쨌든 병에 걸렸으면 나아야 한다. 병 그 자체가 불행이기 때문이다.

그러므로 통속적인 견해로 절망은 드문 것이라고 생각함은 오류이다. 오히려 절망은 아주 보편적인 것이다. 더욱이 통속적인 견해로 자신이 절망하지 않았다고 스스로 믿거나 느끼고 있는 사람은 사실상 절망하지 않은 것이며 절망하고 있다고 스스로 말하는 사람만이 절망하고 있다고 생각하는 것은 그야말로 완전한 오류이다.

오히려 자신이 절망하고 있다고 생각하지 않는 사람들이나 절망하고 있다고 간주되지 않는 사람들 가운데 누구보다도 변증법적으로 말해서 구원에 조금—한 걸음쯤—더 가까이 있는 것이다. 그렇지만 사람들은 자신이 정신이라는 사실을 확실히 의식하지 못한 채 하루하루를 지내고 있음이 실로 일반적인 상태이다.(이 점에서 심리학자는 틀림없이 나에게 동의할 것이다) 그래서 사람들은 스스로는 아주 안전한 듯이 있고 인생에 대단히 만족해하기도 한다. 이것이야말로 바로 절망인 것이다.

그에 반하여 자신이 절망하고 있다고 생각하는 사람은 대개의 경우 자신이 정신이라는 사실을 의식하기에 이르지 않을 수 없을 만큼 심각한 천성의 소유자이거나 그렇지 않으면 괴로운 사건이나 놀라운 결단이 그를 도와 그로 하여금 그것을 알게 한 것이다. 어느 쪽이든 그런 사람들은 지금도 말한 것처럼 구원에 한 걸음 더 가까이 있다. 그렇지만 참으로 절망하고 있지 않은(이미 절망하고 있지 않은) 사람은 아주 드물다.

인간의 고뇌나 인간의 비참에 대해 아아, 사람들은 실로 많은 말들을 하고 있다. 나도 그것을 이해하고자 노력했고 또 그 가운데 많은 것을 가까이에서 배워 알았다. 그들은,

"얼마나 많은 사람들이 인생을 헛되이 보내고 있는가."

따위의 말을 자주 한다. 그런데 오직 다음과 같은 사람들만이 자기의 인생을 헛되이 보내고 있는 것이다. 인생의 기쁨이나 걱정에 마음을 빼앗겨 영원한 결단으로 자기 자신을 정신, 즉 자아로서 의식하지 못하고 나날을 지내고 있는 사람, 결국은 마찬가지이나 신이 거기에 존재하고 '그(그 자신, 그의 자아)'가 이 신 앞에 현존하고 있음을 깨달아 가장 깊은 의미로 결코 그것을 통감하지 못하는 사람이 그들이다. — 말할 나위도 없는 일이지만 이런 수확(무한성을 수확하는 일)에는 절망을 통하지 않고는 결코 도달할 수 없다.

아, 이렇게도 많은 사람들이 모든 사상 가운데에서 가장 축복받은 이 사상을 깨닫지 못하고 이토록 헛된 나날을 보내는 이 비참, 인간 특히 대중이 다른 모든 일에 종사하며 인생의 연극을 위한 기계처럼 자신의 힘을 소모시키면서도 이 축복만은 결코 상기하려 하지 않는 이 비참, 각각의 개체가 최고의 것, 유일한 것 — 인생은 이 때문에 사는 보람을 얻고 이 안에서의 삶은 영원도 길지 않다 — 을 얻기 위하여 개체로서 독존하는 대신 반대로 군집이 퇴적으로 되어 버리는 이 비참, 이런 비참이 현존한다는 사실 때문에 나는 영원히 울어도 다 울 수 없다는 생각이 드는 것이다.

그리고 내 생각에는 절망이 이와 같이 숨겨져 있다는 사실이 가장 무서운 병이자 고뇌인 이 절망이 점점 더 두렵게 되는 이유이다. 그것은 절망으로 번민하는 사람이 자신의 번민을 감추려고 한다면 아무도 그런 사실을 눈치 채지 못할 정도로 감출 수 있다는 의미가 아니다. 본인 자신이 그런 사실을 조금도 알아채지 못할 정도로 절망이 인간 안에 깊숙이 숨겨져 있을 수 있다는 의미이다.

아아, 만약 언젠가 인생의 모래시계가 모래를 다 흘려버리는 때가 온다면, 그리고 요란스러운 세상이 침묵하고 노동의 분주한 활동에 따르는 소일이 끝나 당신 주위의 모든 것들이 마치 영원 안에 있는 것처럼 고요해지는 때가 온다면 그때는 당신이 남자였거나 여자였거나 부자였거나 가난뱅이였거나 다른 사람에 의존하며 살았거나 독립해 살았거나 행복했거나 불행했거나 전혀 문제가 되지 않는다.

당신이 왕위에 앉아 빛나는 왕관을 쓰고 있었거나 아무도 거들떠보지 않는 보잘것없는 인간으로서 그날그날의 노고와 찌는 듯한 더위를 견디고 있음에 지나지 않거나[1] 당신 이름이 세계가 존속하는 한 사람들의 기억 속에 남아 있거나 혹은 당신이 아무 이름도 없이 수많은 사람들 가운데 한 사람으로 군중과 함께 몰려다녔거나 또는 당신을 둘러싸고 있던 영광이 모든 인간적 묘사를 능가할 정도의 것이었거나 혹은 더없이 가혹하고 불명예스러운 판결에 의하여 죄인이라는 낙인이 찍혔거나 그런 것들은 전혀 문제가 되지 않는다.

영원이 당신에게 묻는 것, 수를 헤아릴 수 없는 수백만의 사람들 한 사람 한 사람에게 묻는 것은 단 한 가지이다. — 당신은 절망하며 살아왔는가, 당신의 절망을 조금도 깨닫지 못하는 상태에서 절망하고 있었는가, 그렇지 않으면 당신의 병을 자신을 물어 상하게 하는 비밀로서 마음 깊은 곳에 숨기며 살아왔는가, 죄 깊은 애욕의 결과로서 그것을 가슴에 품고 살아왔는가, 혹은 절망을 견디기 어려워 광포

---

1) 마태복음 제20장 12절. "나중 온 이 사람들은 한 시간밖에 일하지 아니하였거늘 그들을 종일 수고하며 더위를 견딘 우리와 같게 하였나이다."

해져서 타인에게 두려움을 주며 살아오지 않았는가.

당신이 절망한 채 살아 왔다면 설령 다른 점에서 무언가를 얻었든 잃었든 모두 당신에게는 잃어 버린 것이다. 영원은 당신을 받아들이지 않는다. 영원은 당신을 모른다고 말한다. 그럼에도 불구하고 영원이 당신을 알고 있다는 사실이 더욱더 두려운 것이다. 영원은 당신이 알고 있는 대로 당신을 알고 있다. 영원은 당신의 자아를 통해 당신을 절망 안에 박아 놓는 것이다.

III

절망의 모든 형태

절망의 모든 형태는 자아가 종합으로서 성립되어 있는 모든 계기를 반성하는 것을 통해 추상적으로 발견될 수 있다. 자아는 무한성과 유한성으로 형성되어 있다. 그리고 이런 종합은 관계이다. 더구나 그것은 파생된 것이면서 자기 자신에 관계하고 있는 관계이다. 이것이 자유이다. 자아란 자유이다. 그런데 자유는 가능성과 필연성과의 규정에 있어서 변증법적인 것이다.

그렇지만 절망은 주로 그것의 의식성이라는 관점에서 고찰되어야 한다. 절망을 의식하고 있는지 의식하지 못하고 있는지가 절망과 절망 사이의 질적 차이를 형성한다. 물론 모든 절망은 그 개념에 의식되어 있다. 그렇다고 해서 절망의 개념에 해당되는 상태에 있는 사람이 자신의 그런 상태를 의식하고 있다고는 할 수 없다.

이런 의미에서 의식이 결정적인 것이다. 의식이 많아지면 많아질수록 그만큼 의지가 많아지고 의지가 많아지면 많아질수록 그만큼 자아가 많아지는 것이다. 의지를 가지지 못한 인간은 어떠한 자아도 없다. 의지를 많이 가지면 가질수록 그만큼 많은 자기의식을 가지고 있는 것이다.

> A. 절망을 의식하거나 의식하지 않거나를 문제
> 삼지 않고 고찰되는 경우의 절망. 따라서 여
> 기서는 종합의 모든 계기만이 문제가 된다.

a. 유한성과 무한성의 규정 하에 볼 수 있는 절망

자아는 무한성과 유한성의 의식적인 종합이고 자기 자신에 관계하는 것의 종합이다. 자아의 과제는 자기 자신이 되는 데 있다. 이것은 신과의 관계를 통해서만 실현될 수 있다. 자기 자신이 된다는 것은 구체적이 된다는 뜻이다. 구체적이 된다는 것은 '유한적이 되는' 것도 '무한적이 되는' 것도 아니다. 왜냐하면 구체적이 되어야 하는 것은 실로 종합이기 때문이다.

거기에서 발전은 다음과 같은 점에 있어야 한다. 자아를 무한화함으로써 자아를 무한히 자기 자신으로부터 해방시킴과 동시에 자아를 유한화함으로써 자아를 자기 자신에게로 돌아가게 하는 것. 자아가 그런 방법으로 자기 자신이 되지 않는 한 자아는 절망 상태에

---

1) 뒤나미스(dunamis)와 에네르게이아(energeia)는 아리스토텔레스 철학 개념
 의 하나로서 전자는 잠재력 또는 가능성을 의미하며 후자는 그에 대응하는 용
 어로 현실성을 나타낸다. 예를 들어 집이라는 목적이 실현되지 않은 상태가 집
 의 가능성, 즉 뒤나미스이며 집이 완성된 상태가 에네르게이아이다.

있다. 자아가 그것을 알든 모르든 관계없이.

그런데 자아는 그것이 현존하고 있는 모든 순간에 생성되는 것이다. '가능적인 것으로서의(Kata dunamin)'[1] 자아는 현실적으로 거기에 있는 것이 아니고 어디까지나 현실화할 수 있는 것으로서 존재함에 지나지 않기 때문이다. 자아가 그 자신이 되지 않는 한 자기는 그 자신이 아니다. 그리고 자기가 그 자신이 아니라는 것이 바로 절망인 것이다.

α 무한성의 절망은 유한성의 결핍에 존재한다.

이것이 사실이라는 근거는 자아가 서로 지양하는 두 계기의 종합이고 그 때문에 한쪽은 언제나 동시에 그 반대라고 하는 변증법적인 것 안에 존재한다. 어떠한 절망의 형태도 결코 직접적으로, 즉 변증법적으로 규정되어질 수는 없다.

그것은 언제나 동시에 그 반대를 생각함으로써만 규정될 수 있는 것이다. 그렇기는 하나 시인(詩人)이 실제로 시험해 보고 있는 것처럼 절망한 사람 스스로 말하게[2] 하여 절망한 상태를 직접적으로 그릴 수도 있다. 그렇지만 절망을 규정하는 일은 오직 그 반대를 통해서만 가능한 것이다.

---

2) 독일어로 Erwiderung 덴마크어로 Replikken. 극(劇)의 대화 속에서 등장인물이 자신의 입장과 역할의 본질적인 것을 함축성 있게 표현하는 것. 키에르케고르의 저작 가운데 때때로 나오는 말이다. 여기서는 단순히 '말하다'로 번역했다.

절망의 시적 표현이 시적인 가치를 가질 수 있다고 한다면 그것은 그 표현의 채색 안에 변증법적인 대립을 반영하고 있어야 한다. 때문에 무한이 된, 혹은 오직 무한이려고 하는 모든 인간적 실존은 (그렇다, 인간적 실존이 무한이 되었거나 또는 오직 무한이려고 하는 모든 순간에) 절망이다. 왜냐하면 자아는 종합이기 때문이다. 그리고 거기에서는 유한한 것은 한정하는 것이고 무한한 것은 확대하는 것이다.

이와 같이 무한성의 절망은 공상적인 것, 무한계적인 것이다. 절망의 경험을 통하여 자기 자신을 자각적으로 신(神) 안에 기초를 둘 때에만 자아는 건강하고 절망에서 해방될 수 있기 때문이다.

물론 공상적인 것은 무엇보다도 먼저 상상력과 가장 가까운 관계에 있다. 그런데 상상력은 감정·인식·의지와 관계하고 있으므로 인간은 공상적인 감정·공상적인 인식·공상적인 의지를 가질 수 있다. 상상력은 일반적으로 무한화 작용의 매체이다. 그것은 단순히 다른 모든 능력과 비교할 수 있는 하나의 능력에 지나지 않는 것이 아니라 모든 능력을 대표하는 능력(instar omnium)[3]이다.

한 사람이 얼마만큼의 감정·인식·의지를 가지고 있는가는 결국 그 사람이 얼마만큼의 상상력을 가지고 있는가 하는 점에 달려 있다. 다시 말하면 그 사람의 지(知)·정(情)·의(意)의 작용이 얼마만큼 반성되어 있는가 하는 점, 즉 상상력 여하에 달려 있는 것이다.

---

3) instar omnium은 라틴어로 '전체를 대표하는, 또는 전체에 상당하는'의 뜻.

상상력은 무한화로 향한 반성이다. 때문에 다름 아닌 노(老) 피히테[4]도, 참으로 정당하게도 다른 인식에 대해서조차 상상력(Phantasia)을 모든 범주의 근원이라고 생각한 것이다.[5] 자아란 반성이다. 그리고 상상력도 반성이다. 즉 상상력이란 자아의 재현이며 자아의 가능성이다. 또한 모든 반성의 가능성이다. 강렬한 상상력이 없는 곳에는 강렬한 자아 또한 존재하지 않는다.

공상은 일반적으로 인간을 무한자로 이끌어 간다. 그때 그것은 인간을 단순히 자기로부터 이끌어 갈 뿐이므로 인간이 자기 자신으로 환귀(還歸)하는 것을 방해하는 것이다.

이렇게 감정이 공상적이 되면 자아는 점점 희박해진다. 그것은 마침내 일종의 추상적 감상성(抽象的 感傷性)에 빠져 버려 인간은 어느새 현실적인 것에 대해서는 감수성을 움직이는 일 없이 오히려 비인간적인 방법, 예를 들면 추상적인 인류 일반이라는 식으로 여러 가지 추상체의 운명에 과감한 생각을 기울이게 되는 것이다.

류머티즘 환자가 자기의 감각적인 지각(知覺)을 지배하지 못하고

---

4) 노(老) 피히테:Johann Gottlieb Fichte(1762~1814)를 가리키는 것이며 그의 아들 Immanuel Herrmann Fichte(1796~1876)와 구별하기 위해서 '老'를 붙인 것이다.

5) Phantasia는 때로는 '공상'의 뜻으로, 때로는 독일 관념론 철학에 있어 '상상력' 또는 '구상력(構想力)'의 뜻으로 씌었다. '구상력'과 '공상'이 떼려야 뗄 수 없는 밀접한 관계로 포착되어 있는 점이 키에르케고르의 독자적인 통찰이라고 할 수 있다. 피히테(Johann Gottlieb Fichte)는 구상력을 여러 범주와 직관 형식을 정립하는 자아의 작용으로서 파악한다. 키에르케고르의 자기론(自己論)에 대한 피히테의 자아론(自我論)의 영향에 대해서는 여러 학자가 주목하고 있다.

바람의 상태나 날씨에 좌우되어 대기의 변동 등이 일어날 때 무의식 중에 그것을 자기 몸에 느끼듯 감정이 공상적이 된 사람에게서도 그와 같은 일이 일어난다. 어느 정도까지 무한(無限)이 되기는 하나 그것 때문에 점차로 그 자신이 되지는 않는다. 오히려 그는 점차 자기 자신을 상실하는 것이다.

인식에 있어서도 그것이 공상적이 되면 이와 마찬가지이다. 인식의 관점에서 본 자아의 발전 법칙은 — 자아가 진실로 자기 자신이 되는 경우에는 — 이러하다. 인식의 상승도는 자기 인식의 도에 대응하며 따라서 자아는 그 인식이 증가하면 증가할수록 그만큼 자기 자신을 인식한다.

그렇지 않을 경우 인식은 그것이 높아지면 높아질수록 점점 일종의 비인간적인 인식으로 변하는 것으로서 그런 인식을 획득하기 위해 인간의 자아가 낭비되는 것이다. 그것은 마치 피라미드를 건설하기 위하여 인간이 낭비된 것과 같은 것이다. 또한 러시아의 관현악[6]에서처럼 각자가 단 한 음 이상도 이하도 되어서는 안 되는 것 같은 상태에서 인간이 낭비되는 것이다.

의지가 공상적이 되는 때에도 자아는 역시 점차로 희박해진다. 그 경우 의지의 구체성 정도와 추상성 정도는 일치하지 않는다. 따라서 의지는 유한성을 초월하여 자기의 기획과 결의를 높이면 높일수록 도리어 자기 자신을 당장이라도 하지 않으면 안 될 어떤 일의 작

---

6) 여기에 언급된 러시아의 오케스트라는 육십 명의 뿔피리를 부는 사람으로 구성되어 있는데 한 개의 뿔피리는 한 음만을 내게 되어 있다.

은 부분 속에서 완벽하게 현재적이면서 동시적이 되는 것이다. 이 경우 무한성의 획득은 가장 엄밀한 의미에서 자기 자신에로의 환귀가 되는 것이다.

또한 기획과 결의에 있어서 최고의 무한성의 획득으로 인해 의지가 자기 자신으로부터 가장 멀리 떨어져 있으면서도 실은 그런 순간에 자기 자신에게 가장 가까이 접근하고 있어 오늘 이 시간 이 순간에도 계획한 대로 수행할 수 있을 것 같은 무한히 작은 부분의 일까지도 수행할 수 있다는 것은 생각할 수 없다.

이와 같이 감정·인식·의지가 공상적이 됨에 따라 마지막으로 자아 전체가 공상적이 된다. 거기에는 좀더 능동적인 행태(인간이 공상적인 것 안에 돌입하는 경우)와 좀더 수동적인 형태(인간이 공상적인 것에 의해 끌려 다니는 경우)가 있는데 어느 경우든 그것은 자기 자신의 책임이다.

그 경우 자아는 추상적인 무한성 내지는 추상적인 고립성 안에서 공상적인 생존을 영위한다. 그러므로 그것은 언제나 자신의 자아를 상실하고 있는 것으로 마침내 자아는 자신으로부터 멀리 떨어져 나가게 될 뿐이다.

예를 들면 종교적인 영역에 있어서도 그렇다. 신과의 관계는 우리를 무한한 것으로 만든다. 그런데 이런 무한화가 자칫하면 인간을 지나치게 공상적이 되게 하여 인간의 마음을 빼앗아 가 버린다. 그 결과 그것은 단순히 도취에 지나지 않게 되는 것이다.

인간은 때로 신 앞에 현존해 있는 것이 견딜 수 없는 것처럼 생각되기도 한다. 그런 경우 인간은 자기 자신으로 돌아오는 것, 즉 자기 자신이 되는 것이 불가능하기 때문이다. 이런 공상적인 종교가는 다음과 같이 말할 것이다.(그의 말에 의해 그 특색을 보인다면)

"참새가 살아 있을 수 있다는 것은 당연한 일이다. 참새는 지금 자기가 신 앞에 있다는 사실을 모르기 때문에. 그러나 일단 자기가 지금 신 앞에 있다는 사실을 안 인간이 어떻게 그 순간 미치지도 않고 파멸하지도 않을 수 있단 말인가![7]"

인간은 그런 식으로 공상적인 존재가 되어 절망할 경우에도 겉으로는 완벽하게 보통 인간으로서 아무런 어려움 없이 하루하루를 보낼 수 있다. 그는 이 세상의 일에 종사하고 결혼하고 아이를 낳고 명예로운 위치에 설 수 있다. 그리고 보다 깊은 의미에서 그에게 자아가 결여되어 있다는 사실은 아무도 눈치 채지 못할 것이다.

'자아' 라는 것에 대해 세상 사람들은 결코 문제 삼지 않는다. 자아라는 것은 세상에서 가장 문제되지 않는 것이고 또 자아를 가지고 있다는 사실을 조금이라도 깨닫게 되면 그만큼 위험한 것은 없을 것이기 때문이다. 자기 자신을 잃는다는 정말로 가장 위험한 일이 세상에서는 아무 일도 아닌 양 지극히 조용하게 일어날 수 있다. 만약 무언가 다른 것, 팔 하나, 다리 하나, 금 다섯 타알레르, 아내 등을 잃었다고 하면 그것을 모르고 있을 수 있을까?

---

7) 이 인용부호 안의 글은 키에르케고르 일기에 씌어 있던 것이다. 다시 말해 그 자신의 절규였던 것이다. 이 책에서 객관적인 절망의 서술처럼 보이는 글 가운데에는 그 자신의 정신적 상황의 심각한 자기 분석이 들어 있음을 주의해야 한다.

β. 유한성의 절망은 무한성의 결핍에 존재한다.

이런 관계가 성립하는 것은 α에서 나타난 것처럼 자아가 '서로 지양하는 두 계기'의 종합이라는 변증법적인 사실에 의해서이다. 그러므로 한쪽은 동시에 그 반대이기도 하다.

무한성의 결핍은 절망적인 고루성, 편협성이다. 고루성이라든가 편협성이라든가 하는 것은 이 경우 윤리적인 의미에 있어서만 이야기될 수 있는 것이다. 세상에서는 본래 이지적 또는 심미적인 의미에서만 고루성이라는 것을 이야기한다. 즉 어떻게 되어도 좋은 것들을 문제로 삼고 있는 것이다. 세상에서는 언제나 어떻게 되어도 좋은 것들이 가장 문제시된다. 대체로 이러한 대수롭지 않은 것들에 무한한 가치를 부여하는 것이 세상이라는 것이다.

세상적인 견해는 언제나 사람과 사람 사이의 구별에만 집착하고 있으므로 자연 또는 필연의 유일한 것[8]에 대한 이해(이것을 정신이라고 부를 수 있을 것이다)가 부족하게 된다. 또한 고루성과 편협성이 바로 자기 상실 상태 — 무한자로의 도피에 의한 것이 아니라 오히려 인간이 유한적인 것이 되어 자신으로 있는 대신 하나의 수(數), 하나의 인간이라는 천편일률적인 것들 안에 있어서 하나의 반복에 지나지 않는 것이 됨에 따른 자기 상실 — 인 까닭조차 이해할 수 없

---

8) 누가복음 제10장 42절. "몇 가지만 하든지 혹은 한 가지만이라도 족하니라. 마리아는 이 좋은 편을 택하였으니 빼앗기지 아니하리라 하시니라."

는 것이다.

절망한 편협성은 근원성의 결핍이다. 다시 말하면 인간이 자기의 근원성을 빼앗겨 버린, 즉 정신적인 의미에서 거세(去勢)당한 상태이다. 대개 모든 인간은 근원적으로 자기 자신이 되도록 정해져 있고 자기 자신이 되는 것이 그의 사명이다. 물론 자아는 있는 그대로의 상태에서는 모가 나 있다. 그렇다고 해도 그것은 닳아 없어져야 할 것은 아니고 단지 매끄럽게 다듬어져야 한다.

인간은 인간을 두려워한 나머지 자기 자신이기를 포기하는 일이 있어서는 안 된다. 하물며 단지 타인에 대한 공포 때문에 자아가 그 본질적인 우연성(이것이야말로 마멸되어서는 안 되는 것이다)대로의 자기 자신이기를 원하는 용기를 포기하거나 하는 일이 있어서는 안 된다. 인간은 이런 본질적인 우연성 안에서 비로소 자기 자신에 대하여 참으로 자기 자신인 것이다.

인간은 절망의 한 방법으로 무한자 안에 미혹되어 들어가 자기 자신을 상실하는 수가 있고 또 절망의 다른 방법으로 자신의 자아를 '타인'에게 편취(騙取)당하게 하는 것이다.

그런 인간은 자기의 주위에 있는 많은 인간의 무지를 보고 현세적인 사물과의 관계 속에 뒤섞여 세상이 어떤 것인가를 이해하게 됨으로써 자기 자신을 망각하고 자기가 어떤 이름 — 이 말의 신(神)적인 의미에 있어서 — 이었던가는 전부 잊어버리고 스스로를 믿을 엄두도 내지 못하고, 자기 자신이려고 하는 따위는 너무 엄청난 일이며 타인처럼 지내는 쪽이 훨씬 편하고 안전하다는 생각을 한다.

이렇게 하여 그는 군집 속에서 하나의 단위, 하나의 숫자, 하나의 이미테이션으로 전락하는 것이다.

절망의 이런 형태에 대해 세상에서는 전혀 깨닫지 못하고 있다고
해도 좋을 정도이다. 이런 식으로 자기 자신을 포기하는 사람은 그렇
게 함으로써 오히려 세상의 흥정을 자신 있게 해치우는 요령, 아니
세상에서 성공할 수 있는 요령을 체득하기에 이르렀기 때문이다.

이런 사람들의 경우에는 그의 자아와 무한성에 대한 자신의 노력
이 그를 방해하거나 그에게 괴로움을 가져다주지 않는다. 그는 자갈
처럼 매끄럽게 마멸되어 있어 현재 유통되고 있는 화폐와 같이 잘 통
한다. 세상은 그를 절망하고 있다고 생각하기는커녕 인간은 모두 그
렇게 해야 한다고 생각하는 것이다.

아주 당연한 일이지만 일반적으로 세상은 진실로 두려운 것이 무
엇인가를 전혀 모르고 있다. 생활에 아무런 불편도 가져오지 않을뿐
더러 오히려 그 사람의 생활을 안이하고 유쾌하게 해 주는 절망이 절
망으로 간주되지 않는 것은 차라리 당연하다.

세상의 생각이 이렇다는 것은 거의 모든 격언 ─ 대개 처세 교훈
에 지나지 않는 것이지만 ─ 에서도 발견된다. 예를 들면 떠들고 나
서는 열 번의 침묵 뒤에는 한 번의 후회가 있다고 말한다. 왜일까?
입 밖에 내어 말한다는 것은 하나의 외적인 사실이고 그 자체가 하나
의 현실이기 때문에 사람을 여러 가지 번거로움 가운데로 말려들게
할 수 있기 때문이다.

그러면 입 밖에 내어 말하지 않았다고 하면 어떨까? 실은 이것이
더욱 위험한 일이다. 침묵에 있어서는 인간은 완전히 자기 자신 안에
고립된 상태로 있게 되며 현실이 그를 도우러 오는 일이 결코 없다.

현실이 그가 말한 결과를 그에게 가져와 그를 벌하는 따위의 일은 없는 것이다. 그런 의미에서는 침묵은 결코 위험하지 않다.

그런데 두려워해야 할 것이 무엇인가를 알고 있는 사람은 내부로 파고들 뿐 밖으로는 아무 흔적도 남기지 않는 죄와 과오를 무엇보다도 두려워한다. 그리고 또 세상의 눈으로 보면 모험은 위험한 것이다. 왜일까? 모험에는 실패의 가능성이 뒤따르기 때문이다. 따라서 모험하지 않는 것이 현명한 일이다.

그런데 우리는 모험을 하면 쉽게 잃지 않는 것(비록 다른 많은 것을 잃는다 해도)을 오히려 모험하지 않기 때문에 무서울 정도로 쉽게 잃는 수가 있는데 그것은 바로 자기 자신이다. 적어도 모험을 하면 이렇게도 쉽게, 마치 아무것도 잃지 않은 것처럼 쉽게 자기 자신을 잃어버리는 일은 없다.

나의 모험이 잘못되어 있다면 그런 대로 인생이 형벌로써 나를 구원해 줄 것이다. 그러나 내가 전혀 모험을 시도해 보지 않았다면 대체 누가 나를 구원해 줄 것인가? 특히 최고의 의미에서의 모험(최고의 의미에서의 모험이란 바로 자기 자신을 응시하는 것이다)을 피한 비겁함 때문에 지상의 모든 이익을 획득할 수 있었을지언정 자기 자신을 상실했다면 어찌하겠는가?[9]

유한성의 절망이란 바로 이런 것이다. 이런 식으로 절망해 있는 사람은 그 때문에 오히려 더 좋게(본래 절망해 있으면 있을수록 더욱

---

9) 마태복음 제16장 26절. "사람이 만일 온 천하를 얻고도 제 목숨을 잃으면 무엇이 유익하리오."

더 좋은 것이다) 세상 속에서 나날을 보내고 사람들에게서 칭찬받고 그들 사이에서 중요시되고 명예로운 위치에 있게 되며 또한 이 세상의 모든 일에 종사할 수 있는 것이다.

지나친 말이 될지 모르나 세상이라는 것은 말하자면 세상에 몸을 팔고 있는 듯한 사람만으로 만들어져 있는 것이다. 그들은 자신의 재능을 이용하고 부를 축적하고 세속적인 일을 영위하고 현명하게 타산하고 그밖에 여러 가지 일을 성취하고 어쩌면 역사에 이름을 남기기도 하리라.

그렇지만 그들은 그들 자신이 아니다. 그들이 그 밖의 점에서 아무리 이기적일지라도 정신적인 의미에서는 아무런 자아 — 그것을 위해서는 모든 것을 걸 수 있는 자아, 신 앞에 있어서의 자아 — 도 소유하고 있지 않다.

b. 가능성과 필연성의 규정 하에 볼 수 있는 절망

생성을 위해서는 가능성과 필연성이 똑같이 본질적인 것이다. 그리고 자아는 실로 자유롭게 자기 자신이 되어야 한다. 자아에는 무한성과 유한성(apeiron·peras)[10]이 귀속되어 있는 것처럼 가능성과 필연성이 귀속되어 있다. 아무런 가능성도 가지지 못한 자아는 절망해 있다. 아무런 필연성도 가지지 못한 자아도 역시 절망해 있다.

α 가능성의 절망은 필연성의 결핍에 존재한다.

이런 관계가 성립하는 것은 앞에서도 말한 것처럼 그 관계가 변증법적인 것이기 때문이다.

무한성이 유한성에 의해 제한되는 것처럼 가능성은 필연성에 의해 견제된다. 자아가 유한성과 무한성의 종합으로서 정립되어 바야흐로 생성이 가능하게 된 경우 그것은 자아를 상상력이라는 매체 안에서 반성하는 것인데 그때 거기에 무한의 가능성이 나타난다.

가능성 면에서 말하면 자아란 가능적인 것임과 동시에 필연적인 것이다. 자아란 물론 그 자신이지만 또 그것은 그 자신이 될 수 있는 것이기도 하다. 그 자신일 때에는 그것은 필연적인 것이고 그 자신이 될 수 있는 것인 때에는 그것은 가능성이다.

---

10) apeiron은 '한계가 없는 것', peras는 그 apeiron을 한정하는 원리로서의 '한계'의 뜻. 그리스 철학의 용어.

그런데 가능성이 필연성을 포기하고 그 결과 자아가 가능성 안에서 자기 자신으로부터 떨어져나가 다시 자신으로 되돌아올 수 있는 아무런 필연적인 것을 가지지 않을 경우 이것이 가능성의 절망이다. 자아는 추상적인 가능성이 된다. ─ 자아는 가능성 속에서 발버둥쳐 피곤해질 뿐 그 장소에서 밖으로 나올 수도 또 어딘가 다른 장소에 다다를 수도 없다. 왜냐하면 필연적인 것이야말로 장소이기 때문이다.

인간이 자기 자신이 된다는 것은 장소에 있어서의 운동 바로 그것이다. 생성은 장소로부터의 운동이고 인간이 자기 자신이 된다는 것은 장소에 있어서의 운동이다.

그런데 필연성을 가지지 않은 자아에 대해서는 가능성이 점점 확대되어 그 영역은 어디까지라도 확대될 듯이 생각된다. 그에게는 아무것도 현실적으로는 되지 않기 때문이다. 그리고 마지막에는 어떤 것이라도 가능한 것처럼 생각된다. 그러나 여기까지 왔을 때에는 심연이 이미 자아를 삼켜 버리고 만다. 아무리 낮은 가능성이라도 그것이 현실성이 되려면 얼마만큼의 시간을 필요로 할 것이다. 그런데도 여기서는 마지막으로 현실성을 위하여 소비하는 시간이 점점 짧아져 간다.

모든 것이 점점 순간적인 일들이 되고 가능성은 더욱 더 강렬해진다. 현실성의 의미에서가 아니라 가능성의 의미에 있어서이다. 그것이 현실성의 의미에서 강렬한 것인 경우 가능적인 것 안에서 무언가 틀림없이 현실적이 되기 때문이다. 그런데 무언가가 순간적으로 가능적인 것으로서 나타난다. 그러면 또 새로운 가능성이 나타난다.

마지막으로는 이들 환영이 굉장한 속도로 뒤를 이어 나타나므로 결국 무슨 일이든 가능한 것처럼 생각된다. 이것이 바로 개체가 자기 자신의 구석구석까지 신기루(단순한 가능성)가 된 마지막 순간이다.

그래서 자아에 결핍되어 있는 것은 말할 나위도 없이 현실성이다. 일반적으로 사람들은 "어떤 사람이 비현실적이 되었다"는 식으로 말한다. 그런데 더 자세히 살펴보면 자아에 결핍되어 있는 것은 실은 필연성이다.

철학자[11]들이 설명하는 것처럼 필연성이 가능성과 현실성의 통일인 것은 아니다. 오히려 현실성이 가능성과 필연성의 통일인 것이다. 자아가 이처럼 가능성의 영역 안에서 헤매고 있다고 해도 그것은 단순히 힘이 부족하기 때문만은 아니다. 확실히 힘이 부족한 탓도 있기는 하나 적어도 그 의미는 일반적으로 생각하고 있는 것과는 다르게 이해되지 않으면 안 된다.

진정한 의미로 결핍되어 있는 것은 자신의 자아 안에 존재하는 필연적인 것(자기 자신의 한계라고 부를 수도 있는 것)에 머리를 숙이는 복종의 힘이다. 그렇기 때문에 불행한 것은 그런 인간이 이 세상에서 뛰어난 인물이 되지 못한 것이 아니다. 아니 그가 자기 자신에(그의 자아가 특정지어진 어떤 것이며 따라서 필연적인 것이라는 사실에) 착안하지 않았다는 사실이 불행이다. 그는 스스로의 자아를 공상적으로 가능성의 거울에 비춰 봄으로써 자기 자신을 상실한 것이다.

---

11) 헤겔의 <대논리학(大論理學)>의 이론을 지칭한 듯하다.

거울 속에서 자기 자신을 볼 수 있기 위해서도 사람은 필연적으로 자기 자신을 알고 있어야 한다. 그렇지 않다면 그 속에 보이는 것은 자기 자신이 아니라 단지 한 사람의 인간일 것이다. 그런데 가능성의 거울은 결코 보통의 거울은 아니다 그것은 매우 조심스럽게 사용해야만 한다. 왜냐하면 이 거울에 대해서는 최고의 의미로,

"그것은 진리는 아니다"

라고 말할 수 있기 때문이다.

자아가 자기 자신의 가능성 안에서 이렇게도 보이고 또 저렇게도 보인다는 것은 단순히 반쪽의 진리에 지나지 않는다. 자기 자신의 가능성에 있어 자아는 역시 자기 자신으로부터 멀리 떨어져 있거나 또는 단지 반쪽의 자기에 지나지 않기 때문이다.

문제는 이 자아의 필연성이 자아를 정확히 어떻게 규정하는가에 달려 있다. 가능성이라는 것은 어린이가 무언가의 유희에 참가하도록 꾀어내는 경우와 흡사하다. 어린이는 언제든 유희에 참가하고 싶어 한다. 그런데 문제는 부모가 그것을 허락하느냐 하지 않느냐이다. 이 부모가 필연성에 해당되는 것이다.

가능성에 있어서는 모든 것이 가능하다. 그래서 사람은 가능성 안에서 모든 가능한 방법으로 방황할 수 있다. 본질적으로 그 형태는 두 가지이다. 즉 추구적인 동경의 형태(희망)와 공상적인 우수의 형태(공포 내지는 불안)이다.

동화나 전설 속에 때때로 한 사람의 기사 이야기가 나온다. 어느 기사가 뜻밖에 신비스럽고 아름다운 새를 발견했다. 처음에 새는 바로 가까이에 있는 것처럼 보여 기사는 그 새를 손으로 잡을 수 있으

리라고 생각했다. 기사는 새를 쫓아갔다. 새는 일정한 거리를 날아갔다. 기사는 또 뒤쫓았다. 새는 또 일정한 거리만큼 날아갔다. 기사는 언제까지고 그 새의 뒤를 쫓아갔다. 마침내 밤이 되고 일행에게서 멀리 떨어진 그는 자신이 헤맨 숲속에서 이미 귀로를 발견할 수 없게 되었다.

동경적인 가능성이란 바로 이와 같은 것이다. 가능성을 필연성 안에 회복하는 대신 그는 가능성의 뒤를 쫓는다. 그래서 결국은 자기 자신에로의 귀로를 발견할 수 없게 되는 것이다.

방향이 반대이기는 하나 우수에 있어서도 이와 같은 일이 일어난다. 그곳에서 인간은 사랑의 우수에 사로잡혀 불안의 가능성을 추구한다. 그래서 마침내 자기 자신으로부터 떨어져 나가 그 불안 속에서 몸을 망치기에 이른다. 또는 거기에서 몸을 망쳐 버리지나 않을까 하는 불안 그 자체 속에서 몸을 망치기에 이르는 것이다.

β. 필연성의 절망은 가능성의 결핍에 존재한다.

이상과 같이 가능성 안으로 헤매어 들어가는 것을 어린이가 떠듬거리며 내는 모음에 비유한다면 가능성이 결핍되어 있다는 것은 즉 소리를 내지 않는 것과 같은 것이다. 필연적인 것은 자음만의 계열과 흡사하다. 그것을 발음할 수 있으려면 가능성이 더해져야 한다. 그 가능성이 결핍되는 경우, 다시 말해 인간적 실존이 가능성이 결핍되는 데까지 끌려가는 경우 그것이 절망 상태이다. 가능성이 결핍되어 있는 순간마다 절망이다.

일반적으로 사람들은 특정 연령에서는 희망이 풍부하다고 생각하고 있다. 혹은 자신의 생애 가운데 특정 시기나 특정 순간에 희망과 가능성이 대단히 풍부했던 것처럼 말한다. 그런데 이것은 모두 인간적인 이야기일 뿐 진리는 아니다. 이런 모든 희망이나 절망은 아직 참된 희망도 아니고 절망도 아니다.

결정적인 것은 신에게는 모든 것이 가능하다는 것이다.[12] 이것은 영원한 진리이며 따라서 모든 순간의 진리이다. 그런데 사람들은 보통 태연하게 그런 말을 한다. 그런데 인간이 막다른 곳까지 몰리면 그에게는 이미 — 인간적인 의미로서는 — 어떤 가능성도 존재하지 않게 된다. 그때 비로소 지금 말한 것이 진실로 문제가 되는 것이다.

신에게는 모든 것이 가능하다는 것을 믿는 의지가 있는지 없는지가 그때 문제된다. 되풀이하여 말하지만 그것을 믿는 의지가 그에게 있는지 없는지가 문제이다. 그렇다면 그것이야말로 완전한 공식대로 '제정신을 잃는 것'이 되어 버리지 않는가? 그렇다! 믿는다는 것은 실로 신을 획득하기 위해 제정신을 잃는 것이다.

이런 경우를 생각해 보자. 무언가 두려운 것에 대해 이것만은 절대로 견디어낼 수 없다고 생각하고 그것을 떠올릴 때마다 전율하는 사람이 있다. 그런데 그 사람이 그것과 맞부딪쳤다. 그가 그렇게도 두려워하던 것과 부딪친 것이다.

인간적으로 말하면 이 경우 그의 파멸은 너무나 확실하다. 절망

---

12) 마태복음 제19장 26절. "사람으로는 할 수 없으나 하나님으로서는 다 하실 수 있느니라." 누가복음 제1장 37절에도 같은 말이 나옴.

가운데에서 그의 영혼의 절망은 절망의 허락을 얻고자 싸운다. 말하자면 절망에로의 휴식을 구하여 전인격으로써 절망에 공명(共鳴)하고자 싸운다. 그런 경우 그는 그의 절망함을 방해하려는 것을 무엇보다도 열정적으로 저주할 것이다.

"형제여, 절망으로의 쾌적한 길에서 나를 끌어내리려는 너에게 저주 있으라!"

라고 시인 중의 시인은 유례없이 멋지게 그려내고 있다. (리처드 2세 제3막 제3장)[13] 그러므로 인간적으로 말한다면 이 경우 구제는 무엇보다도 불가능하다.

그러나 신에게는 모든 것이 가능하다! 이것이 신앙의 싸움이다. 말하자면 가능성을 위한 미친 듯한 싸움이다. 가능성이 유일한 구원자이기 때문이다. 누군가가 기절했을 때 우리는 물이나 오데콜론 호프만씨 액(液)을 가져오라고 외친다. 그런데 누군가가 절망하려고 할 때는,

"가능성을 만들어라! 가능성을 만들어라!"

하고 외칠 것이다. 가능성이 유일한 구원자인 것이다. 가능성! 그것에 의해 절망자는 숨을 되돌리고 소생한다. 가능성 없이는 인간은 호흡할 수 없다. 때로 인간의 상상력만으로 가능성이 창출될 수도 있다. 그렇지만 결국 신에게는 모든 것이 가능하다는 것만이 구원이 된

---

13) '시인 중의 시인'은 물론 셰익스피어를 가리키는 말. 키에르케고르는 일생을 셰익스피어를 되풀이하여 읽고 그를 높이 평가했다. 그는 영어를 몰랐기 때문에 모두 독일어 번역을 인용했다. 여기에 '제3막 제3장'이라고 한 것은 '제3막 제2장'의 잘못이다.

다. 즉 신앙이 문제인 것이다.

이리하여 싸움이 시작된다. 이런 식으로 싸우는 자가 파멸하는지 안 하는지는 오로지 그가 가능성을 만들 수 있는지 없는지, 다시 말해 그가 믿고 있는지 아닌지에 달려 있다. 더구나 그는 인간적인 의미로는 그의 파멸이 무엇보다도 확실하다는 것을 알고 있다. 이것이 신앙에 있어서의 변증법인 것이다.

보통 인간은 이러이러한 일이 자신에게 일어나는 일은 아마 없을 것이라고 생각하고 또 일어나지 않기만을 바란다. 그런데 그것이 실제로 그에게 일어나는 경우에는 파멸하고 만다. 앞을 보지 못하는 어리석은 사람들은 여러 가지 가능성을 포함한 위험 속으로 뛰어 들어가는데 그 위험이 실제로 나타난 경우에는 절망하여 파멸한다.

신앙인은 자기에게 부딪쳐 오는 일 또는 자기가 감행하는 일이 인간적인 계산에 의하면 자신의 파멸이 된다는 것을 보고 또 안다. 그러나 그는 믿는 것이다. 그 때문에 그는 파멸을 면한다. 그는 자신이 어떻게 구원받을 수 있을까 하는 것을 신에게 전부 맡겨 버린다. 그는 오직 신에게는 모든 것이 가능하다는 것을 믿고 있다.

인간이 자신의 파멸을 믿는 일은 불가능하다. 인간적으로는 그것이 자신의 파멸이라는 것을 이해한 다음 그럼에도 불구하고 구원의 가능성을 믿는다는 것, 그것이 신앙이라는 것이다. 그때 신 또한 그를 돕는다. 그를 두려운 것으로부터 벗어날 수 있게 함으로써 — 예기할 수 없는 기적적인 신적 구원의 출현에 의해 — 그를 돕는 것이다.

'기적적'이라는 것! 단지 1800년 이전에 있어서만 인간이 기적적으로 구원받을 수 있었다는 따위의 생각은 실로 우스꽝스런 기만이다. 한 인간이 기적적으로 구원될 수 있는가 아닌가는 본질적으로 그가 오성(悟性)의 열정을 가지고 구원이 불가능한 까닭을 이해하고 있었는가 하는 점에 달려 있다. 또한 그런데도 그를 구원해 준 힘에 대해 그가 얼마나 성실하였는가에 달려 있다. 그런데 대체로 인간들은 그 어느 쪽도 행하지 않는다.

사람들은 한 번도 자기의 오성을 동원하여 구원을 발견하려고 노력하는 일조차 없이 구원은 불가능하다고 비명을 지른다. 그런데 나중에는 배은망덕하게도 그들이 구원은 불가능하다고 생각함으로써 기적적으로 구원받았다는 사실을 인정하려 하지 않는 것이다.

신앙인은 절망에 대해 영원하면서도 확실한 해독제, 즉 가능성을 가지고 있다. 신에게는 모든 순간에 모든 것이 가능하기 때문이다. 이것이 신앙의 건강이다. 건강이란 모순을 해소하는 능력이다. 이때 모순이란 인간적으로는 파멸이 확실한 것임에도 아직 가능성이 존재한다는 바로 그것이다. 일반적으로 건강이란 모순을 해소할 수 있는 능력이다.

예를 들어 육체적 혹은 생리적으로 말한다면 호흡은 모순이다. 호흡은 분리된 그리고 비변증법적인 냉(冷)과 온(溫)이기 때문이다. 그러나 건강한 신체는 이 모순을 해소하고 있으므로 호흡을 의식하지 않는다. 신앙 역시 이와 같은 것이다.

가능성의 결핍은 모든 것이 필연적이든가 또는 모든 것이 일상적이든가 둘 중 어느 것을 의미한다.

결정론자·숙명론자는 절망해 있고 절망자로서 자기 자신을 상실하고 있다. 그에게는 모든 것이 필연성이기 때문이다. 그는 마치 모든 음식물이 금으로 변해 버려 굶어 죽었다는 저 왕[14]과 비슷하다.

인간은 가능성과 필연성의 종합이다. 그러므로 그런 인간의 존속은 들이쉬는 숨과 내쉬는 숨으로 형성된 호흡 작용에 비할 수 있으리라. 결정론자의 자아는 호흡할 수가 없다. 필연적인 것만을 호흡한다는 것은 불가능하며 만일 가능하다 하더라도 필연적인 것만을 뽑아내어 호흡한다면 인간의 자아는 질식할 수밖에 없을 것이다.

숙명론자는 절망하고 신을 상실하고 그래서 자기 자신을 상실하고 있다. 신을 가지지 않은 자는 역시 자아도 가지지 못하기 때문이다. 숙명론자는 신을 가지고 있지 않다. 그에게 신이 있다면 그것은 필연성이다.

신에게는 모든 것이 가능하다. 모든 것이 가능하다는 그것이 바로 신이다. 숙명론자의 예배는 기껏해야 하나의 감탄사이며 본질적으로는 침묵의 복종이다. 숙명론자는 기도할 수 없다. 기도하는 것도 역시 하나의 호흡이다. 가능성과 자아와의 관계는 산소와 호흡의 관계 같은 것이다.

그런데 인간이 단지 산소라든가 질소만을 호흡할 수 없는 것처럼[15] 가능성이나 필연성만으로는 기도라는 호흡을 할 수 없다. 기도

---

14) 그리스 신화에 나오는 소아시아의 프리기아(Phrygia) 왕족의 미다스(Midas) 왕을 가리킴.
15) 히르슈의 주석에 의하면 '산소' 라는 말이 나오는 두 군데는 원고에서 공란으로 되어 있고 공란 밖에 '질소에 대립하는 것은 무엇일까?' 라고 씌어져 있었으며 교정 때 비로소 '산소' 라는 말이 넣어졌다고 한다.

에는 신과 자아, 그리고 가능성이 없으면 안된다. 다시 말해 함축성 있는 의미로서의 자아와 가능성이 있어야 하는 것이다. 신이란 모든 것이 가능하다는 의미이며 또한 모든 것이 가능하다는 것은 신을 의미하고 있기 때문이다.

자아가 정신이 될 때까지 자아의 본질이 근본적으로 동요됨으로써 모든 것이 가능하다는 것을 이해하기에 이른 인간만이 신과 교제할 수 있다. 신의 의지는 가능적이라는 사실이 나를 기도할 수 있게 한다. 단지 신이 필연적인 것이라고 한다면 인간은 본질적으로 동물과 마찬가지로 말이 없는 존재가 될 것이다.

속물성과 일상성에도 역시 본질적으로 가능성이 결핍되어 있다. 다만 이 경우에는 사정이 좀 다를 뿐이다. 속물성은 무정신성(無精神性)이고 결정론과 숙명론은 정신의 절망이다. 무정신성 역시 절망이다. 속물성은 정신의 모든 규정을 결핍하고 개연적인 것으로 일관하므로 거기에는 가능적인 것이 자리잡을 여유가 조금밖에 없다.

그러나 신에 착안하기에 이를 정도의 가능성은 없는 것이다. 상상력이 없기 때문이다. 속물적인 인간은 언제나 그렇다. ― 술집 주인이거나 국무장관이거나 간에 ― 그는 세상이 어떤 것인지, 무엇이 가능하며 보통 무슨 일이 일어나는지와 같은 여러 가지 경험의 집적, 즉 어떤 종류의 통속적인 집체 속에서 살고 있다.

이렇게 하여 그는 자기 자신과 신을 상실하고 있다. 속물적인 인간은 자신의 자아와 신을 깨닫는 데 이르기 위해서는 상상력에 의해 개연적인 것의 안개 같은 영역보다 더욱 높은 곳으로 끌어올려져 이런 안개가 자욱한 것 같은 영역으로부터 구출되어야 하며, 온갖 경험의 충전량(充塡量:quantum satis)을 초월하는 것을 가능하게 함으로써 원하면서 두려워하고, 두려워하면서 원하는 것을 배우는 것이 필요한 것이다.

그런데 일상적인 인간은 상상력을 가지고 있지 않고 또 가지고 싶어 하지도 않는다. 그는 그것을 혐오하고 있는 것이다. 따라서 여기에는 어떤 도움도 없다. 다만 때때로 인생이 일상적 경험의 원숭이 같은 지혜를 초월하는 여러 가지 두려운 사건을 통해 구원하러 와 주지만 그때 속물은 바로 절망해 버린다. 이렇게 속물성은 본래 절망이라는 사실이 폭로된다. 즉 속물성에는 신의 구원을 통해 자기를 파멸로부터 구출하기 위한 신앙의 가능성이 결핍되어 있는 것이다.

숙명론과 결정론은 그래도 가능성에 절망할 만큼의 상상력과 불가능성을 발견할 만큼의 가능성을 소유하고 있다. 그런데 속물성은 일상적인 것에 만족하고 있으므로 그 생활이 잘 되어 가든 잘 되지 않든 마찬가지로 절망 상태에 있다.

숙명론과 결정론에는 필연성의 긴장을 늦추고 진정시키는 조절 가능성, 다시 말해 완화 작용으로서의 가능성이 결핍되어 있고 속물성에는 무정신성으로부터 깨어나기 위한 각성 작용으로서의 가능성이 결핍되어 있다. 모든 속물성은 가능성을 자기 뜻대로 지배할 수 있는 것처럼 믿는다. 그 거대한 탄력성인 가능성을 개연성의 함정이나 정신병원에 몰아넣어 포로로 할 심산인 것이다.

가능성을 개연성의 우리에 넣어 끌고 다니며 구경거리로 삼으면서 자신은 버젓한 주인으로 행세하려 하지만 실은 그에 의해 오히려 자기 자신을 우리 속에 가두고 있을 뿐이며 무정신성의 노예가 되어 모든 것 가운데 가장 가련한 존재가 되는 것을 깨닫지 못하고 있다.

가능성 안에서 길을 잃은 자는 분별없는 절망에 의해 하늘 높이 날아 올라가고 모든 것이 필연화한, 즉 가능성을 상실한 자는 위축된 절망 속에서 현실에 좌절한다. 그런데 속물적인 인간은 필연성도 가능성도 가지지 않았으므로 자기만족적인 무정신성의 승리를 축하한다.

B. 의식의 규정 하에 볼 수 있는 절망

의식의 도가 증가하면 할수록 그에 비례하여 절망의 도도 역시 강해진다. 즉 의식이 증가하면 할수록 그만큼 절망의 도는 강해지는 것이다. 이런 사실은 어디에나 나타나고 있지만 특히 절망의 최고도와 최저도에서 가장 명료하게 알 수 있다. 악마의 절망은 도가 강한 절망이다. 악마는 정신일 뿐이며[16] 절대 투명한 의식이어서 정상(情狀)을 짐작하여 헤아리는 데 도움이 될 무의식성을 가지고 있지 않기 때문이다. 그런 까닭에 악마의 절망은 절대의 반항이다.

이것이 절망의 최고도이다. 절망의 최저도는 — 우리는 인정으로서 자연히 이렇게 말하고 싶어지나 — 일종의 천진스러운 기분 가운데 자신이 절망 상태에 있다는 것조차 알지 못하는 상태이다. 따라서 무의식성의 최고도는 절망의 최저도와 일치한다. 거기서는 그런 상태를 절망이라고 부르는 것이 옳은지 어떤지조차도 변증법적인 문제가 될 수 있다.

---

16) 천사가 타락한 것으로서의 악마는 순수한 정신으로 간주되어야 한다는 견해가 이미 아우구스티누스 등의 교부(敎父)들 사이에 나타났다.

a. 자신이 절망 상태에 있음을 모르고 있는 절망. 다시 말해 자신이 자아라는 것을. 그것도 영원적인 자아라는 것을 가지고 있다는 사실에 대한 절망적인 무지

그럼에도 불구하고 이런 상태가 절망이며 동시에 그렇게 불리는 것이 정당하다는 것, 그것은 좋은 의미에서 진리의 독선이라고도 할 수 있는 사건의 표현이다. 진리는 그 자신과 허위를 구분짓는 지표이다.[17] 그런데 진리의 이런 독선을 사람들은 눈치채지 못하고 있다. 아니 일반적으로 사람들은 진리와의 관계, 다시 말해 자신이 진리와의 관계 안에 있는 것을 결코 최고의 선(善)이라고 생각하지는 않는다. 따라서 소크라테스처럼 오류에 붙잡혀 있는 것을 최대의 불행이라고 생각하지 않는 것이다.

대부분의 인간은 감성적인 것이 지성보다 훨씬 더 우세하다. 그래서 진리의 빛에 비추어 보면 실제로는 불행한데도 자신이 행복하다고 생각하는 사람의 경우에는 대체로 이런 오류로부터 벗어나는 것을 결코 원하지 않는다. 오히려 그는 그것에 분노하면서 자신을 그 오류로부터 벗어나게 하려는 사람을 최대의 적으로 간주할 것이다.

흔히 행복을 죽인다고 하는 그런 의미에서 그도 역시 거의 살인

---

17) 스피노자는 ≪윤리학(Ethik 2. Buch Schol Zu Propos 43)≫ 속에서 "빛이 그 자신과 어둠의 척도이듯이 진리는 그 자신과 허위의 척도이다. norma Suiet falsi" 라고 말했다.

에 가까운 습격을 받았다고 생각해 버리는 것이다. 어떻게 해서 그런 일이 일어나는가? 그것은 감성적인 것 및 감성적=정념적인 것이 그를 완전히 지배하고 있는 데에서 온다.

즉 그가 쾌(快), 불쾌(不快)라는 감성적인 것의 범주 안에서 살고 있어 정신이라든가 진리라든가 하는 것과는 결별하고 있는 데에서 온다. 정신이고자 하거나 정신인 것을 견딜 만한 용기를 갖기에는 너무도 감성적이라는 데서 오는 것이다.

일반적으로 사람들은 쓸데없이 허영심이 있고 자만심이 강할 뿐으로 대부분 자기 자신에 대해서는 아무런 관념도 가지고 있지 않다. 즉 그들은 자기들이 정신이고 절대자라는 (인간은 인간 나름으로 절대자에 참여할 수 있는 것이다) 사실에 대한 관념을 전혀 가지고 있지 않다. 그들은 단지 허영심이 있고 자만심이 강할 뿐이다.

예를 들어 여기에 지하실과 지상 2층으로 되어 있는 한 채의 집이 있다고 하자. 그리고 각 층의 거주자들 사이에 계급의 구별이 있고 그런 것을 고려하여 설비되어 있다고 하자. 이제 인간의 본질을 그런 집에 비교하면 대부분의 인간이 자기 자신의 집이면서 즐거이 지하실에 살고 싶어 하는 슬프고도 우스꽝스러운 현상이 발견되는 것이다.

모든 인간은 몸과 마음의 종합으로써 정신이 되도록 만들어졌다. 이것이 그의 집의 구조이다. 그런데도 그는 지하실에 살기를, 즉 감성의 규정 하에 살기를 좋아한다. 단지 지하실에 살기를 좋아할 뿐만 아니라 거기에 대단한 애착을 갖고 있으므로 누군가가 그에게 얼마든지 자유롭게 사용할 수 있도록 비워져 있으니 — 실제로 그는 자기 자신의 집에 살고 있는 것이다 — 2층에서 살면 어떻겠냐고 충고한다면 그는 감정을 상하게 될 것이다.

실제로 인간은 비소크라테스적인 것으로 오류 안에 살고 있는 것을 무엇보다도 무서워하지 않는다. 이런 사실을 놀라울 정도로 분명히 하고 있는 경탄할 만한 예를 볼 수 있다.

한 사상가가 거대한 전당을, 전 우주와 세계사를, 그 밖의 모든 것을 포괄할 수 있는 체계를 세우고 있다. 그런데 그의 개인적인 생활을 관찰하면 놀랍게도 높고 둥근 천정이 있는 이 거대한 저택에 거주하지 않고 개집이나 헛간, 기껏해야 문간방에서 살고 있다. 실로 놀랍고도 우스꽝스러운 사실이 아닌가.

만약 누군가가 그에게 단 한 마디라도 이런 모순을 알아차릴 수 있도록 말한다면 그는 기분이 상할 것이다 그는 오직 체계만 잘 완성된다면 오류 속에 사는 일 따위는 두렵지 않은 것이다. 아니 그는 오류 속에 살고 있음으로 해서 체계를 완성하는 것이다.[18]

그러므로 절망자가 자신이 절망 상태에 있다는 것을 조금도 알지 못한다 해도 그것은 문제가 되지 않는다. 그는 여전히 절망하고 있는 것이다. 만약 절망이 일종의 방황이라고 하면 자기가 방황한다는 사실을 모르는 것은 그만큼 그 방황의 정도를 증가시키는 일이 된다. 절망에 관한 무지는 불안에 관한 무지와 흡사하다.(비길리우스 하우프니엔시스[19] 저, 불안의 개념 참고)

---

18) 체계를 세우는 것을 중요시하는 사상가들, 특히 헤겔을 가리키는 듯하다.
19) 1844년 키에르케고르는 Vigilius Haufniensis라는 가명으로 ≪불안의 개념≫을 발간했다.

무정신적으로 완벽하게 안심해 있는 것을 보면 거기에 무정신성의 불안이 있음을 알 수 있다. 그런 상태의 밑바닥에 불안이 숨어 있는 것이다. 그와 마찬가지로 무정신성의 밑바닥에도 역시 절망이 숨어 있다. 착각의 마력이 깨어지고 현존재가 동요하기 시작할 때 그 밑바닥에 숨어 있던 절망이 바로 그 모습을 나타내는 것이다.

자기가 절망하고 있음을 모르는 절망자는 자기가 절망하고 있음을 아는 절망자에 비해 하나의 부정(否定)을 더 가지고 있는 것이다. 또한 그만큼 진리와 구원으로부터 멀리 떨어져 있는 것이다. 절망, 그것은 일종의 부정성(否定性)이며 절망을 깨닫지 못하고 있다는 것은 또 하나의 새로운 부정성이다. 그런데 진리에 도달하려면 사람은 모든 부정성을 통과해야만 한다.

전설에 의하면 한 마법[20]을 깨뜨리기 위해서는 음악을 철두철미하게 뒤에서부터 거꾸로 연주하지 않으면 안 되었다. 그렇지 않으면 마법은 깨뜨릴 수 없었다고 하는데 그것이 여기에도 꼭 들어맞는다.

하기야 자신이 절망하고 있음을 모르는 사람이 자신이 절망하고 있음을 알면서도 절망 속에 머물러 있는 사람에 비해 진리와 구원으로부터 멀리 떨어져 있다는 것은 단 하나의 의미, 즉 순수하게 변증법적인 의미에 있어서만 그런 것이다. 또 다른 의미, 즉 윤리적=변증

---

20) 크로커(Croker)의 <아일랜드 요정 이야기>에서 인용한 것으로 스웨덴에 요정의 왕에 관한 음악이 있었는데 이 음악을 듣는 사람은 모두 춤을 추지 않을 수 없으며 춤을 멈추기 위해서는 그 음악을 거꾸로 연주해야 한다는 이야기이다.

법적인 의미에 있어서는, 의식하면서 절망 상태에 머물러 있는 절망자는 그 절망의 도가 한층 강하므로 그만큼 구원으로부터 멀리 떨어져 있기 때문이다.

그러나 무지가 결코 절망을 지양하거나 그것을 절망 아닌 다른 것으로 바꿀 수는 없으며 오히려 그것은 절망의 가장 위험한 형태가 될 수 있다. 절망자는 무지로 인해서 어느 정도까지는 절망을 알지 못하도록 보호받고는 있지만 ─ 이것이 오히려 그 자신을 파멸로 이끄는 것이다 ─ 그것은 다시 말해 절망의 지배 밑에 보호받고 있는 셈이다.

자신의 절망에 대해 무지한 인간은 자기 자신을 정신으로서 의식하고 있는 상태로부터 가장 멀리 떨어져 있는 것이다. 그런데 자아를 정신으로서 의식하지 않는다는 바로 그 사실이 절망이고 무정신성이다. 이런 상태는 때로 완전한 무기력의 상태일 수도 있고 혹은 단순한 취생몽사(醉生夢死)의 생활, 아니 활력이 넘치는 생활일지도 모르지만 어쨌든 그 이면에 감추어진 것은 절망이다.

이 마지막 경우의 절망자의 상태는 마치 폐병 환자의 상태와 비슷하다. 병이 가장 위험한 상태인 바로 그때 그는 가장 기분이 좋고 스스로 최고의 건강 상태에 있다고 생각하며 다른 사람에게도 역시 건강하여 활기에 넘쳐 있는 것처럼 보인다.

이 형태의 절망(자신이 알지 못하면서 절망해 있는 것)이 세상에서는 가장 보편적인 절망이다. 실제로 사람들이 '세상'이라고 부르고 있는 것(좀더 정확히 말하면 기독교가 '이 세상'이라고 부르고 있는 것, 즉 이교도 및 기독교계 내에 있어서 자연인, 다시 말하면 역사

적인 의미에서의 이교도와 기독교계 내부에 있어서 이교도)은 바로
그런 종류의 절망이다.

　이교도도 기독교계 내부의 자연인과 마찬가지로 절망해 있는 인
간과 절망해 있지 않은 인간을 구별한다. 즉 사람들은 절망에 대하여
어떤 특정한 인간만이 절망하여 있는 것처럼 말하는 것이다. 그러나
이 구별은 이교도와 기독교계 내의 자연인이 사랑(愛)과 자기 사랑
(自己愛)을 구별하는 것과 마찬가지로 기만적이다. 그곳에서는 흡사
이들 모든 사랑이 본질적으로는 모두 자애가 아니냐는 듯이 말해지
고 있다.

　그런데 이교도와 자연인은 이런 기만적인 구별 이상으로 나아갈
수도 없고 또 나아가는 것이 가능하지도 않았다. 왜냐하면 자신이 절
망해 있는 것을 자각하고 있지 않은 것이 그들 절망의 특색이기 때문
이다.

　여기서 우리는 무엇이 절망이고 무엇이 절망이 아닌지를 재기(才
氣)가 있다든지 없다든지 하는 것 같은 심미적인 의미에서의 정신성
내지 무정신성의 개념을 척도로 하여 판정하지 말아야 한다는 것을
쉽게 이해할 수 있다. 이것은 당연한 일이다. 정신이 진실로 무엇인
가 하는 것은 심미적으로는 규정되지 않는 것이므로 심미적인 요소
를 전혀 가지고 있지 않은 문제에 대해 심미적인 것이 어떻게 해답을
줄 수 있겠는가?

　만약 우리들이 이교(異敎) 여러 민족 및 개개의 이교도가 일찍이
시인을 감격시켰고 앞으로도 감격시킬 수 있는 경탄할 만한 사업을
성취하리라는 사실을 부정하고자 한다면 그것은 대단히 어리석은

일이다. 심미적으로는 아무리 경탄해도 다할 수 없을 정도의 실례들을 이교도가 제시하고 있다는 사실을 우리가 부정하고자 한다면 이 또한 어리석은 일이다.

더욱이 최대의 심미적 향락으로 넘쳐 있는 생활, 주어진 모든 혜택물을 가장 취미에 맞는 방법으로 이용하고 예술이나 학문조차도 자신의 향락을 높이며 미화시키고 세련시키기 위해 이용하려는 생활이 일찍이 이교도 사이에서 영위되었으며 또 지금 우리들 자연인에 의해 영위된다는 사실을 부정하려고 한다면 이 또한 어리석은 일이다.

무엇이 절망이고 또 무엇이 절망이 아닌지를 판정하는 척도를 제공하는 것은 무정신성에 대한 심미적 의미에서의 개념이 아니라 정신에 관한 개념, 부정적으로 말하면 정신의 결여로서 무정신성에 관한 윤리적=종교적 규정이 그때 사용될 수 있는 척도인 것이다.

자기를 정신으로서 인식하지 못하는, 즉 신 앞에 자기를 개인적인 정신으로서 인식하지 못하는 모든 인간적 실존, 자기를 자각적으로 신 위에 기초하지 않고 추상적인 보편자(국가, 국민 등) 안에 안주 또는 몰입해 있거나 자신의 자아에 대한 자각도 없이 자신의 재능을 단지 일하기 위한 능력으로만 받아들여 그것이 더욱 깊은 의미에 있어서 어디에서 주어진 것인지 의식하지 못하는 모든 인간적 실존, 그리고 그 자아를 내면적으로 이해해야 함에도 불구하고 그것을 단지 불가해한 것으로서만 받아들이는 인간적 실존 — 이런 실존은 가령 그것이 무엇을(가장 경탄스러운 일을) 성취한다 하더라도 또는 무엇을(가령 전 존재를) 설명한다 하더라도 또는 자기의 생활을 심미적으로 아무리 강렬하게 향락한다 하더라도 그것은 결국 절망이다.

이교도의 덕은 빛나는 죄악이라고 옛날의 교부(敎父)[21]들이 말한 것은 바로 이것을 염두에 두고 있었던 것이다. 이교도의 가장 깊은 내부가 절망이고 이교도는 자기를 신 앞에 정신으로서 알고 있지 않다는 사실을 염두에 두고 있었던 것이다.

그렇기 때문에 이교도는 자살(여기서는 이것을 단순히 하나의 예로서 끌어내는 것뿐이나 실은 이것은 동시에 우리들의 전체적인 연구에 대해서도 보다 깊은 관계를 가지고 있는 것이다)이라는 것을 지극히 가볍게 생각하고 있었으며 오히려 그것을 찬미하기까지[22] 했다고 — 자살에 의해 현 존재에서 탈출하려 하는 것은 정신에 있어서는 죄의 절정(신에의 반역)임에도 불구하고 — 하는 주목할 만한 사실이 나타나는 것이다.[23]

이교도에게는 자아라는 것의 정신적 규정이 존재하지 않았다. 이교도가 자살을 그런 식으로 생각한 것은 그 때문이다. 도둑질이나 간음 따위에 대해서는 윤리적으로 준엄한 판단을 내린 이교도가 자살을 그런 식으로 생각한 것은 실로 그 때문이다. 이교도에게는 자살을

---

21) 아우구스티누스(Augustinus 354~430)와 레크탄티누스(Lectantinus)를 가리킨다. 아우구스티누스는 그의 저서 ≪신의 나라≫에서 "진실한 종교가 없는 곳에는 진실한 덕도 없다. 신과의 관계를 갖고 있지 않다면 영혼은 덕이 아니라 오히려 악덕이다." 라고 말하고 있다.
22) 세네카(Seneca Lucius Annaeus)등 스토아 학파의 철학자들이 죽음을 찬미한 것을 가리킨다.
23) 이것은 본질적으로 스토아 학파의 철학에 꼭 들어맞는다. 플라톤은 자살을 신에 대한 반역이라고 생각했다.(파이돈 편 참고)

고찰하기 위한 관점 — 신과의 관계 및 자아 — 이 결핍되어 있었다.

순수하게 이교적(異敎的)으로 생각한다면 자살은 아무래도 좋은 것이다. 그것은 타인과는 아무런 관계도 없는 것이므로 각자가 자기 기분 내키는 대로 해치워도 상관없는 것이다. 이교도의 입장에서 자살이 경계되어야 할 경우에는 자살이 타인에 대한 의무 관계를 파괴한다는 것을 가르쳐 준다든가 하는 간접적인 방법을 쓸 수밖에 없었다.

신에 대한 범죄라는 자살의 핵심을 이교도는 전혀 알지 못했다. 그러므로 우리는 이교도의 자살이 절망이라고는 말할 수 없는 것이다. 그것은 무분별하고 앞뒤가 거꾸로 된 일(hysteron proteron)[24]일 것이다. 우리는 이렇게 말해야 한다.

"이교도가 자살에 대해 그런 식으로 생각했다고 하는 그 자체가 절망이다."

그럼에도 불구하고 좁은 의미의 이교도와 기독교계 내부의 이교도 사이에는 질적인 구별이 있으며 이 구별은 언제까지나 남을 것이다. 그 구별에 대해서 비길리우스 하우프니엔시스는 불안과의 관계에 있어서 다음과 같이 주의시킨 일이 있다 — 전자(이교도)는 무정신성 안에서 정신에 가까워지려고 하나 후자(기독교계 내부의 이교

---

24) hysteron proteron이란 논리학 용어로서 뒤에 와야 할 것을 앞에 놓는 것. 다시 말해 추론의 귀결로 나와야 할 것을 미리 전제 속에 집어넣는 논리적 오류. 여기서는 기독교적인 사고방식을 기독교 이전의 이교(異敎) 세계 안에 무분별하게 집어넣는, 이른바 아나크로니즘(anachronism:시대 착오)을 말한다.

도)는 무정신성 안에서 정신으로부터 멀어지려고 한다. 기독교계 내부의 이교도는 정신으로부터의 타락이며 따라서 가장 엄밀한 의미에서의 무정신성이다.

b. 자신이 절망 상태에 있음을 알고 있는 절망. 그래서 여기에서는 사람은 자신이 자아(어떤 영원적인 것)를 가지고 있다는 것을 의식한다. 그리고 절망하여 자기 자신이려 하지 않든가 또는 자기 자신이려 한다.

여기에서는 물론 자신의 절망을 의식하고 있는 사람이 과연 절망에 대한 참된 관념을 가지고 있는가 가지고 있지 않은가를 구별하지 않으면 안 된다. 그래서 어떤 사람은 그가 가지고 있는 관념에 따라 스스로 절망하고 있다고 말하는 것이 옳을지도 모른다. 그리고 그가 절망해 있다는 것은 사실일지도 모른다. 그러나 그렇다고 해서 그가 절망에 대한 참된 관념을 가지고 있다고는 할 수 없는 것이다. 만약 절망에 대한 참된 관념에 따라 그의 생활을 고찰한다면 우리는 그에게 이렇게 말할 수 있을 것이다.

"너는 네가 생각하고 있는 것보다 훨씬 더 절망하고 있다. 너의 절망은 더욱 깊은 곳에 숨어 있다."

앞에서 말한 이교도의 상태 역시 이와 마찬가지이다. 만약 그가 다른 이교도와 비교해서 자기 자신이 절망해 있다고 생각한다면 자신이 절망해 있다고 생각하는 점에서는 물론 그의 생각은 올바르지만 다른 이교도들은 절망해 있지 않다고 생각하는 점에서는 그의 생각은 올바르지 못하다. 즉 그는 절망에 대한 참된 관념을 가지고 있지 않은 것이다.

그런 까닭에 의식적인 절망에는 한편으로 절망이란 무엇인가에

대한 참된 관념이, 다른 한편으로는 자기 자신의 상태에 대한 명료성
— 명료성과 절망을 관련지어 생각할 수 있는 한 — 이 요구된다.

자기 자신의 상태에 대한(다시 말해 자신이 절망해 있다는 사실
에 대한) 완전한 명료성이 어느 정도까지 절망과 결합될 수 있는지,
한 인간의 인식과 자기 인식의 이런 명료성이 정말로 그를 절망으로
부터 구출해 줄 것인지, 이런 명료성이 그를 자기 자신 앞에 두려워
떨게 하여 절망 상태를 벗어나게 할 수 있는지, 이런 것들을 우리는
여기에서 결정지으려 하지 않으며 이들 모든 사실에 관한 연구는 다
음 장에서 다룰 것이므로 여기서는 다루지 않기로 한다.

사상을 이런 변증법적인 한계점까지 추구할 필요 없이 단지 우리
는 지금 절망에 대한 관념의 정도가, 즉 자신이 절망해 있다고 하는
사실에 대한 의식 정도가 대단히 다른 것일 수 있다는 것만을 주의해
둔다. 현실의 인생은 단순히 절망을 의식하고 있지 않은 무의식적인
절망과 자신의 절망을 완전히 의식하고 있는 의식적인 절망이라는
추상적인 대립 사이에 움직이고 있는 것 같은 그런 단순한 것은 아니
다.

절망자는 대체로 자기 자신의 상태에 대해 여러 가지 뉘앙스를
가진 반쯤 몽롱한 의식 속에서 살고 있다. 그는 어느 정도까지는 자
신이 절망해 있다는 사실을 스스로 깨닫게 된다. 마치 병이 자기 안
에 있는 것을 알아차리는 것처럼 그는 자신의 절망을 스스로 알아차
린다. 그렇지만 그는 그 병이 본래 무엇인가 하는 것을 명백히 인정
하려고 하지는 않는다.

한 순간에는 자신이 절망해 있다는 사실이 명백하지만 다음 순간

에는 자신의 상태가 나쁜 원인이 어딘가 자기 외적인 것에 있는 것처럼 생각되어 그것만 제거하면 절망하지 않아도 되리라고 생각한다. 혹은 기분 전환 내지 그 수단으로서의 일이나 활동에 열중함으로써 자신의 상태를 스스로 분명히 의식하지 않으려고 노력하나 그때 그는 자기가 그런 일을 하는 것은 단순히 의식을 흐리게 하기 위함이라는 것을 거의 깨닫지 못한다.

혹은 자신이 그와 같이 활동하는 것은 정신을 몽롱한 상태에 잠겨 있게 하기 위함이라는 것을 알고 있는지도 모른다. 그리고 어쩌면 관찰력이 뛰어난 눈과 영리한 타산과 심리학적인 통찰을 가지고 그것을 수행하고 있는지도 모른다.

그렇다고 하더라도 다른 의미에서 그는 여전히 자신이 무엇을 하고 있는지 절망하여 스스로 무슨 행동을 하고 있는지 명료하게 의식하고 있지는 않은 것이다. 일체의 몽롱한 무지 속에서는 인식과 의지의 변증법적인 합주가 행해지고 있어서 만약 사람이 인식에만 중점을 두거나 의지에만 중점을 두면 인간의 이해를 그르치게 될 수도 있는 것이다.

앞에서도 말한 것처럼 의식의 도(度)가 절망의 도를 강하게 한다. 한 사람의 절망에 대한 관념이 진실이면 진실일수록 — 더구나 절망 상태에 머물러 있다고 하면 — 또 그가 자신의 절망 상태를 명료하게 의식하고 있으면 있을수록 — 그럼에도 불구하고 여전히 절망을 포기하지 않는다면 — 그의 절망의 도는 그만큼 강한 것이다.

자신이 절망이라는 사실을 의식하면서 또한 절망에 대한 진실한 관념을 품고 있으면서 자살하는 절망은 자살이 절망이라는 사실에 대한 진실한 관념을 가지지 않고 자살하는 절망보다 그 도가 강하다. 이에 반하여 자살에 대한 그 사람의 관념이 진실로부터 멀어지면 멀어질수록 절망의 도는 그만큼 약해지는 것이다.

한편 자살하는 사람이 자기 자신에 대하여 가지고 있는 의식(자기의식)이 명료하면 할수록 그 정신이 좀더 몽롱하여 혼란 상태에 있는 사람의 그것에 비하여 절망의 도가 더 강해진다.

다음에 나는 절망이 무엇인가에 대한 의식의 상승 및 자기 자신의 절망 상태에 대한 의식의 상승 또는 (결국 마찬가지이지만 이것이 결정적인 점이다) 자기 자신의 자아에 대한 의식의 상승을 보일 수 있는 방법으로서 의식적인 절망의 두 가지 형태를 음미하고자 한다.

절망의 반대는 신앙이다. 그러므로 앞서 절망이 전혀 존재하지 않는 상태에 대하여 제시한 정식(定式)은 그대로 신앙의 정식이 될 수도 있다. 자아는 자기 자신과 관계하면서 자기 자신으로 있으려 원하는 동시에 자기를 정립한 힘 가운데 자기 자신을 의식적으로 기초 두어 확고하게 한다(A-A 참고).

α. 절망하여 자기 자신이려 하지 않는 경우 — 약함의 절망

이 형태의 절망이 '약함의 절망'이라고 이름 붙여진다면 그 안에는 절망하여 자기 자신이려 하는 또 하나의 절망의 형태(β)에 대한 반성이 포함되어 있다. 그런데 이 대립은 단순히 상대적인 것이다. 반항이 전혀 없다면 절망이라는 것 또한 존재하지 않는다. 사실 자기 자신이려고 하지 않는다는 말 속에는 이미 반항이 포함되어 있다. 한편 절망의 가장 심한 반항 그 자체에도 약함이 전혀 없을 수는 없다. 따라서 양자의 구별은 단순히 상대적인 것에 지나지 않는다. 제1형태는 말하자면 여성의 절망이고 제2형태는 남성의 절망이다.*

---

* 우리가 심리학적으로 현실을 바라본다면 이 일의 올바름 — 이것은 올바르게 고찰된 것이므로 현실에 부합함에 틀림없으며 또한 사실이다 — 에 때때로 접촉하여 확증하는 기회를 갖게 될 것이다. 그에 따라 이 분류가 절망의 모든 현실을 포괄하고 있다는 사실을 확인할 수 있을 것이다.
어린이의 경우에는 절망이라고는 말할 수 없다. 기껏해야 신경질 정도의 것이다. 영원적인 것은 아이들에게는 단순히 가능성(kata dunamin)으로 존재하고 있는 것으로서 전제할 수 있을 뿐이기 때문이다. 아이들에게 영원적인 것을 요구할 권리가 우리에게는 없다.
그렇지만 어른에게는 요구할 수 있다. 어른은 영원적인 것을 가져야 하기 때문이다. 어쨌든 나는 남성적인 절망의 모든 형태를 여성에게서도 찾을 수 있으며 반대로 여성적인 절망의 모든 형태를 남성에게서도 찾을 수 있다는 사실을 결코 부정하고자 하는 것은 아니다. — 그렇지만 그것은 예외이다.
말할 나위도 없지만 전형적이라는 것은 일반적으로는 아주 드물게 존재하는 것이다. 남성적인 절망과 여성적인 절망이라는 위와 같은 구별도 단지 순수하게 이상적으로 포착된 경우에만 진리이다. 여성이 남성에 비하여 아무리 부드럽고 섬세한 감성을 갖고 있다고 하더라도 여성은 이기적으로 전개된 자기의 관념도, 결정적인 의미에서의 지성도 갖고 있지 않다.
그와 반대로 여성의 본질은 헌신이다. 만약 여성이 그렇지 않다고 하면 그것은 비여성적인 것이다. 참으로 불가사의한 일이지만 여성처럼 새침 떨고 (실제로 이 말은 여성을 위하여 만들어진 말이다) 거의 참혹할 정도로 까다로운 것은 없다. 그럼에도 불구하고 여성의 본질은 헌신이다. — 실은(이것이 실로 불가사의한 점이다) 이런 모든 것이 본래 여성의 본질이 헌신이라는 것을 표현한 것이다.
말하자면 여성이 자기의 본질 가운데 완전한 여성적 헌신을 지니고 있기 때문에 자연은 호의적으로 여성에게 어떤 본능 — 그 섬세함에 비교한다면 발달의 극치에 달한 남성적인 반성은 아무것도 아니다 — 을 부여한 것이다. 여성의 이런 헌신, 그리스적으로 말해 신으로부터 부여받은 여성의 이 재보(財寶)는 맹목적으로 내던지기에는 너무나 큰 재산이다.

그렇지만 아무리 투철한 인간적 반성이라고 해도 이 재산의 적절한 처분법을 찾아낼 수 있을 만큼 예리한 통찰력을 가질 수는 없다. 그래서 자연이 여성의 보호를 맡은 것이다. 여성은 눈을 감고서도 본능에 따라 가장 예리한 통찰력 있는 반성보다도 훨씬 분명히 통찰한다. 그녀는 자신이 무엇을 찬탄할 것이며 어디에 스스로를 바칠 것인가를 본능적으로 찾아낸다.

헌신은 여성이 소유한 유일한 것이다. 그런 까닭에 자연이 그것에 대한 보호 임무를 맡은 것이다. 여성다움이 어떤 변화 뒤에 비로소 생겨나는 것도 그 때문이다. 어디까지나 새침만 떨고 있던 여성이 여성적인 헌신에로 변모됨에 따라 여성다움이 나타나는 것이다.

그런데 헌신이 여성의 본질이라는 사실이 절망 속에도 나타나 여성의 절망의 양상을 규정한다. 헌신함으로써 여성은 자기 자신을 상실하고 있다. 그렇게 함으로써만 그녀는 행복하고 그렇게 함으로써만 그녀는 그녀 자신이 되는 것이다. 헌신 없이(자기 자신을 바치는 일 없이) 행복한 여성은 (다른 어떤 것을 바쳤다 하더라도) 완벽하게 비여성적이다.

남성 역시 자기를 바치기는 한다. 그렇게 하지 않는 남성은 능력이 없는 남성이다. 그런데 남성이 자아를 헌신 (이 경우 여성적이며 본질적인 헌신을 가리키는 말이다)하지 않는다면 그는 헌신을 통해 자신의 자아를 획득(그것이 다른 의미에서 여성들에게 일어나는 것같이)하지도 못한다. 남성은 자신의 자아를 유지하고 있는 것이다. 남성은 헌신은 하나 자신의 자아를 언제나 등 뒤에 남겨 놓고 있어서 자신의 헌신을 명백히 의식하고 있다.

그에 반해 여성은 순수하게 여성적으로 자기 자신을, 자신의 자아를 자기가 헌신하는 대상 안에 내던져 버린다. 이런 헌신을 그녀로부터 빼앗는다면 그녀의 자아까지도 빼앗는 것이다. 이리하여 그녀의 절망은 그녀 자신으로 있으려 원하지 않는 형태가 된다.

남성은 자아를 바치지 않는다. 따라서 절망의 제2형태 — 절망하여 자기 자신으로 있으려 원하는 것 — 에 남성적인 것이 표현된다. 남성의 절망과 여성의 절망 사이의 관계는 이 정도로 마친다.

그런데 여기에서는 신에의 헌신에 대하여 또한 신과의 관계에 대하여는 (이에 관해서는 제2편에서 논하기로 한다) 언급되지 않았다는 사실을 주의해 두고 싶다. 신과의 관계에 있어 — 여기에서는 남성과 여성과의 구별이 소멸된다 — 헌신이 자아이며 인간은 헌신을 통해 자아를 획득한다는 사실이 남성이나 여성에게 마찬가지로 적용된다.

실제로 여성의 대부분은 오직 남성을 통해서만 신과의 관계 속에 들어가기는 하지만 위에서 말한 바는 남성에게도 여성에게도 마찬가지로 적용되는 것이다.

1. 지상적인 것 또는 지상적인 어떤 것에 대한 절망

이것은 순수한 직접성 또는 단지 양적인 반성을 포함하는 직접성이다. 거기에는 자아에 대한 절망이 무엇인지 또는 자기 자신이 절망 상태에 있다는 사실에 대한 무한한 의식이 존재하지 않는다.

절망이란 수동적인 고난(외부로부터의 압박에 굴종하고 있는 것)에 지나지 않는 것으로 결코 내부로부터의 행위로는 나타나지 않는다. 직접성의 용어 가운데 '자아'라든가 '절망'이라는 말이 나오는 것은 말하자면 언어의 악의 없는 남용이다. 아이들이 병정놀이를 하는 것 같은 의미에서의 말의 유희이다.

직접적인 인간(만약 전혀 반성이 없는 직접성이 실제로 존재할 수 있다면)은 단순히 정념적으로 규정되어 있으며 그의 자아는 시간성과 세속성의 영역 안의 어떤 것에 지나지 않는다. 그러므로 '타자(他者, to heteron)'와의 직접적인 연관을 갖고 있으며 그 가운데 무언가 영원적인 것이라도 포함하고 있는 것과 같은 혼동하기 쉬운 겉모습을 보이고 있다.

그래서 자아는 희망하고 욕구하고 향락하면서 직접적으로 타자와 관련되어 있지만 그 태도는 언제나 수동적이다. 욕구하는 경우 조차 이 자아는 마치 어린이가 자기 자신을 말할 때처럼 언제나 제3격(與格)이다. 그의 변증법은 쾌(快)와 불쾌(不快)이고 그의 개념은 행(幸)·불행(不幸)·운명(運命)이다.

그런데 이 직접적인 자아에 무언가가 부딪쳐 온다. 그는 자아를 절망에 빠뜨리려는 무언가에 부딪치게 되는 것이다. 여기서는 다른 방법으로 절망이 일어날 수 없다. 그의 자아는 자기 자신에 대한 어떤 반성도 가지고 있지 않으므로 그를 절망에 빠뜨리는 것은 밖에서 오지 않으면 안 된다. 따라서 절망은 단순히 외부로부터 받는 고난일 뿐이다.

직접적인 인간의 생활의 중심(혹은 그가 아주 조금이라도 반성을 자기 내부에 가지고 있다면 생활 가운데서 그가 특히 기대하고 있는 부분)이 '운명의 타격'에 의해 빼앗긴다고 하자. 그는 불행해질 것이다. 다시 말해 그는 내부에 있는 직접성에 이미 자신의 힘으로는 회복할 수 없는 타격을 입게 되는 것이다.

그는 절망한다. 혹은 또 (이것은 현실적으로는 비교적 드물게 밖에 나타나지 않지만 변증법적으로는 당연히 일어나야 할 일이다) 이런 직접성의 절망은 직접적인 인간이 너무나 큰 행운이라고 부르고 있는 것에 의해 나타나는 일이 있다. 도대체 직접성이라는 것은 그 자체로서는 터무니없이 깨지기 쉬운 것이어서 직접성에 반성을 요구하는 것과 같은 '도를 넘는 것:quid nimis'[25]은 모두 직접성을 절망에 빠뜨린다.

이렇게 하여 그는 절망한다. 기묘한 전도(顚倒)와 완전한 자기 기만에 의해 그는 그것을 절망이라고 부르는 것이다. 그런데 절망이란 영원적인 것을 상실하는 것이다. 그는 이 상실을 문제시하지 않으며 이런 상실 따위는 꿈에도 생각하지 않는다. 지상적인 것을 잃는 것은

---

25) quid nimis란 조금이라도 반성이 가해지면 그 반성이 직접성을 절망으로 밀어 넣는다는 뜻.

절망은 아니다. 그런데 그가 이야기하는 것은 지상적인 것에 대해서이고 그것을 절망이라고 부르는 것이다.

그가 이야기하는 것은 어떤 의미에서는 진실이다. 다만 그것을 이해하고 있는 것과 같은 의미에서는 진실이 아니다. 그의 입장은 전도되어 있다. 따라서 그가 이야기하는 것 역시 전도시켜 이해하지 않으면 안 된다. 그는 거기에 서서 아무런 절망도 아닌 것을 가지고 자신은 절망하고 있다고 이야기한다.

그런데 실은 절망이 그가 알지 못하는 사이에 등 뒤에서 일어나고 있는 것이다. 그것은 마치 누군가가 시청과 재판소에 등을 돌리고 서서 바로 앞을 가리키면서 저기에 시청과 재판소가 있다고 이야기하는 것과 같다. 그의 말도 틀리지는 않다. 시청과 재판소는 확실히 그곳에 서 있다. 단 그가 방향을 바꾸기만 하면 말이다.

본래 직접적인 인간은 절망해 있지 않다. 그런데 그가 스스로 절망해 있다고 이야기할 때 그 말에도 약간의 진실은 포함되어 있다. 그가 스스로 절망해 있다고 이야기할 때 그는 자기 자신을 이른바 죽은 것, 자기 자신의 그림자라고 생각하고 있다. 그렇지만 그는 실제로는 죽어 있지 않다. 그의 안에는 아직 숨결이 남아 있다.

만약 갑자기 모든 것이 모습을 바꾸고 그를 절망으로 이끌었던 모든 외적인 것이 사라지고 그의 소원이 충족되기만 하면 그는 다시 소생할 것이다. 직접성은 다시금 일어서서 생기 있게 활동을 시작할 것이다. 절망하여 기절하는 것, 이것이 직접성의 유일한 전술(戰術)이며 그가 알고 있는 유일한 것이다.

절망이 무엇인가에 대해 그는 거의 아는 바가 없다. 그는 절망하여 기절하고 죽기라도 한 것처럼 소리 없이 드러눕는다. '죽은 체한다' 는 연기에 비할 수 있으리라. 지상에 소리 없이 드러누워 죽은 체하는 것 외에는 아무런 무기도 방어 수단도 가지지 못한 하등 동물이 있는데 직접성은 어딘가 그것과 닮아 있다.

이윽고 시간이 흘러 밖으로부터 도움이 찾아오는 일이라도 있으면 절망자 내부에는 다시금 생명이 되돌아온다. 그는 자신이 멈춰 있던 곳에서부터 시작한다. 그는 원래 자기가 아니었고 또한 자기가 되지도 못했다. 그는 단순히 직접적인 규정성 그대로 계속해서 살아간다.

만약 밖으로부터 도움이 찾아오지 않는 경우 실제로는 보통 좀더 다른 일이 일어난다. 그 경우에도 역시 절망자 내부에 다시 생명이 되돌아오기는 한다. 그렇지만 그는 '나는 두 번 다시 나 자신이 될 수는 없다' 고 이야기한다.

그는 조금쯤 인생을 이해하는 것을 배운다. 다른 사람들이 어떻게 살고 있는가에 주의하여 그들의 흉내를 내는 것을 배운다. 그리하여 그런 식으로 살아간다. 기독교계에 있어서 그는 아직 기독교도이다. 그는 일요일이면 교회에 간다. 목사의 설교를 들으면서 이해한다. 아니 그들 사이에는 양해가 성립되어 있는 것이다. 그가 죽으면 목사는 십 달러를 받고 그를 불사(不死)의 나라로 인도해 준다. 그렇지만 그는 자기 자신이 아니었다. 그는 본래의 자기 자신으로는 되지 않았던 것이다.

이 형태의 절망은 절망하여 자기 자신으로 있기를 원하지 않는 것이다. 혹은 절망하여 어떤 자아로도 있으려 원하지 않는 것이다.

또는 이것은 최악의 상태이지만, 절망하여 자기 자신과는 다른 인간으로 있고 싶다고 원하는 것, 새로운 자기로 있고 싶다고 원하는 것이다.

본래 직접적인 인간은 어떤 자아도 가지고 있지 않다. 그는 자기 자신을 인식하고 있지 않다. 따라서 자기 자신을 그것과 구분할 수도 없다. 그래서 그의 생애는 자칫하면 모험으로 끝나게 되기 쉽다. 그 직접적인 인간이 절망에 이르는 경우,

'어쩌면 자기 자신이 될 수 없다는 것으로 자신이 될 수 있을지도 모른다.'

라고 꿈꾸거나 원할 만큼의 자아조차 이미 그에게는 없다. 그래서 그는 다른 수단에 호소한다. 그는 완전히 다른 인간이 되고 싶다고 원하는 것이다.

이런 사실은 직접적인 인간들을 관찰해 보면 쉽게 확인할 수 있다. 절망의 순간에 '다른 인간이었더라면……' 이라든가, '다른 인간이 된다면……' 하고 원하는 것만큼 간절한 소망은 없는 것이다. 어쨌든 그런 절망자 앞에서는 미소를 금할 수 없다. 인간적인 의미에서는 그의 모든 절망에도 불구하고 그는 정말 천진한 것이다.

대부분의 경우 그런 절망자는 매우 희극적이다. 어떤 자아(신 다음에는 자아만큼 영원적인 것은 없다)의 일을 생각해 보자 — 이 자아가 어느 때 자신과는 다른 인간으로 될 수는 없을까 하고 생각했다 하자. 이 절망자(그의 유일한 소원은 모든 변화 가운데서도 가장 어리석은 변화를 이루려는 것이다)는 그런 변화가 마치 웃옷을 바꿔 입는 것처럼 쉽게 될 수 있는 것으로 생각하고 싶어 하는 것이다.

직접적인 인간은 자기 자신을 알고 있지 못하며 자기 자신을 문자 그대로 웃옷 정도로 알고 있을 뿐이다. 그는 자신이 가지고 있는 자아라는 것을 단지 외면성만으로 인식하고 있다. 여기에 또 무한한 희극성이 나타난다. 확실히 이보다 우스꽝스러운 혼동도 거의 없을 것이다. 자아라는 것이야말로 외면성과는 전혀 다른 것이기 때문이다.

그런데 그 외면성 전체가 변화했기 때문에 직접적인 인간은 절망에 빠진 것이다. 그는 다시 일보 전진하여 이런 식으로 생각한다. 그의 소원은 이런 것이 된다.

"만약 내가 전혀 다른 인간이 된다고 하면 어떻게 될까? 새로운 나를 새로 맞춘다면……?"

글쎄……, 그가 다른 인간이 된다면 그는 자신을 구별할 수 있을까?

한 농부의 이야기가 있다. 그는 맨발로 거리에 나왔으나 많은 돈이 들어왔으므로 구두도 양말도 살 수 있었고 그래도 돈이 남아 마음껏 술을 마실 수도 있었다. 그래서 만취된 농부는 마침내 차도 한가운데 길게 드러누워 잠이 들어 버렸다. 그때 그곳에 마차가 왔다. 마부는 그 남자에게 소리를 질렀다.

"비켜! 비키지 않으면 네 발을 치고 지나갈 테다!"

만취된 남자는 눈을 뜨고 천천히 자신의 다리를 보았지만 양말과 구두를 신은 발은 자기의 발 같지가 않았다. 그래서 그는 말했다.

"지나가, 지나가! 이것은 내 발이 아니야!"

직접적인 인간이 절망해 있는 경우도 이와 비슷한 것이다. 그를 있는 그대로 그려 내려고 하면 우스꽝스러움을 감출 수가 없다. 이런 식으로 자아나 절망에 대해 이야기하는 것은 지나친 표현이 될지 모르나 그 자체가 이미 일종의 희극이라고도 말할 수 있으리라.

그런데 직접성이 그 자신 안에 일종의 반성을 포함하고 있다고 생각해 보자. ─ 그렇다면 절망의 형태는 다소 변한다. 거기에는 자아에 대한 의식이 어느 정도 발생하며 동시에 절망이 무엇인가에 대한 의식, 더욱이 자기 자신이 절망 상태에 있다는 사실에 대한 의식이 다소 발생한다. 그래서 그런 인간이 자신이 절망해 있다고 말할 때에는 그 말 속에 얼마간 의미가 있다. 그러나 그의 절망은 본질적으로 약함의 절망, 수동적인 절망이다. 절망하여 자기 자신으로 있으려고 하지 않음이 그 절망의 형태이다.

절망은 언제나 밖으로부터의 충격이나 사건에 의해 일어나는 것이 아니라 단순한 반성에 의해서도 일어날 수 있다는 점에서 순수한 직접성에 비해 이 경우의 직접성이 진보된 것이라는 것은 확실하다. ─ 여기에서의 절망이 그러하다면 그것은 단지 외적인 모든 관계에 의해 발생된 수동적인 좌절이 아니라 어느 정도는 자발적인 움직임이고 행위인 것이다. 여기에는 확실히 자기 자신에 대한 반성과 자아에 대한 성찰이 어느 정도 존재한다.

어느 정도의 이런 자기 반성과 함께 분리 작용이 시작되며 그와 동시에 자아는 환경과 외계의 영향으로부터 본질적으로 독립한 존재로서의 자기 자신에게 주목하기에 이른다. 그러나 그것은 어느 한계까지만 일어난다.

자아가 자기 자신에 대한 어느 정도의 반성을 가지고 스스로를 받아들이고자 한다면 자아의 구조와 필연성에 있어서 여러 가지 어려움에 부딪치게 된다. 어떤 인간적인 육체도 완전한 육체가 아닌 것처럼 어떤 자아도 완전한 자아가 아니기 때문이다.

이 어려움 앞에 그것이 무엇이든 인간은 뒷걸음질치게 된다. 또는 그의 직접성을 심각하게 뒤흔들어 놓는 무엇, 자기 자신에 대한 그의 반성이 이룬 것보다 훨씬 더 심각하게 직접성을 뒤흔들어 놓는 그 무엇이 그에게 일어난다. 아마 그의 상상력은, 만약 그것이 나타난다면 직접성과의 절연을 의미하는 가능성까지도 발견할 것이다.

이렇게 하여 그는 절망한다. 그의 절망은 약함으로부터의 절망(자아의 수동적인 번민)이기 때문에 자기 주장과 절망은 반대의 것이다. 그렇지만 그는 자기가 지니고 있는 상대적인 자기 안의 반성의 도움을 빌어 스스로를 지키려고 노력한다. 이 점에서도 순수하게 직접적인 인간과는 다르다.

어쨌든 그는 자아를 버림은 중대한 일이라는 것을 이해하고 있으므로 직접적인 인간처럼 졸도할 만큼 충격을 받지는 않는다. 많은 것을 잃을지언정 자아를 잃지 말아야 한다는 것을 그는 반성을 통해 이해하고 있다. 그는 스스로를 어느 정도까지 평가하는 마음의 준비가 되어 있다. 왜일까? 그것은 어느 정도까지 스스로를 외계로부터 단절시키고 있고, 막연하나마 자기 안에 영원한 것이 존재하리라는 관념을 가지고 있기 때문이다.

그러나 이런 노력도 결과적으로는 아무 소용이 없다. 그를 좌절시킨 곤란이 그에게 모든 직접성과 절연할 것을 요구하는데 이에 응할 수 있는 충분한 윤리적인 반성이 그에게는 부족하다.

그는 일체의 외적인 것으로부터 획득된 무한히 추상적인 자아에 대한 의식을 가지고 있지 않은 것이다. 이 자아는 직접성으로 덧씌워진 자아와는 반대로 적나라한 추상적인 자아로서 무한한 자아의 최초의 형태이며 그 여러 가지 단점과 장점을 포함하여 무한한 자신의 현실적인 자아를 받아들이는 모든 과정의 추진력이다.

이렇게 하여 그는 절망한다. 그리고 그의 절망은 그 자신으로 있으려 하지 않는 점에 존재한다. 그러나 그는 다른 사람이 되고 싶다는 따위의 우스꽝스러운 생각은 하지 않는다. 그는 자기 자신에 대한 관계를 똑바로 유지하고 있으며 반성은 그를 그 자신에 묶어 두고 있다. 그렇지만 이 경우 그는 자기 자신에 대하여 자기 집에 대한 관계 이상의 관계를 가지지는 않는다. 자기 자신에 대한 관계는 자기 집에 대해 가질 수 있는 그런 피상적인 관계가 아니라는 점에 희극성이 성립한다.

스토브에서 연기가 새어 나온다든지 하는 사정으로 자기 집이 불쾌한 상태가 되었을 때 그는 밖으로 나간다. 그렇다고 완전히 그 집을 떠나는 것도 아니며 다른 새로운 집을 빌리는 것도 아니다. 그는 여전히 그 옛집을 자기 집이라고 생각한다. 단지 그는 자기 집이 다시 기분 좋은 상태가 될 때까지 밖에서 기다리는 것이다.

절망자의 경우도 그와 같다. 어려운 상태가 계속되고 있는 동안 그는 일반적으로 (특수한 의미를 포함해서) 말해지는 것처럼 자기 자신으로 돌아가려 하지 않는다. 그는 자기 자신으로 있기를 원하지 않는 것이다. 그렇지만 이윽고 그런 상태가 지나가고 사정이 변하여 어두움은 사라지고 대개 잊히리라.

그때까지 그는 때때로 자기 자신을 방문하여 자아에 변화가 일어나지 않았는지 확인한다. 변화가 일어났음이 확인되면 그는 다시 자기 집으로 돌아간다. 다시 자기 자신이 된 것이다. 그렇지만 그것은 그가 본래 중지했던 곳에서 다시 한 번 시작하는 것일 뿐이다. 어느 정도까지 그는 자기 자신이었다. 그러나 결코 그 이상의 것이 되지는 못했다. 그런데 아무런 변화도 일어나지 않았다고 하면 그는 다른 방법을 강구할 것이다.

진실로 자기 자신이 되기 위해서는 어디까지나 내면을 추구해야 하는데 그는 이 내면으로의 방향을 완전히 벗어나게 되는 것이다. 보다 깊은 의미로 자기에 대한 모든 문제가 그의 정신 — 이 배후에는 사실 아무것도 없지만 — 의 배경에 있어서 일종의 셔터가 된다.

그는 자기 자신을 받아들인다. 다시 말해 스스로가 '자기'라고 이름붙인 것, 즉 그에게 주어진 소질·재능 따위를 받아들인다. 그런데 이 모두를 그는 외부를 향해서 받아들이는 것이다. 실생활 (그런 사람들은 흔히 이렇게 말한다) 속으로, 현실의 활동적인 생활 속으로 그는 방향을 잡는 것이다. 자기 내부에 가지고 있는 약간의 반성을 그는 지극히 조심스럽게 다룬다. 배경에 숨어 있는 그것이 다시 한 번 대두해 오지 않을까 두려워하고 있는 것이다.

이리하여 그것을 서서히 잊어 가는 일에 성공한다. 이윽고 세월이 지남에 따라 그런 것은 웃음거리로밖에 생각지 않는다. 그가 실생활에 대해 센스와 능력이 있는 듯한, 다시 말해 유능하고 활동적인 사람들과 사이좋게 지내고 있을 때는 특히 그렇다. 멋진 일이 아닌가!

그는 이제야말로 마치 소설 속에 있는 것 같은 행복한 결혼 생활을 보내고 있고, 활동적이며 기업적인 인간이며 아버지이고 시민이며 어쩌면 위인이기도 하다. 집의 고용인들에게는 '주인 어르신'이고 시(市)에서는 유지 가운데 한 사람이다. 그는 인격자로서 등장하고 인격자로서 명성을 얻고 인격자로서의 명성을 향유한다. 이교 세계에서는 이교도이고 네덜란드에서는 네덜란드인이 된다는 것과 같은 의미로, 기독교계에서 그는 기독교인이다. 그는 교양 있는 기독교인의 한 사람이다.

그 밖에 그는 불사(不死)의 문제에도 관여한다. 그리고 목사에게 그런 것이 있을 수 있는가, 인간은 진실로 내세에 자기를 다시금 인지할 수 있는가 하는 것을 여러 번 물은 일도 있다. 사실 또 이것은 그가 특별히 관심을 갖지 않으면 안 되는 일이다. 그는 '영원의 세계에서 다시금 자신을 인지할 수 있는' 자아를 가지고 있지 않기 때문이다.

이런 종류의 절망을 어느 정도 풍자를 더하지 않고 묘사한다는 것은 불가능하다. 누군가가 자신은 절망해 본 적이 없다고 말한다면 이는 정말 희극적이다. 그는 스스로 절망을 극복한 것처럼 생각하지만 실은 그 상태야말로 절망이라고 한다면 이 얼마나 전율할 일인가!

세상에서 대단히 칭송되고 있는 처세, 즉 훌륭한 충고나 현명한 처세훈(인간은 시세에 맞게 행동하는 동시에 자신의 운명에 복종하고 자기 힘으로 어떻게도 할 수 없는 일은 잊어야 한다는) 따위의 참으로 어처구니없는 생각의 근저에는 위험이 도대체 무엇이고 어디에 존재하는지조차 모르는 철저한 어리석음(이념적으로 말해서)이 잠재해 있다는 사실이 무한히 희극적이다. 따라서 이런 윤리적 어리석음이야말로 전율할 만한 것이다.

지상적인 것 또는 지상적인 어떤 것에 관계하는 절망은 가장 보편적인 것이며 특히 일정한 양의 반성을 동반한 직접성으로서의 제2형태 하에 있는 것이 그렇다. 그러나 절망이 철저하게 반성되면 될수록 그것은 세상에는 점점 드물게 나타날 수밖에 없다. 그렇지만 이것은 단순히 대부분의 인간이 그 절망에 특별히 심각해지지 않는다는 사실을 밝힐 뿐이지 결코 그들이 절망해 있지 않다는 것을 의미하는 것은 아니다.

어느 정도만이라도 정신의 규정 하에 살고 있는 사람은 대단히 적다. 또한 그런 생활을 해보려 하는 사람들 가운데서도 대부분은 곧 그로부터 떠나 버린다. 그들은 공포와 당위를 배운 일이 없으며 무슨 일이 일어나려 하고 있든 괘념치 않는 완전한 무신경이다.

그래서 그들은 자기 자신의 영혼을 걱정한다거나 오직 정신생활을 원하는 따위의 일은 견딜 수 없는 것이다. 그런 일은 모순이며 세상의 거울에 비춰 보면 그 모순이 점점 더 눈에 띄게 되는 것이다. 그런 일은 세상의 눈으로 보면 일종의 시간낭비, 그것도 용서할 수 없는 시간낭비로서, 할 수만 있다면 시민의 이름으로 벌하고 싶은 것이다. 또한 그것은 적어도 인간에 대한 일종의 배반이며 미친 듯이 시간을 낭비하는 오만한 광기로서 조소와 경멸로 처벌받아 마땅하다고 생각되는 것이다.

그런데 그들의 생애에도 내면을 향하는 순간(이 순간이 최상의 때이다)이 있다. 그리고 그들은 거의 제1의 난관 근처까지 접근한다. 그런데 거기에서 길을 벗어나는 것이다. 이 길은 그들에게는 위안이 없는 거친 황야로 자기를 이끄는 것처럼 생각된다.

그런데 주위에는 아름답고 푸른 목장이 있다.[26] 그래서 그들은 아름답고 푸른 목장 쪽으로 길을 바꾸고 그들의 최상의 순간을 금방 잊어버리는 것이다. 아, 그들은 그것이 아이들의 장난에 지나지 않는 것처럼 그것을 망각해 버리는 것이다. 그래도 그들은 기독교인이고 목사의 축복을 받는다.

이미 말한 것처럼 이런 절망은 가장 보편적인 것이다. 그것이 너무나 보편적이어서 절망은 단순히 청년에게만 일어나는 것으로서 오직 청년기에만 볼 수 있는 현상이고 성숙한 장년에게는 일어나지 않는다는 통속적인 견해도 그것으로 설명될 수 있을 정도이다.

이야말로 절망적인 오류이다. 그렇지만 이것은 대부분의 사람들이 본질적으로 그 전 생애를 통해 이미 소년기 또는 청년기에 도달했던 상태 — 다시 말해 적은 양의 반성을 수반하는 직접성의 입장 — 이상으로 진전하지 못했음을 간과하고 있다.

그렇다! 그들이 놓치고 있는 바로 그것이야말로 인간에 대해 이야기할 수 있는 참으로 최상의 것이다. 그리고 그들은 자기들이 놓치고 있는 것이 그들 생애에 있어서 최상의 것이라는 사실조차 모르고 있다.

---

26) 괴테의 《파우스트》 제1부에 나오는 말로 메피스토펠레스가 파우스트를 유혹하면서 한 말.

절망은 단순히 청년에게서만 볼 수 있는 그런 것이 아니며 마치 '환영으로부터 빠져나오듯' 사람들 스스로가 그곳으로부터 빠져나올 수 있는 것도 아니다.

모든 사람들은 환영으로부터 결코 빠져나오지 못한다. (자기만은 빠져나왔다고 생각하는 어리석은 사람들이 있기는 하지만) 오히려 마치 소년이나 소녀처럼 어린아이 같은 환영을 품고 있는 어른 남녀나 노인이 얼마든지 있다. 사람들은 환영의 두 가지 형태, 즉 희망의 환영과 추억의 환영이 있다는 것을 간과하고 있다.

청년은 희망의 환영을 지니고 노인은 추억의 환영을 지닌다. 그런데 노인은 환영 속에서 살고 있기 때문에 환영에 대해 한쪽에 치우친 관념을 가지고 있다. 그래서 그들은 희망의 환영만이 있다고 생각한다. 실제로 당연한 일이기는 하지만 노인은 희망의 환영으로 인해 고통당하는 일은 없다. 그 대신 노인은 환영이 없는 높은 곳 — 노인 스스로 그렇게 믿고 있다 — 에서 청년의 환영을 내려다본다는 기묘한 환영에 고통당하고 있는 것이다.

청년이 인생 및 자기 자신에 대해 이상한 희망을 품고 있을 때 그는 환영 가운데 있는 것이다. 노인은 노인대로 자신의 청년기를 회상하면서 때때로 환영에 사로잡히는 것을 볼 수 있다. 자신은 지금 모든 환영을 포기했다고 믿고 있는 나이 든 부인이 소녀 시대를 회상하면서 마치 젊은 아가씨처럼 공상적인 환영 속에 사는 것은 흔히 있는 일이다. 처녀 적에는 자신이 얼마나 행복했었는지 얼마나 예뻤는지 등등.

노인에게서 흔히 듣는 이 '과거형'은 청년의 '미래형'과 마찬가지로 큰 환영이다. 그들은 거짓말을 하고 있거나 아니면 시를 쓰고 있는 것이다. 그런데 절망은 단지 청년기에만 있는 것이라고 하는 오류는 다른 의미에서 정말 절망적이다. 그것은 매우 어리석은 일이며 정신이 무엇인가에 대한 몰이해인 것이다.

더욱이 인간은 정신이며 단순한 동물적 존재가 아니라는 사실을 간과함으로써 신앙이나 지혜라는 것은 이빨이나 수염처럼 세월과 함께 자라는 것으로서 쉽게 손에 들어오는 것으로 믿고 있는 것이다. 설령 무언가에 인간이 저절로 도달할 수 있다 하더라도, 또 무언가 이와 같이 저절로 인간에게 갖춰진다 하더라도 신앙과 지혜만은 결코 저절로 갖춰지지 않는다.

일반적으로 정신적인 면에 있어서 인간은 나이와 함께 저절로 무엇인가에 도달하는 일은 없다. '저절로'라는 것이야말로 정신과 가장 예리하게 대립하는 것이다. 오히려 정신에 관해서 사람들은 나이와 더불어 저절로 무엇인가를 잃기 쉽다.

어쩌면 사람들은 나이와 더불어 자신이 가지고 있던 얼마 안 되는 열정, 감정, 상상력과 내면성을 잃고(이것은 저절로 이루어진다) 그로부터 무언가에 — 즉 세상사람 특유의 처세술에 도달하는 것이다. 좋아질 것 같지만 실은 아주 나빠진 이런 '변화된' 상태에 나이와 함께 도달하는데 이것을 세상 사람들은 하나의 진보라고 생각한다.

이제부터 자신에게는 소위 절망한다고 하는 일은 결코 일어나지 않으리라고(풍자적인 의미에서 실제로 이만큼 확실한 것은 없지만) 쉽게 확신한다. 아니 그 위험은 확실히 그에게 다시 찾아오지 않는다. 그는 이미 절망 속에, 무정신적인 절망 속에 있기 때문이다. 소크라테스가 청년들을 사랑한 것은 대체 무슨 까닭에서였을까? 그것은 그가 인간을 잘 알고 있었기 때문이 아닐까?

인간이 나이가 들어감에 따라 가장 진부한 종류의 절망 속에 떨어진다는 것이 필연은 아니라 하더라도 절망이 단지 청년기에만 있다는 결론은 거기서 끌어낼 수 없다. 만약 인간이 실제로 나이와 함께 발전하여 자기 자신에 대한 본질적인 의식으로 성숙해 간다면 그와 더불어 더욱 높은 형태의 절망의 가능성도 발생하게 된다.

만약 그가 나이가 들면서 본질적으로 발전하지도 않고 아주 진부한 상태로 떨어지지도 않았다고 하자. 그가 어른이 되고 아버지가 되고 백발이 되어도 거의 청년 상태에 머물러 있다고 하면, 그래서 청년의 좋은 점을 얼마쯤 가지고 있다면 그는 청년처럼 지상적인 것 내지 지상적인 어떤 것에 대해 절망할 가능성을 갖게 되는 것이다.

물론 노인의 절망과 청년의 절망 사이에는 차이가 있다. 그런데 그 차이는 본질적인 것이 아니라 우연적인 것에 지나지 않는다. 청년은 미래적인 것에 대해 마치 미래적 현재(Prasens in futuro)처럼 절망한다. 거기에는 그가 받아들이기를 원하지 않는, 그리고 그 자신으로 있기를 원하지 않는 미래적인 것이 있다.

노인은 자신이 거기에서 빠져나올 수 없었던 과거적인 것에 대해 마치 과거적 현재(Prasens in praeterito)처럼 절망한다. 그는 과거를 완벽하게 잊어버릴 정도로 절망해 있지 않기 때문이다. 이 과거란 어쩌면 참회하지 않으면 안 되는 무엇일지도 모른다. 정말로 참회해야 하는 과거라면 우선 근본부터 철저히 절망해야 할 것이며 그렇게 되면 정신생활은 근본부터 깨질 것이다. 그렇지만 비록 절망해 있더라도 감히 그런 결단을 내리려고 하지 않는다.

그래서 그는 같은 장소에 머물러 있게 되며 그렇게 시간이 흘러간다. 그가 또다시 절망적이 되어 망각의 힘을 빌려 그 과거를 피하는 데 성공하지 못하는 한은 그러하다. 그런데 과거를 피하는 데 성공한다면 그는 참회자가 되는 대신 자기 자신의 은닉자가 될 것이다.

아무튼 청년의 절망과 노인의 절망은 본질적으로는 같다. 이들 양자의 어느 경우에도 그 형태의 전환(이런 전환에 의해 자기 내부의 영원자에 대한 의식이 발현되어 절망을 좀더 높은 형태로 높이든가 그렇지 않으면 신앙에까지 이르든가 하는 싸움이 시작된다)에까지 이르지는 못한다.

어쨌든 이제까지 같은 의미로 사용되어 온 두 개의 표현 — 지상적인 어떤 것에 대한 절망(개체적인 것)과 지상적인 것 자체에 대한 절망(전체 규정) 사이에는 본질적으로 다른 점이 존재하는 것은 아닐까?

확실히 차이가 있다. 자아가 상상력의 무한한 열정을 가지고 지상적인 어떤 것에 대해 절망하는 경우 이 무한한 열정이 개체적인 그 무엇을 전체로서의(in toto) 지상적인 것으로 바꾸는 것이다. — 즉 전체 규정은 절망자 내부에 존재하거나 절망자에게 속해 있다. 지상적인 것과 시간적인 것은 그 본성에 있어서 확실히 어떤 개체적인 것으로 분산하는 것에 지나지 않는다.

인간은 실제로 지상적인 것을 상실한다거나 약탈당하는 일은 불가능하다. 전체 규정이란 일종의 사유 규정(思惟規定)이기 때문이다.

따라서 자아가 우선 현실적인 상실을 무한히 높이고 이어서 전체로서의 지상적인 것에 절망하는 것이다.

그런데 이 지상적인 것에 대한 절망과 지상적인 어떤 것에 대한 절망과의 차이가 본질적으로 강조되어야 한다고 주장되는 순간에 자아에 대한 의식 속에도 본질적인 진전이 이루어지게 된다. '지상적인 것에 대한 절망'이라는 정식(定式)은 절망의 바로 다음 형태를 나타내는 최초의 변증법적인 표현이다.

2. 영원적인 것에 대한 절망 또는 자기 자신에 대한 절망

지상적인 것 또는 지상적인 어떤 것에 관한 절망은 그것이 절망인 한 사실은 영원적인 것에 대한 절망 또는 자기 자신에 대한 절망이다. 이것이 실로 모든 절망에 대한 전형이기 때문이다.* 그런데 절망자는 앞에서 말한 바와 같이 자기의 등 뒤에서 일어나고 있는 일을 알아차리지 못한다.

그는 자기가 지상적인 어떤 것에 대해 절망하고 있다고 생각하고

---

* 어휘를 정확히 사용한다면 지상적인 것에 '관하여(uber)' 절망한다(機緣), 영원적인 것에 '대하여(am)' 절망한다는 식으로 구별해서 사용해야 할 것이다. 그런데 자아의 경우에는 자기 자신에 '관하여' 절망한다고 해야 한다. 후자는 그 자체가 절망(이것은 개념상으로 보면 언제나 영원적인 것에 대한 절망이다)의 기연(機緣)을 나타내고 있는 또 하나의 표현이기 때문이다.

그런데 사람이 그것에 '관하여' 절망하는 대상은 실로 다양하다. 사람은 자신을 절망 속으로 몰아넣는 것에 '관하여' 절망한다 — 자기의 불행에 관하여 지상적인 것에 관하여 재산의 상실에 관하여 등등. 그렇지만 '대하여'의 경우에는 본래적인 의미로는 절망으로부터 그 자신을 구해 주는 것에 '대하여' 절망하는 것이다 — 영원적인 것에 대하여, 자신의 구원에 대하여, 자기 자신의 힘에 대하여 등등.

자아의 경우에도 자기 자신에 '관하여' 그리고 자기 자신에 '대하여' 절망한다는 식으로 양쪽 모두를 사용할 수 있다. 왜냐하면 자아는 이중으로 변증법적이기 때문이다. 여기에 애매함이 있다. 이 애매함은 특히 조금 절망한 모든 형태 속에서, 그리고 거의 모든 절망자 속에서 볼 수 있다. 절망자는 자신이 무엇에 '관하여' 절망하고 있는지는 열정적인 명료성을 가지고 보고 또 알고 있지만 무엇에 '대하여' 절망하고 있는지는 주의하지 않는다.

모든 경우 구제를 위한 조건은 지금 말한 '대하여'에로의 전향(轉向)이다. 그러므로 순수하게 철학적으로 말하면 한 인간이 자신이 절망하고 있는 바로 그것에 관한 완전한 의식을 가지고 절망하는 것이 가능한지는 미묘한 문제이다.

또 늘 그렇게 말하고 있지만 실은 영원적인 것에 대해 절망하고 있는 것이다.

그가 지상적인 것에 그렇게 큰 가치를 두어 첫째, 그것을 지상적인 전부처럼 생각하는 것, 둘째, 지상적인 것 자체에 대단히 큰 가치를 부여하는 것 등이 곧 영원적인 것에 대해 절망하고 있는 것이다.

그런데 이 절망에는 주목해야 할 진전이 있다. 이제까지의 절망은 약함의 절망이었지만 이것은 자신의 약함에 관한 절망이다. 그럼에도 불구하고 그것은 반항의 절망과는 달리 언제나 약함의 절망이라는 본질 규정의 내부에 머물러 있다. 따라서 여기서 볼 수 있는 것은 단지 다음과 같은 상대적인 차이뿐이다.

이제까지의 형태에서는 자신의 약함의 의식이 궁극의 것이었지만 여기서는 의식이 그에 머물지 않고 자신의 약함에 대한 하나의 새로운 의식에까지 높아진다. 절망자는 자신이 그렇게까지 지상적인 것에 마음을 쓰는 것은 약하기 때문이며 또한 절망하는 것은 약하기 때문이라는 사실을 스스로 이해하고 있다.

그런데 이런 인간은 올바른 쪽으로 방향을 돌려 절망으로부터 신앙에 도달하거나 자신이 약한 까닭에 신 앞에 무릎 꿇는 대신 절망 속에 더욱 더 깊이 들어가 자신의 약함에 관하여 절망하기에 이르는 것이다. 그리하여 전체를 보는 눈이 바뀐다.

이제 절망자는 자신이 영원적인 것에 대해, 즉 자기 자신에 관해 절망해 있다는 사실, 자신이 지상적인 것에 그렇게 큰 의미를 부여할 정도로 약한 인간이었다는 사실을 깨닫게 된다. 그리하여 절망자에게는 그것이 자신은 이미 영원적인 것과 자기 자신을 상실했다는 사실을 나타내는 절망적인 표현이 되는 것이다.

여기에는 단계가 있다. 그것은 먼저 자기에 대한 의식 속에 나타난다. 영원적인 것에 대해 절망하는 것은 자기에 대한 관념 — 자기 안에는 영원적인 것이 존재한다는 사실 또는 영원적인 것을 자기 내부에 가지고 있다는 사실 — 을 가지지 않고는 불가능하다.

또 인간이 자기 자신에 대해 절망할 수 있으려면 스스로 자아를 가지고 있다는 것을 의식하지 않으면 안 된다. 사람이 절망하는 것은 지상적인 것 또는 지상적인 어떤 것에 대해서가 아니고 바로 자기 자신에 대해서이기 때문이다.

다음 단계에서는 절망이 무엇인가에 대해 더욱 높은 의식이 나타난다. 여기서의 절망은 영원적인 것과 자기 자신을 잃은 것이기 때문이다. 그리고 당연한 일이지만 자신의 상태가 절망이라는 사실에 대해서도 보다 높은 의식이 나타난다.

또 여기서의 절망은 단순히 수동적인 고뇌가 아니고 하나의 행위이다. 지상적인 것을 빼앗겼기 때문에 인간이 절망하는 경우에 그 절망은 외부로부터 온 것처럼 — 실제로 그것은 언제나 자기 자신으로부터 오지만 — 보인다. 그러나 자아가 이와 같은 자신의 절망에 관하여 절망하는 경우에는 이 새로운 절망은 직접, 간접적으로 자기로부터(직접 자기로부터 오는 반항과 이 점이 다르다) 반동으로써 오는 것이다.

마지막으로 여기에는 좀 다른 의미에서이지만 한 발짝의 전진이 나타난다. 이 절망은 점점 도가 강해져 어떤 의미에서는 오히려 구제에 한 발짝 가까워진다. 그런 절망은 쉽게 잊을 수 없다. 잊기에는 너무 깊은 것이다. 그렇지만 절망해 있는 순간에 구제의 가능성 또한 존재한다.

그럼에도 이 절망은 절망하여 자기 자신이기를 원하지 않는 형태로 환원된다. 마치 아버지가 자기 자식과 의절할 때처럼 자아는 약해져 버린 자기를 자기 자신이라고 인정하고 싶지 않은 것이다.

절망한 자아는 이 약함을 잊을 수 없다. 그는 어떤 의미에서는 자기 자신을 미워하고 있으며 다시 자기 자신을 획득하고자 하지 않고 자신의 약함에 무릎 꿇고 마는 것이다. 자신의 말에는 조금도 귀를 기울이려 하지 않으며 또한 자기에 대한 것은 아무것도 알려고 하지 않는다.

그런데 그가 망각에 의해 구제된다고 하는 것, 또한 망각의 도움으로 무정신성 안에 숨어들어 다른 사람들이나 기독교도처럼 산다는 것은 이미 문제가 되지 않는다. 그러기에는 이미 지나치게 자기인 것이다.

마치 자기 자식과 의절한 아버지에게 흔히 나타나는 상태가 여기에서도 나타난다. '자식과 의절했다'고 하는 외적인 사실은 아버지에게 있어 거의 아무런 효과도 없다. 그렇다고 해서 아들로부터 해방된 게 아니고 아버지는 여전히 자식의 일을 계속해서 생각하는 것이다. 그것은 또 연인이 미운 사람(다시 말해 사랑하는 사람)을 저주하는 경우에도 비슷하다. 저주는 아무런 도움도 되지 못한다. 그것에 의해 오히려 연인은 그에게 더욱 더 강하게 묶여 버리는 것이다.

그런데 절망한 자아의 자기 자신에 대한 관계 또한 이와 같다. 이 절망은 먼저의 절망보다 질적으로 한층 더 깊은 것으로 세상에서는 드물게밖에 볼 수 없는 종류의 절망이다.

앞에서 셔터에 대한 이야기를 했는데 이 경우 그것은 진짜 문으로 아주 조심스럽게 닫혀 있으며 그 뒤에는 자아가 앉아 있어 자기 자신을 응시하고 있는 것이다. 그는 자기 자신으로 있지 않으려고 일로써 시간을 보내고 있지만 그러면서도 그 자기 자신을 사랑하고 있다. 이것을 폐쇄성[27]이라고 한다. 이제부터 이 폐쇄성을 다루기로 하자. 이것은 직접성의 정반대이며 또한 직접성을(특히 사상의 영역에서는) 매우 경멸하고 있다.

그런데 그런 자아는 현실의 사회 속에는 없다. 그렇다면 현실로부터 도피하여 황야나 수도원이나 정신병원에라도 가 있는 것일까? 그는 다른 사람들과 마찬가지로 관습의 외투에 싸여 있는 현실의 인간이 아닐까? 그렇다, 그 역시 다른 사람들과 같다.

단지 그는 자신의 자아만큼은 어느 한 사람에게도 털어놓고 이야기하지 않을 뿐이다. 그는 털어놓을 필요를 느끼지 않는다. 아니, 그것을 억제하는 방법을 안다. 먼저 그 자신이 그것에 대하여 어떻게 이야기하는지 들어 보는 것이 좋을 것이다.

"세상에는 순수하게 직접적인 인간들만이 살고 있다. 그들은 정신 면에서 보면 소아기(小兒期)인 제1기의 아이들과 같아서 사랑스럽게도 아무 거리낌이 없는 태도로 무엇이든지 지껄여댄다. 그들은

---

27) '폐쇄성'이라고 번역한 말은 덴마크어로는 Indelsluttedhed. 라울리는 introversion(내향성)으로 영역했다. 그는 덴마크어인 원어를 적절히 표현할 수 있는 영어는 없다고 말한다. 맨 처음에 그는 close reserve로 번역했었는데 그 후 다른 사람들에게 배워 'introversion'이라는 현대어를 채용했다.

무슨 일이든 가슴 속에 담아 둘 수 없는, 정말 직접적인 인간들이다. 때때로 대단한 자부심을 가지고 자신이 '진리'라고 부르는 것은 이런 종류의 직접성이다.

만약 숨기지 않는다든가 있는 그대로의 인간이라든가 조금도 표리(表裏)가 없다든가 하는 것이 진리라면 어른이 육체적인 욕구를 느끼면서, 즉시 그것을 행동에 옮기지 않는 것은 허위란 말인가? 조금이라도 반성하는 자아라면 누구든 어떻게 자기를 억제할 것인가에 대한 관념을 가지고 있을 것이다."

그런데 우리의 절망자는 자신을 대단히 잘 폐쇄하고 있어서 자기와 관계가 없는 모든 사람을 자신의 자아에 관한 일에서 멀리하고 있다. 그렇지만 외면상으로 그는 완전히 '실제적인 인간'이다. 그는 교양 있는 신사이고 남편이고 아버지이며 매우 유능한 관리이며 존경할 만한 아버지인 것이다. 유쾌한 사교가이다. 아내에게도 아주 친절하고 아이들도 잘 보살펴 준다. 그리고 역시 기독교인? 그렇다! 그도 역시 일종의 기독교인이다.

그러나 그는 그 일에 대해 이야기하는 것은 되도록 피한다. 그의 아내가 자신의 신앙심을 위하여 종교적인 일에 관여하고 있음을 기분 좋게 그리고 일종의 애수를 품은 기쁨을 가지고 바라본다. 그는 교회에는 거의 가지 않는다. 대부분의 목사들이 자신이 하는 말의 의미를 모른다고 그는 생각한다.

그런데 단 한 사람의 목사만은 예외이다. 이 사람만은 자신이 하는 말의 의미를 안다고 그도 인정한다. 그렇지만 이 목사가 하는 말도 다른 이유로 그는 들으려고 하지 않는 것이다. 그것은 자기를 너무 멀리까지 이끌어갈 수도 있음을 두려워하기 때문이다.

그와는 반대로 그가 고독에의 갈망을 느끼는 일은 적지 않다. 그에게 고독은 생명의 요구이다. 때로는 호흡과 같이 때로는 수면과 같이. 그가 이와 같은 생명의 요구를 다른 사람들보다 많이 가지고 있다는 사실이 그의 더욱 깊은 본성을 말해 주고 있다.

일반적으로 고독에의 충동은 정신의 징후이며 정신을 재는 척도이다. '단지 지껄일 뿐인 비인간과 세속적인 인간'은 고독에의 충동을 느끼는 경우, 또 한순간이라도 고독하게 있지 않으면 안 될 경우 마치 떼 지어 사는 새처럼 곧 죽어 버린다. 어린아이가 자장가를 필요로 하듯이 이런 사람들은 먹고 마시고 자고 기도하고 사랑하기 위해서 요란한 사교를 필요로 한다. 고대와 중세에 사람들은 고독에의 이런 욕구에 착안해 있었으며 그것이 의미하는 것 앞에 아직 존경심을 품고 있었다.

그런데 우리들의 사교적인 시대는 고독 앞에서 대단한 전율을 느끼며 그것을 범죄자에 대한 형벌 이외의 것으로는 사용할 줄을 모른다. — 이 얼마나 훌륭한 경구(警句)인가! — 진실로 우리의 시대에는 정신을 소유하는 것이 범죄이다. 따라서 고독을 사랑하는 사람이 범죄자와 같은 부류에 들어가게 되는 것도 아주 당연한 일이다.

자기 자신 속에 틀어박혀 있는 절망자는 순간순간을 이렇게 보내고 있다. 비록 영원성을 위해 살지는 않는다 해도 조금은 영원자와 자기 자신에 대한 자아의 관계를 문제 삼으면서 살아가고 있는 것이다. 그런데 그 이상으로는 나아가지 않는다. 이상의 것이 이루어지고 고독에의 욕구가 충족되는 경우 그는 밖으로 나간다.

자기의 아내나 아이들과 안에서 이야기를 나눈다 해도 밖으로 나간다는 사실에는 변함이 없다. 그가 남편으로서 그렇게 친절하고 아버지로서 그렇게 자상한 까닭은 선량한 성품과 의무감을 감안하지 않는다면 폐쇄된 속 깊은 곳에 자기 자신에 대해 자기는 약한 인간이라고 고백한 그 '약함의 고백' 때문일 뿐이다.

여기에 누군가 그의 '폐쇄성의 비밀'을 아는 사람이 있어서 그에게 '그것이 실은 너의 교만이다. 너는 너 자신을 자랑으로 여기고 있는 것이다'라고 말한다 해도 아마 그는 타인에게는 절대로 '그렇다'고 시인하거나 고백하지는 않을 것이다. 그렇지만 그가 혼자 있을 때에는 그 말에 확실히 무언가 진실이 포함되어 있다는 사실을 스스로 인정할지도 모른다.

그렇지만 그의 자아가 자신의 약함을 파악했을 때의 열정이 그에게 자신의 약함에 절망해 있는 것이 교만일 리 없지 않은가 하고 생각하게 할 것이다. 또 자신의 약함을 그처럼 특별히 강조하는 그 자체가 실은 교만에 지나지 않는다는 사실을 그는 깨닫지 못한다. 약함의 의식이 그토록 견딜 수 없는 것은 오로지 그가 자신의 자아를 자랑하고 싶기 때문이라는 것을 깨닫지 못하는 것이다. 누군가가 그에게 다음과 같이 말했다고 하자.

"그것은 실로 기묘한 혼란이며 정말 기묘한 분규이다. 모든 불행은 너의 사상이 이렇게 착란되어 있는 가운데 있는 것이다. 그래도 방향은 그다지 벗어나지 않았다. 네가 걸어야 할 길은 이것이다. 너는 자기에의 절망을 통해 자기 자신에게로 나아가야 한다. 너는 물론 약하다. 이것은 네가 생각하고 있는 그대로이지만 그 때문에 절망해서는 안 된다. 너의 자아는 자기 자신이 되기 위하여 깨뜨려야만 한다. 어쨌든 자기에 대해 절망하는 것을 그만두어라."

그는 열정이 없는 순간에는 그것을 이해할 것이다. 그런데 열정이 곧 그의 눈을 흐리게 할 것이다. 그리하여 그는 다시 방향을 바꾸어 절망 속으로 들어가게 된다.

앞에서 이야기한 것처럼 이런 절망은 아주 드물다. 그런데 절망자가 이런 입장에 머물지 않고 더구나 절망자 속에서 변화가 일어나 신앙에의 바른 진로를 잡지도 않는다면 그의 절망은 절망의 더욱 높은 형태로 강화되든가 — 거기서의 절망은 여전히 폐쇄성이다 — 그렇지 않으면 자아를 깨뜨리고 밖으로 나와 자기의 가면 — 절망자는 익명으로 그 속에 숨어 살고 있었다 — 을 벗어 버리든가 할 것이다.

후자의 경우 절망자는 생활 속에 뛰어들어 아마도 기분을 달래기 위해 대사업 속으로 뛰어 들어갈 것이다. 그는 안식을 모르는 정신이 되고 그의 존재는 후에 이 세상에 존재했었다는 선명한 흔적을 남기게 될지도 모른다. 안식 없는 정신은 자아를 잃으려는 정신이므로 내면의 소리가 너무 높아질 때에는 강력한 수단이 필요해진다.

리처드 3세가 자기 어머니의 저주를 듣지 않으려고 취한 수단과는 다른 종류의 것일지라도[28] 그는 감각적인 것 속에서 어쩌면 방종 속에서 망각을 구하려 할지도 모른다. 그는 절망하여 직접성으로 돌

---

28) 셰익스피어의 '리처드 3세' 제4막 제4장에서 리처드 왕이 한 말로, 그는 형과 조카들을 죽인 것에 대해 어머니가 퍼붓는 저주의 소리를 듣지 않으려고 부하들에게, "나팔을 불어라! 북을 쳐라! 저 여자가 하는 저주의 소리가 들리지 않도록!" 하고 명령했다.

아가려고 한다. ― 그러나 그렇게 되기를 원하지 않는 자아의 의식으로부터는 결코 빠져나올 수 없다.

앞의 경우 절망이 더욱 강해지면 그것은 반항이 된다. 그리하여 그가 약함에 관하여 운운했던 것이 얼마나 거짓이었는지 여기서 드러나게 된다. 자기 자신의 약함에 관한 절망이야말로 반항을 나타내는 최초의 표현이라는 사실이 변증법적으로 얼마나 올바른가 하는 것이 여기서 밝혀진다.

마지막으로 자기 안에 틀어박혀 있는 인간 ― 그는 폐쇄성 안에서 제자리걸음을 하고 있다 ― 의 내부를 다시 한 번 조금만 엿보기로 하자. 이 폐쇄성이 절대적으로 유지되고 있는 경우 모든 점에서 (omnibus numeris absoluta) 그에게 가장 가까이 있는 위험은 자살이다.

자기 자신 속에 틀어박혀 있는 사람의 내면에 무엇이 숨어 있는가에 대하여 대부분의 사람들은 물론 아무런 추측도 하지 못한다. 그들이 그것을 안다면 틀림없이 경악할 것이다. 그와 반대로 만약 그런 상태에 있는 사람이 누군가 단 한 사람에게라도 마음을 터놓고 고백한다면 그는 틀림없이 그 때문에 긴장이 확 풀리든가 의기소침해져서 자살을 감행할 힘이 없어지게 될 것이다.

절대의 비밀에 비하면 한 사람이라도 그것을 알고 있는 사람이 있는 경우의 비밀은 그 상태가 훨씬 부드러워진다. 그래서 그는 자살을 면할 수도 있는 것이다. 그러나 그런 경우 절망자는 자신이 다른 사람에게 비밀을 털어놓았다는 바로 그 사실에 절망할 수 있다.

그가 계속해서 침묵을 지켰다면 지금 그것을 알고 있는 한 사람을 얻은 것보다 훨씬 더 좋지 않았을까? 자기 안에 틀어박혀 있던 사람이 자신의 비밀을 나누어 알고 있는 사람을 얻었다는 바로 그 사실 때문에 더욱 절망에 빠진 몇 가지 실례가 있다. 그래서 또 결국 자살이라는 것으로 돌아간다.

시인은 이런 파국(예를 들어 시의 주인공이 국왕이나 황제라고 추측한다면)을 주인공이 자신의 비밀을 알고 있는 사람을 죽이라고 명령한다는 식으로 묘사할 수도 있다. 이렇게 우리는 지금 자신의 고뇌를 누군가에게 털어놓고 싶은 충동을 느끼고 있는 악마적인 폭군을 마음속에 그릴 수 있다. 그는 차례차례 인간을 죽이게 된다. 그의 비밀을 알고 있는 자는 반드시 죽어야 하는 것이다. 폭군이 누군가에게 자신의 비밀을 고백하자마자 그 사람은 살해된다.

이와 같은 결말로 끝나는 악마적인 인간의 고뇌에 가득 찬 자기모순 — 자기의 비밀을 알고 있는 사람을 갖지 않는 것도 가지는 것도 견딜 수 없는 — 을 묘사하는 일은 시인에게 부과된 하나의 과제일 것이다.

β. 절망하여 자기 자신이려 하는 절망 — 고집

앞에서 말한 절망을 여성의 절망이라고 한다면 우리는 지금 이 절망을 남성의 절망이라고 할 수 있다. 따라서 앞의 것과 연관지어 말하면 이 절망으로 비로소 정신의 규정 하에 머물게 된다. 실제로도 남성은 이 규정 하에 속해 있다. 그에 대하여 여성은 좀더 낮은 종합에 지나지 않는다.

*α*의 2에서 서술한 절망은 자신의 약함에 대한 절망으로 절망자는 그 자신으로 있기를 원하지 않는다. 그런데 절망의 변증법이 한 발짝만 전진하여 그렇게 절망해 있는 인간이 무엇 때문에 자기 자신으로 있기를 원하지 않는가 하는 이유를 의식하기에 이르면 사태는 역전하여 반항이 나타난다. 그가 절망하여 자신으로 있으려 하지 않는 것은 실은 절망하여 자신으로 있으려 하는 바로 그 때문이다.

처음에는 지상적인 것에 관한 절망이 있고 다음에 영원자에 대한 또는 자기 자신에 대한 절망이 있다. 그 다음에 반항이 나타나는데 이것은 본래 영원자의 힘에 의한 절망이다. 다시 말하면 인간이 절망하여 자기 자신으로 있기 위하여 자아 안에 있는 영원자를 절망적으로 남용하는 것이다. 반항이 영원자의 힘에 의한 절망이라고 하는 바로 그 때문에 어떤 의미로는 대단히 진리 가까이에 있는 것이다. 그러나 그가 진리 쪽에 아주 가까이 있다는 바로 그 때문에 그는 진리로부터 무한히 멀리 떨어져 있다.

신앙에로의 통로인 절망 역시 영원자의 힘에 의해 일어나며 영원자의 힘으로 자아는 자기 자신을 획득하기 위해 자기 자신을 버리는 용기를 가진다. 그런데 반항에 있어서 자아는 자기 자신을 버리는 일부터 시작하는 것을 원하지 않고 오히려 자기 자신을 주장하려 한다.

이런 형태의 절망에서는 다시 자아에 대한 의식의 상승이 일어난다. ― 따라서 절망이 무엇인가에 대한 또는 자신에게 어떤 상태가 절망인가에 대한 의식의 상승이 일어나는 것이다. 여기서 특히 절망자는 그의 절망이 외부의 압박에서 오는 수동적인 번뇌로서 밖으로부터 오는 것이 아니고 자기의 행위로서 직접 자아로부터 오는 것이라는 사실을 의식하기에 이른다. 이런 반항은 자기 자신의 약함에 대한 절망에 비교하면 어쨌든 새로운 성질의 절망이다.

절망하여 자기 자신으로 있고자 원할 수 있으려면 무한한 자아의식이 있어야 한다. 그런데 이 무한한 자아는 본래 자아의 가장 추상적인 형태, 가장 추상적인 가능성에 지나지 않는다. 이와 같은 자아를 그는 절망적으로 실현하려 하고 있으므로 그것을 정립한 힘에 대한 모든 관계로부터 멀리하려고 한다. 또한 그런 힘이 존재한다는 관념으로부터 자아를 멀리하려는 것이다.

자아는 자신의 무한한 형태인 까닭에 절망적으로 자기 자신을 자기 뜻대로 처리하려고 한다. 아니, 자기 자신을 만들려고 한다. 구체적인 자아 속에 가지고 싶은 것과 가지고 싶지 않은 것을 스스로 규정하려고 한다. 본래 그의 구체적인 자아는 필연성과 한계를 가진 완벽하게 규정된 것으로서 일정한 능력, 소질 등을 가진 매우 특정한 구체적인 관계 속에 있는 것이다.

그는 먼저 저 무한한 형태, 즉 부정적인 자아의 도움을 빌어 전체를 개조하면서 부정적 자아의 무한 형태에 의해 새로 만들어진 자신이 원하는 대로의 자아를 획득하려 시도한다. 그리고 그 다음에 비로소 그는 자기 자신이기를 원한다.

결국 그는 다른 사람들보다 조금이라도 빨리 시작하고 싶은 것이다. 그에게 주어진 상대적인 시작이 아니고 '태초에'[29] 시작하고 싶은 것이다. 그는 자신의 자아를 자신의 몸에 입으려 하지 않으며 자기에게 주어진 자아 안에서 스스로의 문제를 보려 하지 않는다. 그는 형식적이고 부정적인 무한성의 힘으로 자신의 자아를 스스로 구성하려 하는 것이다.

이런 종류의 절망에 대해 공통적인 명칭을 붙인다면 그것은 스토아주의라고 이름지을 수 있을 것이다. 단 이 경우 그것은 단순히 스토아 학파만을 의미하고 있지는 않다. 이런 종류의 절망을 좀더 상세하게 설명하기 위해서는 행동적인 자아와 수동적인 자아를 구별하여 행동적인 때에는 자아가 행동 안에서 어떻게 자기 자신에게 관계하고, 수동적인 때에는 자아가 수동 안에서 어떻게 자기 자신에게 관계하는지를 보여 주는 것이 가장 좋을 것이다. 그때 자아가 절망하여 자기 자신으로 있으려 한다는 정신은 언제나 변함없다는 것이 보여져야 한다.

절망한 자아가 행동적일 때에 그것은 본래 언제나 단순히 실험적으로만 자기 자신에 관계한다. 아무리 크고 경탄할 만한 일에 착수한다 해도, 또 아무리 끈기 있게 행동한다 해도 그것은 마찬가지이다. 자아는 자기 이상의 어떤 힘도 알지 못한다. 그런 까닭에 자아에는

---

29) 창세기 제1장 1절 "태초에 하나님이 천지를 창조하시니라."

진지함이 결여되어 있다. 다만 자기 자신과의 실험에 스스로 최대의 주의를 기울인다는 사실에 의해 진지한 것처럼 보일 뿐이다.

결국 그것은 위장된 진지함이다. 흡사 프로메테우스가 신들로부터 불을 훔쳐 낸 것과도 비슷하다. 그것은 신으로부터 진지함의 핵심을 이루는 사상 — 신은 인간을 보고 있다는 사상 — 을 훔쳐 낸 것이다. 절망한 자아는 신이 인간을 주시하고 있다는 사실 대신 자기가 자기를 주시하고 있는 것에 만족한다.

그리고 그 사실에 의해 그는 자신의 일에 무한한 관심과 의미를 부여하고 있는 듯이 믿고 있지만 실은 자신의 일을 단순한 실험으로 전환시키고 있는 것이다. 비록 자기가 실험된 신이 될 정도로 극단적인 절망에 빠지는 일은 없다 하더라도 파생적인 자아는 자기가 자신을 주시함으로써 자신 이상의 것을 자기에게 줄 수는 없기 때문이다.

자아는 처음부터 끝까지 정립되어진 그대로 머물러 있으므로 자아의 이중화(二重化)에 있어서 자기 이상이 되는 것도 자기 이하가 되는 것도 아니다. 자아는 자기 자신으로 있으려 하는 절망적인 노력을 하지만 오히려 반대의 것 속에 자신을 빠져들게 한다. — 그것은 본래 어떤 자아도 되지 못한다. 자기가 그 내부에서 행동하고 있는 모든 변증법 속에 확고한 것은 아무것도 없다. — 자아의 본질이 되는 것은 어떤 순간에도 영원히 확고하지 못하다.

자아의 부정적인 형태는 푸는 힘과 함께 묶는 힘도 행사한다.[30]

---

30) 마태복음 제16장 19절. "천국의 열쇠를 네게 주리니 네가 땅에서 무엇이든지 매면 하늘에서도 매일 것이요, 네가 땅에서 무엇이든지 풀면 하늘에서도 풀리리라."

자아는 완전히 자의적(恣意的)으로 어떤 순간에도 처음부터 시작할 수 있다.

　모든 행동은 하나의 사상이 아무리 오랫동안 추구된다 하더라도 언제나 한 가정(假定)의 영역에 머물러 있다. 이 자아는 더 자기 자신이 되지 못할 뿐만 아니라 그런 자아는 가정적인 자아에 지나지 않는다는 것이 더욱더 명료하게 나타나게 되는 것이다. 이 자아는 자기 자신의 주인이고 이른바 절대 자기의 주인이다. 그러나 바로 이런 사실이 절망인 것이다. 그런데 그에게는 그것이 오히려 쾌락이고 향락이다.

　우리들이 좀더 상세히 살펴본다면 이 절망적인 지배자는 실은 국토가 없는 국왕이라는 것을 쉽게 확인할 수 있다. 그는 본래 피지배자가 없는 지배자이다. 그의 지위, 그의 지배는 반란이 어떠한 순간에도 합법적이라는 변증법에 지배받고 있다. 그것도 결국 모두 자아의 자의(恣意) 때문이다. 자아는 그 독재적인 자의 안에서 스스로 또 다른 것을 뜻하기에 이르기 때문이다.

　이렇게 절망한 자아는 공중누각을 세우며 끊임없이 허공을 향해 헛되이 칼을 휘두를 뿐이다.[31] 이런 모든 실험적인 성품은 겉으로는

---

31) 고린도전서 제9장 26절. "그러므로 나는 달음질하기를 향방 없는 것같이 아니하고 싸우기를 허공을 치는 것같이 아니하며"

32) 아타락시아(Ataraxia)란 어떤 것에 의해서도 흔들리지 않는 혼(魂)의 무감동성 내적 평정의 뜻을 가진 그리스어. 에피쿠로스(Epikuros)의 철학에 있어서 행복의 필수조건이며 이러한 경지에 도달하는 것이 철학의 궁극 목표라고 보았다.

훌륭하게 보이며 그것들은 일순 동양의 시처럼 사람을 매혹한다. 이런 자기 지배, 이런 부동성, 이런 무감동성(아타락시아)[32] 등은 옛날이야기 같은 것과 접해 있다. 그것은 정말 옛날이야기에 가깝다. 아니 그 밑바닥은 옛날이야기 ― 무(無) ― 에 지나지 않는다.

자아는 절망하여 스스로를 자기 자신으로 만들고 자기 자신을 전개하면서 자기 자신으로 있다는 만족감을 향락하려고 한다. 그는 자신이 이렇게까지 자기 자신을 이해했다는 그 거장적(巨匠的)인 시적 소질을 자랑하고 싶어 한다. 그럼에도 불구하고 그가 자신에 대해 무엇을 어떻게 이해하고 있는가 하는 것은 결국 어디까지나 수수께끼이다. ― 그가 자기 전당의 완성에 거의 구십구 퍼센트까지 가까워졌다고 생각하는 바로 그 순간 그는 그 모두를 제멋대로 무(無)로 해소시킬 수도 있는 것이다.

절망한 자아가 수동적일 때에도 역시 절망적으로 자기 자신이려 한다. 절망하여 자기 자신으로 있으려 하는 이런 실험적 자아는 자신의 구체적인 자아 속에서 미리 자기의 방향을 확정할 경우 곤란, 즉 기독교인이 십자가라고 부르는 것 같은 근본적인 장애(그것이 어떤 종류이든)에 부닥친다. 그때 부정적인 자아, 즉 자아의 무한한 형태는 처음에는 그 십자가를 깨끗이 치워 버리려고 생각한다.

그리하여 그런 장애가 전혀 그곳에 존재하지 않는 것처럼, 자신은 그런 것은 전혀 모르는 것처럼 행동한다. 그러나 그는 그것에 성공하지 못한다. 그의 실험 기능은 아직 거기까지 미치지 못하기 때문이다. 그의 추상 기능조차도 아직 거기까지 미치지 못한다. 마치 프로메테우스[33]처럼 무한한 부정적 자아도 이 고역에서 헤어날 수 없음을 느끼는 것이다. — 거기에 자아의 고뇌가 있다. 그렇다면 절망하여 자기 자신이려 하는 이 절망은 무슨 형태로 나타날 것인가?

앞에서 지상적인 것 또는 지상적인 어떤 것에 관하여 절망한 경우의 절망 형태는 결국(거기에서도 보인 대로) 영원자에 대한 절망에 지나지 않는 까닭이 서술되었다. 다시 말해 거기서는 영원자가 아무런 위안도 될 수 없을 정도로 지상적인 것이 높이 평가되어 인간은 영원자에 의해 위안받으면서 치료받는 것을 원하지 않는 것이다.

그런데 지상적인 고뇌, 현세적인 십자가가 제거될 수 있다는 가능성에 대해 인간이 희망을 가지려고 하지 않는 것 또한 절망의 한 형태이다. 절망하여 자기 자신이려 원하는 이 절망자는 그런 가능성에 대한 희망을 가지려고 하지 않는다.

그것이 현실적인 것이든 또는 그의 열정이 그렇게 믿도록 한 것이든 육체의 가시[34]는 자신 안에 깊이 박혀 있어서 도저히 뺄 수 없다고 그는 확신한다.* 그래서 그것을 영원히 자신의 몸에 받아들이려는 것이다. 그는 그 가시에 대해 분개하고 있다. 좀더 정확히 말하면

---

33) 그리스 신화에 나오는 영웅으로, 천계(天界)에서 제우스를 속여 불을 훔쳐 인류에게 준 까닭으로 노여움을 사서 코카서스의 큰 바위에 묶여 독수리에게 간(肝)을 쪼이는 벌을 받다가 수천 년 후에 헤라클레스에 의해 구출되었음.

34) 고린도 후서 제12장 7절 "여러 계시를 받은 것이 지극히 크므로 너무 자만하지 않게 하시려고 내 육체에 가시, 곧 사탄의 사자(使者)를 주셨으니 이는 나를 쳐서 너무 자만하지 않게 하려 하심이라." 그런데 키에르케고르가 때때로 '육체의 가시'에 대하여 언급했다는 것은 이미 알려진 사실이며 그것은 그가 꼽추였던 사실과 관계가 있지 않을까 하는 생각도 든다.

그는 그 가시를 기연(機緣)으로 하여 모든 존재에 분개하고 있다.

그리고 지금은 그 가시가 있음에도 그 자신으로 있기를 원한다. 그 가시가 있음에도 가시가 없는 자신으로 있기를 원하는 것이 아니다. 이것은 그의 안에 박혀 있는 가시를 뽑아 버리는 것을 말하는데 그에게는 불가능하다. 그렇다면 그것은 체념을 향한 운동이 될 것이다.

그는 전존재를 적으로 돌리면서 또한 전존재에 반항하면서 육체에 박힌 가시와 함께 그 자신이고자 원하는 것이다. 그는 그 가시를 몸에 받아들인다. 반항적으로 스스로의 고뇌를 자랑 삼으면서. 구제의 가능성에 희망을 가지는 일, 특히 신에게는 모든 것이 가능하다는

---

* 한마디 주의해 두자면, 우리는 바로 이런 관점에서 이 세상에 '체념'이라는 이름으로 장식되어 있는 것의 대부분이 실은 일종의 절망이라는 사실을 통찰할 수 있다. 다시 말해 그것은 인간이 절망하여 추상적인 자기이고자 하는 것이고, 지상적이며 시간적인 세계에 있어서 고뇌에 반항하거나 무시할 수 있기 위하여 절망적으로 영원자 안에서 자기만족을 구하려는 것이다.

체념의 변증법은 원래 다음과 같은 것이다. 스스로 영원한 자아이기를 원하지만 그의 자아가 그 때문에 번뇌하고 있는 특정의 것에 관해서는 그 자신으로 있고자 하지 않는 것, 그것은 영원의 세계에서는 반드시 사라질 것이라고 생각하며 스스로를 위안하고 따라서 현세에 있어서 자기가 그것을 받아들이지 않는 것도 정당하다고 생각한다.

그는 그것이 자신의 번뇌의 씨앗이 되어 있음에도 불구하고 그것이 자신의 자아에 귀속해 있다는 것을 인정하려 하지 않는다. 다시 말해 그는 경건하게 그것에 대해 겸손해지려 하지 않는 것이다. 그러므로 체념이 절망으로서 고찰될 때 절망하여 자기 자신으로 있기를 원하지 않는 절망과는 본질적으로 다르다.

체념의 경우에 그는 절망하여 자기 자신이기를 원한다. 단 한 가지 일만은 예외로서 거기에 대해서만은 절망하여 자기 자신이기를 원하지 않는 것이다.

사리에 어긋나는 힘에 의존함으로써 가능성에 희망을 가지는 일을 그는 결코 원하지 않기 때문이다.

다른 사람에게 구조를 구걸하는 것은 무슨 일이 있더라도 절대적으로 싫은 것이다. 그는 다른 사람에게 구조를 구걸하기보다는 차라리 모든 지옥의 괴로움을 겪더라도 그것이 피할 수 없는 것이라면 자기 자신으로 있으려 하는 것이다.

따라서 사람들이,

"고뇌하고 있는 자는 누군가 그를 구해 주려는 사람이 있기만 하면 아주 기뻐하면서 구원받으려 한다."

라고 말하는 것은 완전한 진리라고는 할 수 없다. 실제로는 결코 그렇지 않다. 그렇다고 해서 여기서의 경우처럼 그 반대가 언제나 절대적으로 진실이라는 것은 아니다. 사실은 이렇다. 고뇌하고 있는 자는 자신이 이러이러하게 구원받고 싶다는 몇 가지 구원 방법을 가지고 있다. 그가 그런 방법으로 구원받을 수 있다면 물론 기꺼이 구원받기를 원할 것이다.

그런데 구원의 필요성이 더 깊은 의미에서 진실로 문제가 되는 경우, 특히 더욱 높은 것 또는 최고의 것에 의한 구원이 필요한 경우 어떤 방법의 구원이라도 꼭 받아들여야만 한다면 그것은 굴욕이다. 모든 것을 가능하게 하는 '구원자'의 손 안에서 자기는 거의 무(無)와 같은 존재가 되기 때문이다.

혹은 단순히 다른 사람 앞에 자기를 낮추기만 하면 될 때에도 구원을 원하는 한 자기 자신으로 있는 것을 포기해야 한다. 이런 굴욕에 비하면 비록 지금 당하고 있는 고뇌가 제아무리 많고 심각하고 언제 끝날지도 모를 정도의 것이라 하더라도 그런 대로 견딜 수 있다. 따라서 자아는 이대로 자기 자신으로서 존재할 수만 있다면 고뇌 쪽을 택하는 것이다.

그런데 절망하여 자기 자신으로 있으려 하는 이런 고뇌자 가운데 의식이 많으면 많을수록 그만큼 절망의 정도도 강해져 마침내 악마적인 것[35]에까지 이른다. 악마적인 것의 근원은 보통 다음과 같은 것이다. 절망하여 자기 자신으로 있고자 하는 자아는 아무리 해도 자신의 구체적인 자아로부터 제거할 수도 떼어낼 수도 없는 고뇌 때문에 신음한다. 이런 고뇌에 그의 모든 열정을 쏟음으로써 그것이 결국에는 악마적인 광포(狂暴) 상태가 되고 만다.

그렇게 되었을 때 설사 하늘에 계시는 신과 모든 천사들이 그에게 구원의 손을 뻗어 그를 그곳으로부터 건져내려 한다 해도 그는 이미 그것을 받아들이려 하지 않는다. 이미 너무 늦은 것이다. 이전이었다면 이 고뇌에서 벗어나기 위해서라면 무엇이라도 기꺼이 바쳤을 것이다. 그때는 기다릴 수 있었다.

그런데 지금은 이미 늦었다. 지금은 차라리 모든 것에 대하여 광포해지고 싶은 것이다. 그는 이 세상의 모든 존재로부터 부당한 취급을 받는 인간인 채로 있고 싶은 것이다. 그래서 지금은 오히려 그의 고뇌를 누구도 그에게서 빼앗을 수 없다는 사실 자체를 소중히 여기는 것이다. 그리하여 그는 자기가 정당하다는 증거로서, 또 자신을

---

35) 데모니쉬(damonisch:악마적)란 말은 그리스어의 다이모니오스에서 유래한다. 다이모니오스란 단지 '초인간적'이라는 의미로, 본래는 별로 좋은 의미도 나쁜 의미(이른바 악마 같은)도 아니다.

납득시키기 위해서 스스로의 고뇌를 가지고 있지 않으면 안 된다.

이런 사실이 마침내는 그의 뇌리 깊숙이 새겨져 독자적인 이유로 영원 앞에 불안하게 된다. 영원은 그가 다른 사람에 대하여 가지고 있는 악마적인 의미에서의 이런 무한한 우위(優位)에서 그를 떼어 버리고 지금 있는 그대로의 그로 있어도 상관없다는 악마적인 권리를 그에게서 빼앗을지도 모르기 때문이다.

그는 자기 자신으로 있고자 한다. 그는 자신의 구체적인 자아로부터 무한한 추상을 가지고 시작했다. 그런데 지금은 결국 그런 방법으로 영원이 되는 것은 불가능할 정도로 구체적이 되어 버렸다. 그럼에도 그는 절망적으로 자기 자신으로 있으려고 하는 것이다.

아아, 이 얼마나 악마적인 광상(狂想)이란 말인가! 영원이 어쩌면 그의 비참을 그에게서 빼앗아 갈지도 모른다는 사실에 생각이 미칠 때 그는 가장 광포하게 된다.

이런 종류의 절망은 세상에는 드문 것으로 본래 시인에게서만, 다시 말해 작품 속의 인물에게 언제나 '악마적인' 관념성을 부여하는 진실한 시인에게서만 발견된다. 그런데 우리는 아주 드물기는 하나 그런 절망을 현실 속에서도 만난다. 그 경우 이런 절망에 대응하는 외면은 어떤 것일까? 물론 '대응하는 것'은 실제로 존재하지 않는다. 숨겨진 상태에 대응하는 외면 따위가 있을 리 없잖은가. 있다면 그 자체가 모순이다.

대응하는 것은 실제로 밝혀져 있는 것이다. 오히려 여기서 외면은 전혀 남의 눈을 끌 만한 것을 가지고 있지 않으며 자물쇠가 단단히 채워진 폐쇄성(혹은 내면성이라고 불러도 좋다)만이 여기서 우리가 주목해야 할 요점인 것이다.

절망의 도가 가장 낮은 모든 형태에는 본래 어떤 내면성도 존재하지 않으며 또 그에 관해 이야기할 만한 것이 아무것도 없다. 그래서 그런 형태를 서술하는 경우에는 그런 절망자의 외면을 묘사하든가 혹은 외면에 대하여 다소 이야기하는 수밖에 없다.

그렇지만 절망이 점점 정신적이 되고 폐쇄성 안에서 내면성이 점점 스스로의 세계를 형성함에 따라 절망을 감싸는 외면은 그만큼 더 사람 눈에 띄지 않게 된다. 즉 절망이 정신적인 것이 될수록 절망자는 스스로 악마적인 지혜로 절망을 폐쇄성 속에 감추려고 하며 외면을 무관심한 것처럼 꾸미며 그것을 될 수 있는 한 무의미하고 사람 눈에 띄지 않는 것으로 만드는 것이다.

동화 속의 요정이 아무도 볼 수 없는 작은 틈으로 사라져 버리듯 절망도 정신적이 될수록 그 속에 절망이 숨어 있다고는 아무도 생각할 수 없는 외관 속에 숨어 버리는 것이다. 숨어 있다는 이것은 확실히 무언가 정신적인 것이다. 말하자면 현실의 배후에 하나의 밀실, 완전한 자기만의 세계를 확보하기 위한 하나의 수단이다. ─ 이 세계 속에서 절망한 자아는 마치 탄탈로스[36]처럼 쉴 새 없이 자기 자신으로 있으려 하는 의욕에 몰두하는 것이다.

우리는 인간이 절망하여 자기 자신으로 있으려 하지 않는, 가장

---

[36] 탄탈로스는 제우스와 님프 사이에 태어난 아들로서 신들의 비밀을 누설했기 때문에 아버지의 노여움을 사 하계의 호수 속에 묶여 턱 아래에 물이 있으나 마시지 못하고 머리 위에 열매가 있으나 먹지 못하여 영원한 기갈에 허덕였다 함.

도가 낮은 형태의 절망으로부터 시작했다.(*a*) 악마적인 절망은 절망이 가장 강화된 형태로서 여기서 인간은 절망적으로 자기 자신으로 있으려 한다. 이 절망에서 인간은 스토아적인 자기 자신에의 익애(溺愛)에 의하여 또는 자기 신격화에 의하여 자기 자신으로 있으려 하는 것이 아니다.(자기 신격화는 기만적이기는 해도 어떤 의미에서는 자아의 완전성을 목표로 한다) 오히려 그는 자기의 존재를 증오하면서도 자기 자신으로 있으려 한다.

그가 자신으로 있으려 하는 것은 단순히 반항 때문이 아니라 차라리 도전하기 위해서이다. 그는 스스로의 자아를 그것을 정립한 힘으로부터 반항적으로 떼어내려 함이 아니고 오히려 도전적으로 그 힘에 부딪쳐 가는 것이다. 그는 악의로 그 힘을 붙들어 두려고 한다.

악의의 항의를 하는 사람이 무엇보다도 먼저 자신의 항의의 대상이 되는 상대를 붙들어 두려고 함은 말할 나위도 없다. 그는 전존재에 대하여 반항함으로써 전존재를, 전존재의 호의를 반박할 수 있는 근거를 잡고 있는 듯이 생각한다.

절망자는 자기 자신이 그 근거라고 생각하며 또한 스스로 그 근거이기를 원한다. ― 따라서 그는 자기 자신으로 있기를 원하는 것이다. 다시 말해 자기의 고뇌로써 전존재를 거절할 수 있도록 고뇌를 가진 채의 자기 자신이기를 원하는 것이다.

약함의 절망자가 영원이 그에게는 위안이라는 따위에 귀를 기울이려 하지 않는 것처럼 반항의 절망자 역시 영원의 위안 따위에는 귀를 기울이려 하지 않는다. 그러나 그 이유가 다르다. ― 후자는 전존재에 대한 반항이고자 하기 때문에 위안 따위는 오히려 스스로의 몰락이 된다고 생각한다.

비유적으로 이야기하면 그것은 한 작가가 무심코 오기(誤記)를 저지른[37]것과 같은 것으로 그는 이 오기가 자신이 잘못 쓴 것이라는 사실을 인식하기에 이른다. 어쩌면 이것은 아무런 잘못도 아니며 더 높은 의미에서는 본질적으로 서술 전체의 한 계기를 이루게 될지도 모른다. 그런데 이 오기는 그 작가에 대하여 반란을 기도한다. 작가에 대한 증오 때문에 이미 쓰인 자기(즉 오기된 문자)가 정정되는 것을 거부하면서 광기 있는 반항으로 작가를 향해 이렇게 외친다.

"싫다! 나는 말소되는 것을 원하지 않는다. 나는 너를 반박하는 증인으로서, 네가 서투른 작가라는 사실을 증명하는 증인으로서 여기에 서 있는 것이다."

---

37) 키에르케고르는 자신을 인생의 예외자로서 소위 신이 '잘못 쓴 글자'로 의식하고 있었다.

제2편

절망은 죄이다

I

절망은 죄이다

죄란 인간이 신 앞에서 신의 관념을 가지고 있으면서 절망하여 자기 자신으로 있으려 하지 않는 것, 또는 절망하여 자기 자신으로 있으려 하는 것을 말한다. 따라서 죄는 약함이나 반항의 도가 강화된 것, 다시 말해 절망의 도가 강화된 것으로 '신 앞에서'라는 데에 중점을 두고 있다. — 신의 관념이 죄의 개념과 함께 있다는 사실로 인해 죄를 변증법적, 윤리적으로 법학자가 '가중된 절망'이라고 부를 수 있는 것이다.

이 편, 특히 제1장에서는 심리학적 기술을 시도해 볼 여지도 없으며 그렇게 하기에 적합한 장도 아니나 절망과 죄 사이의 극도의 변증법적인 한계 영역으로서 종교적인 것을 지향하고 시인적 실존이라고도 이름붙일 수 있는 것의 특질을 기술해 놓고 싶다. 이것은 체념의 절망과 공통점이 있는 실존으로 단지 신의 관념이 존재한다는 점이 다를 뿐이다.

종교적인 것을 지향하는 시인적 실존은 이 범주의 결합과 위치에서도 알 수 있듯이 시인적 실존 가운데서도 가장 탁월한 것이다. 기독교적으로 고찰하면 — 미학이 무어라 말하든 — 시인적 실존은 모두 죄이다. 존재하는 것 대신에 시를 쓰고 단순히 공상 속에서 선(善)과 참(眞)을 문제 삼을 뿐 실존적으로 선과 참으로 있으려 노력하지 않는 것이 죄이다.

여기서 우리가 문제 삼고 있는 시인적 실존은 그것이 신의 관념을 스스로 가지고 있다는 점, 또는 그것이 신 앞에 있다는 점에서 절망과 구별된다. 그런데 시인적 실존은 대단히 변증법적인 것이어서 그것이 어느 정도까지 자기 생활이 죄라는 막연한 의식을 가지고 있는가 하는 점에 이르면 투명화할 수 없는 변증법적 혼란 속에 있는 것이다.

이런 시인은 대단히 깊은 종교적 충동을 가질 수 있으며 신의 관념이 그의 절망 속에 함께 받아들여져 있다. 그는 무엇보다도 신을 사랑한다. 그에게 신은 그의 숨겨진 고뇌의 유일한 위안이다. 그럼에도 그는 고뇌를 사랑하고 고뇌를 버리려고 하지 않는다. 다시 말해 마음으로부터 기꺼이 신 앞에서 그 자신으로 있으려 한다.

그러나 그의 자아가 고뇌하고 있다는 움직일 수 없는 한 가지 점에 관해서만은 절망하여 그 자신으로 있으려 하지 않는다. 그는 영원이 그를 고뇌에서 해방시켜 줄 것을 바라면서도 현실에서는—그 고뇌 때문에 아무리 번민한다 해도—그 고뇌를 자신에게는 없어서는 안 될 부분으로서 받아들인다. 그래서 신앙에 있어서 그 밑에 겸허해지려 하지 않는다.

그럼에도 그는 신과의 관계 속에 머물러 있으며 그것이 그의 유일한 축복인 것이다. 그에게서 신이 없어진다면 그보다 더 전율할 일은 없을 것이다.—그렇게 되면 절망할 수밖에 없으리라. 그런데도 그는 어쩌면 무의식적으로 신을 본래 있는 그대로의 신과는 좀 다르게 허구(虛構)한다.

말하자면 어린아이의 '유일한 소원'을 언제나 들어주는 인자한 아버지처럼 생각하는 것이다. 불행한 연애 때문에 시인이 된 자가 연애의 행복을 아주 아름답게 찬미하는 것처럼 그는 종교의 시인이 된다. 그는 종교적인 것 때문에 불행하게 되었다. 그는 신에 대하여 불행한 사랑을 품고 있다.

자신의 이런 고뇌를 버리는 일이, 다시 말해 신앙에 있어서 그 고뇌 밑에 겸손해져 그것을 자신의 자아에 귀속해 있는 것으로서 받아들이는 일이 자신에게 요구되고 있다는 것을 막연하게나마 이해하고 있다. 그런데 그는 자신의 고뇌를 가능한 한 멀리하려고 하지만 실은 그 때문에 오히려 더 굳게 소유하는 것이다.

더욱이 그 때문에 스스로를 될 수 있는 한 고뇌로부터 떼어 내고 있으며 인간의 힘이 미치는 한 고뇌를 멀리 던져 버리고 있다고 믿는다.(모든 절망자의 생각이 다 그렇듯이 이런 생각은 안에서 보면 올바르다. 따라서 그것을 뒤집어서 이해하지 않으면 안 된다)

신앙 안에 자신의 고뇌를 받아들이는 일은 그에게는 불가능하다. 다시 말하면 결국 그것을 원하지 않는 것이다. 혹은 여기서 그의 자아는 몽롱한 상태 속에 모습을 감춘다고 말해도 좋다. 그런데 실연한 시인의 연애에 대한 묘사처럼 이 시인의 종교에 대한 묘사 역시 매력이 있다. 거기에는 한 목사의 묘사에서도 찾아볼 수 없는 서정시적인 감격이 있다.

그가 이야기하는 내용 역시 결코 허구는 아니다. 그가 묘사하고 있는 것은 바로 그의 좀더 행복한, 좀더 훌륭한 자아인 것이다. 그는 종교적인 관계에 불행한 연인이다. 다시 말해 그는 신앙인이 아니고 단순히 신앙에 선행하는 것, 즉 절망을 가졌을 뿐이다. 그리고 절망 안에서 그는 종교적인 것을 향하여 불타는 듯한 갈망을 품고 있을 뿐이다.

그의 갈등은 본래 다음과 같은 것이다. 즉 자신은 부름 받은 자인가? 육체 속의 가시는 자신이 비범한 것을 위하여 쓰여야 한다는 징

표인가? 자신의 몸에 나타난 이 이상한 것이 신 앞에서는 아주 정상적인 것인가? 혹은 육체의 가시는 자신이 일반적인 인간에 도달할 수 있기 위해 그 밑에 겸손해져야 하는 것일까? ─이제 그만하면 충분하다. 진리의 말의 힘을 빌려 저자(나)는 이렇게 말할 수 있다. ─나는 누구에게 말하고 있는 것일까? n제곱의 이런 심리학적 연구에 누가 관심을 가지고 있겠는가?

목사들이 그린 '뉘른베르크의 그림책' 쪽이 사람들에게는 훨씬 더 쉽게 이해될 것이다. ─ 그 그림들은 누구에게도 모든 사람과 비슷한 듯한 착각을 일으키게 하나 정신적으로 이해되면 실은 누구와도 비슷하지 않은 것이다.

제1장 자아의식의 여러 단계('신 앞에서'라는 규정 하에 있어서)

전편에서 자아의식의 끊임없는 상승을 입증해 보였다. 처음에는 인간이 영원한 자아를 소유한다는 것에 관한 지식이 결여되어 있었다.(Ⅲ-B-a) 다음에 인간은 자아를 소유하고 있으며 자아 안에는 확실히 영원적인 것이 잠재해 있다는 지식이 생겼다.(Ⅲ-B-b) 그리고 이 지식의 내부(α-1, 2, β)에서 다시 여러 가지 상승을 입증해 보였다. 이런 고찰 전체가 지금은 새로운 변증법적인 전환을 가져오지 않으면 안 된다. 그것은 다음과 같은 관계에 있다.

우리가 이제까지 문제 삼아 온 자아의식의 상승은 '인간적인 자아' 또는 '인간을 척도로 하는 자아'의 규정 내부에서 일어났다. 그렇지만 자아는 그것이 신에 대한 자아라는 사실에 의해 새로운 성질과 새로운 자격을 갖게 되는 것이다.

이 자아는 단순히 인간적인 자아가 아니라 신학적인 자아 또는 신 앞에서의 자아(이 의미가 오해되지 않기를 바란다)라고 이름지을 수 있는 것이다. 자신이 신 앞에 현존해 있다는 것을 자아가 의식할 때, 자아가 신을 척도로 하는 바의 인간적 자아가 될 때 자아는 무한한 실재성을 갖게 된다.

암소에 대해 자아인 목자(이런 일이 가능하다면)는 대단히 낮은 자아이다. 노예에 대해 자아인 주인도 마찬가지이다. 본래 이 양자는 어떤 자아도 아니다. 거기에는 척도가 결여되어 있기 때문이다. 이제까지 단순히 부모를 척도로 하던 아이가 성인이 되어 국가를 척도로 하기에 이를 때 비로소 자아가 된다.

그런데 만일 자아가 신을 척도로 하기에 이른다면 얼마나 무한한 악센트가 자아 위에 놓일 것인가! 자아가 무엇에 대한 자아인가 하는 그 상대가 언제나 자아를 재는 척도이며 이것이 또한 '척도'의 정의이기도 하다. 같은 종류만이 양(量)이 더해질 수 있는 것처럼 모든 사물은 그것을 헤아릴 수 있는 척도가 되는 것과 질(質)을 같이 하는 것이다.

그리고 질적으로 그것의 척도가 되는 것은 윤리적으로는 그것의 목표이다. 척도와 목표는 질적으로는 사물의 본질과 같다. 단지 자유의 세계에서의 관계는 예외이다. 거기에서 인간이 자신의 목표이며 척도인 것과 질적으로 달라져 있다면 이런 질적 타락의 책임은 인간에게 있음에 틀림없다. 그런데 그런 경우에도 그 목표와 척도가 여전히 그의 목표이고 척도라는 사실에는 변함이 없다. 다만 이것들은 이제 단죄자로서 인간이 그의 목표 및 척도인 것과 같지 않음을 폭로할 뿐이다.

죄는 그것이 신 앞에 있다는 사실에 의하여 실로 두려워할 만한 것이 된다는 것은 비교적 오랜 시대의 교의학(敎義學)[1]이 때때로 귀

---

1) 루터를 중심으로 하는 종교개혁자들의 교의학을 가리키며 아우구스부르크의 '신앙 고백' 제2조에는 '죄의 원인은 죄짓는 자들의 의지, 즉 악마와 경건치 못한 자들의 의지이다. 그들의 의지는 신의 도움을 외면하고 신을 배반하는 것이다.' 라고 되어 있다. 이와 같이 죄의 본질은 신에 대한 불복종이라는 사상의 교의학을 가리킨다.

착했던 매우 정당한 사상이었다. 그 후의 교의학[2]은 때때로 이 사상을 비난했는데 그것은 이 사상에 대한 이해와 감수성이 결여되어 있었기 때문이다.

또한 이 사상은 때로 역이용되는 일도 있었다. 어쨌든 그것이 매우 정당한 사상이라는 사실에는 변함이 없다. 사람들은 이 사상에 의해 지옥 형벌의 영겁성을 증명했다. 그런데 후세에 와서 사람들이 영리해져서 이렇게 말했다.

"죄는 죄이다. 죄는 그것이 신에 대한 것이라든가 신 앞에서 행해진 것이라든가 해서 더 커지지는 않는다."

이상하지 않은가! 법학자들조차도 가중범(加重犯) 운운하지 않는가. 법학자들조차도 예를 들어 어떤 범죄가 관리에게 범해진 것인가 또는 사사로운 사람에게 범행된 것인가를 구별하고, 형벌에 있어서도 부모에 대한 살인과 보통 살인을 구별하지 않는가.

분명 그 점에서는 옛 시대의 교의학이 정당했다. 죄는 그것이 신에 대하여 이루어졌다는 사실만으로도 무한히 그 도가 강해지는 것이다. 사람들이 신을 외적 존재로 간주하고 인간은 신에 대해서는 가끔 죄를 지을 뿐이라는 생각에 오류가 있었던 것이다. 그렇지만 신은 같은 외적 존재가 아니다.

우리가 주목해야 할 것은 자아가 신의 관념을 가지면서도 신의 의지를 자신의 의지로 하지 않는다는 점, 신에 대하여 순종하지 않는

---

2) 슈라이엘마하의 '기독교의 신앙'에는 '죄란 감각적인 기능이 자주적으로 활동함으로써 영혼이 흐려지는 것'이라고 되어 있다. 이와 같은 사상의 교의학을 가리킨다.

다는 점이다. 또 인간은 신 앞에 가끔 죄를 범하는 그런 존재가 아니다. 모든 죄는 신 앞에서 일어난다. 이렇게 말하는 편이 좋았을지도 모르지만 인간이 부채를 지고 죄스러워한다는 것은 부채 있는 자신이 신 앞에 서 있다는 의식을 가지고 있다는 것이다.

절망의 도(度)는 자아의식의 도에 비례하며 자아는 자아에 대한 척도 여하에 따라 그 도가 강해진다. 그리고 척도가 신일 때 자아의 도는 무한히 강해지는 것이다. 신의 관념이 많으면 많을수록 자아도 많으며 자아가 많으면 많을수록 신의 관념도 많다.

자아가 이 특정한 개체적인 자아로서 자신이 신 앞에 서 있음을 의식할 때 비로소 그것은 무한한 자아가 된다. 그리고 이런 자아가 신 앞에 죄를 범하는 것이다.

따라서 이교 세계에 있어서의 이기심은 비록 그에 대해 어떠한 말이 일컬어질지라도 기독교계에 있어서의 이기심 — 여기서도 이기심을 찾아낼 수 있다 — 처럼 성숙한 성질을 띠고 있지는 않다. 이교도는 자신의 자아를 신 앞에 가지고 있지 않기 때문이다.

이교도와 자연인은 단지 인간적 자아만을 척도로 한다. 그러므로 더욱 높은 관점에서 이교 세계가 죄 가운데 잠겨 있다고 보는 것은 정당한 일일 것이다. 단 이교 세계의 죄는 본래 신에 대하여 신 앞에 존재한다는 사실에 대한 절망적인 무지였으며, '그들은 세상에 존재하면서도 신 없는 자들이었다.'[3]

---

3) 에베소서 제2장 12절. "그때에 너희는 그리스도 밖에 있었고 이스라엘 나라 밖의 사람이라 약속의 언약들에 대하여는 외인(外人)이요, 세상에서 소망이 없고 하나님도 없는 자이더니."

따라서 다른 면에서 보면 이교도가 엄밀한 의미에서는 죄를 범한 일이 없다는 것 또한 참인 것이다. 그가 신 앞에서 죄를 범한 것이 아니고 모든 죄는 신 앞에서 일어나는 것이기 때문이다. 게다가 많은 이교도가 허물없이 이 세상을 살아가는 일에 성공했다는 사실도 특정한 의미에서는 아주 정당하다.

　그 성공은 페라기우스[4]적인 천박한 사고방식이 그들을 구제해 준 때문이다. 그런데 이 페라기우스적인 천박한 사고방식이야말로 바로 죄인 것이다. 그리고 또 이미 많은 사람이 기독교의 엄격한 교육 때문에 오히려 죄에 떨어진 것도 사실이다. 기독교적인 사고방식 전체가, 특히 아직 젊은 시기에 있어서는 인간에게 너무 엄격하기 때문이다. 그렇지만 또 다른 의미에서 죄란 무엇인가에 관한 보다 깊은 이 사고방식이 인간에게 있어서 구원이기도 했다.

　죄란 인간이 신 앞에 절망하여 그 자신이려 하지 않는 것 또는 인간이 신 앞에 절망하여 그 자신이려 하는 것이다. 이 정의는 다른 점에서는 분명히 우월할지도 모르나(그 중에서도 특히 중요한 것은 그것이 유일하게 성서적인 정의라는 점이다. 성서는 죄를 언제나 '순종하지 않는 것'으로 규정하고 있다) 지나치게 정신적이지 않을까?

　이런 의문에 대해서는 첫째로 이렇게 대답할 수 있다. 죄의 정의가 지나치게 정신적이라는 것은 있을 수 없다.(그것이 너무 '정신적'

---

4) 페라기우스(Pelagius)를 대표자로 하는 페라기우스파는 기원전 5세기의 소위 이단파로, 인간의 이성과 자유 의지를 강조하고 원죄설을 부인했으며 신앙은 인간 자신에 의해 이루어져야 한다고 주장했다.

이어서 죄를 폐기하지 않는 한) 왜냐하면 죄는 바로 정신의 규정이기 때문이다.

도대체 그것을 왜 지나치게 정신적이라고 할까? 이 정의가 살인, 절도, 간음 등에 대하여 아무런 말도 하지 않기 때문일까? 아니, 이 정의 역시 그런 것에 대하여 언급한 것이 아닌가? 그런 것들 또한 신에 대하여 제 뜻을 굽히지 않고 신의 명령에 반항하는 것이 아닌가?

한편 사람들이 죄라는 것에 대해 말할 때 언제나 그런 죄만을 든다면 인간적인 의미로 어느 정도까지 나무랄 데가 없다고 해도 생활 전체가 죄 ─ 잘 알려져 있는 종류의 죄, 여러 가지 빛나는 악덕 ─ 일 수 있다는 사실을 참으로 완벽하게 잊고 있다.

예를 들면 '아집(我執)'이 그것이다. 이것은 무한히 깊은 의미에 있어서 인간적 자아가 자신의 가장 깊이 숨겨진 소망과 생각에 있어서까지도 신에 순종해야 할 의무를 무정신적으로 알지 못하는 것 또는 오만스럽게도 그것을 모르는 체하는 것이다. 그리고 신의 미미한 눈짓 ─ 신은 이런 눈짓으로 자신의 의지를 특정의 개체에 시사한다 ─ 을 재빨리 포착하여 진심으로 그에 따르려는 민감한 마음의 준비가 결여된 것이다.

육체에 의한 죄는 비천한 자아의 고집이다. 그런데 한 악마를 다른 악마의 도움을 빌어 쫓아냈는데 그 후자가 전자보다 더욱 성질이 나쁜 경우가 때때로 있지 않은가? 실제로 세상에서는 바로 그런 일이 행해지고 있다.

맨 처음 인간은 취약함과 연약함 때문에 죄를 범한다. 다음에는 (이때는 어쩌면 신 밑에 숨을 장소를 구할 줄 알게 되고 따라서 일체의 죄로부터 그를 해방시켜 줄 신앙에까지 이끌어질 수도 있으나 여기서는 그에 관해서 언급하지 않는다) 자신의 약함에 절망하여 바리새인이 되든가(그들은 자신의 약함을 절망적으로 어떤 합법적인 정의로 끌어올린다) 그렇지 않으면 절망하여 다시금 자신을 죄 속에 떨어뜨린다.

따라서 위에서 말한 정의는 확실히 죄에 관해 생각할 수 있는 모든 것, 현실적인 모든 죄의 형태를 포괄하고 있다. 그리고 그것은 죄이며(피와 살의 광기가 죄가 아니라 정신이 그에 동의함이 죄이므로) 동시에 죄는 '신 앞에서' 일어난다는 결정적인 점을 정확히 표현하고 있다.

정의하자면 그것은 수학의 방정식 같은 것이다. 만약 내가 여러 가지 죄를 전부 열거하려고 해도 이 작은 책에서는 불가능하며 또 그런 시도는 틀림없이 실패할 것이다. 여기서는 정의가 마치 그물처럼 모든 죄의 형태를 포괄하고 있다는 것만이 중요한 사실이다.

그리고 사실이 그렇다는 것은 이 정의를 죄의 반대의 것, 즉 신앙 — 나는 이 책 전체에서 확실한 항로 표지를 지향하는 것처럼 신앙을 목표로 하여 나아가고 있다 — 의 정의에 따라 음미해 보아도 알 일이다. 신앙이란 자아가 자기 자신이며 동시에 자기 자신이고자 할 때 자기 자신을 자각적으로 신에 기초를 두게 하는 것이다.

그런데 죄의 반대가 결코 덕(德)이 아니라는 사실은 때때로 간과되고 있다. 그것은 단순히 인간적인 척도로서 죄가 무엇인가를 참으로 알지 못하는, 따라서 모든 죄가 신 앞에서 일어난다는 사실을 알지 못하는 어느 정도 이교적인 견해이다. — 죄의 반대는 신앙이다.

로마서 제14장 23절에는

　'신앙에 의하지 않은 모든 것은 죄이다'

　라고 했다. '죄'의 반대가 '덕'이 아니라 '신앙'이라는 것은 기독교 전체의 가장 결정적인 규정의 하나이다.

> 부론(附論) — 죄의 정의가 좌절의 가능성을 포함한다는 사실.
> 좌절에 관한 일반적 고찰

　죄와 신앙의 대립은 기독교적인 것이다. 그것은 일체의 윤리적 개념 규정을 기독교적으로 개조하고 심화하고 첨예화한 것이다. 이 대립의 밑바닥에는 '신 앞에서'라는 결정적으로 기독교적인 것이 존재한다. 그리고 이 규정이 다시 기독교적인 것의 결정적인 표지를 포함한다. — 배리(背理), 역설 및 좌절의 가능성이 바로 그것이다.

　그리고 이런 표지가 기독교적인 것의 모든 규정 하에서 나타나는 것이 가장 중요하다. 좌절이 모든 사변(思辨)에 대해 기독교적인 것의 보루를 형성하고 있기 때문이다.

　그런데 여기서는 좌절의 가능성이 어디에 숨어 있는 것일까? 인간이 개체적인 인간으로서 신 앞에 현존한다는 실재성을 가져야 한다는 점, 따라서 거기에서 귀결하는 것이지만 인간의 죄는 신에 관계하고 있다는 점에 좌절의 가능성이 존재하는 것이다.

　'신 앞에서의 이 개체적인 인간'이라는 것은 사변이 결코 생각해 낼 수 없는 것이다. 사변은 단순히 개체적인 인간을 공상적으로 인류에까지 보편화하는 데 지나지 않는다. 바로 그 때문에 신앙이 없는

기독교는,

'죄는 죄이다. 그것이 신 앞에서 일어나든 않든 죄가 죄라는 사실에는 전혀 변함이 없다.'

라는 따위의 생각을 하게 된 것이다. 요컨대 그들은 '신 앞에서'라는 규정을 제거하려 했던 것이며 그러기 위해서 더욱 높은 지혜를 생각해냈다. 그런데 기묘하게도 그것은 고대의 이교 — 세상에서 더욱 높은 지혜라는 것이 대부분 그러하듯이 — 이상의 것도 이하의 것도 아니었다.

인간이 기독교에 좌절하는 것은 기독교가 너무나 어둡고 음울하기 때문이라든가 너무나 엄격하기 때문이라고 흔히 일컬어진다. 그래서 인간이 어째서 기독교에 좌절하는가에 대한 본래의 이유를 여기서 밝혀 보려 한다. 그 이유는 기독교가 너무 높기 때문이다. 기독교의 척도가 인간이 아니기 때문이다. 기독교는 인간을 인간이 이해할 수 없는 뛰어난 것으로 만들려 하기 때문이다.

좌절이란 어떤 것인가 하는 것에 관한 아주 단순한 심리학적 서술로써 이것을 설명해 보자. 그렇게 함으로써 사람들이 기독교를 변호하고자 좌절을 제거하려 하는 것이 얼마나 어리석은 태도인지 드러날 것이다. 그것은 어리석고 뻔뻔스럽게도 그리스도의 교훈을 무시하는 것이다.

그리스도는 때때로 마음 아파하면서 좌절하는 일이 없도록 제자들에게 경고하였다. 즉 좌절의 가능성이 거기에 있으며 또 거기에 있어야 함을 그리스도 자신이 시사했던 것이다. 좌절의 가능성이 거기에 있어서는 안 되는 것이며 영원적, 본질적으로 기독교적인 것에 귀속해 있는 것이 아니라면, 그리스도가 그것을 제거해 버리지 않고 마음 아파하면서 좌절하지 않도록 경고한 것은 '신인(神人)'이신 그리스도에게 있어서 인간적 난센스이기 때문이다.

지금 여기에 가난한 날품팔이꾼과 역사상 유례가 없을 정도의 강대한 권력을 가진 제왕이 있다고 하자. 이 더할 나위 없는 권력을 가진 제왕이 갑자기 사자(使者)를 이 날품팔이꾼에게 보내야겠다고 생각했다. 날품팔이꾼은 제왕이 자신의 존재를 알고 있으리라고는 꿈에도 생각지 못했다. 그것은 '그 마음이 아직 생각지 못한 바[5]' 였다. 제왕을 단 한 번만이라도 우러러볼 수 있다면 이 남자는 자신을 무한히 행복한 인간이라고 생각하며 그것을 그의 생애에서 가장 큰 사건으로 삼아 자손 대대로 전하게 할 것이다.

그런데 제왕이 이 날품팔이꾼에게 사자를 보내어 그를 사위로 삼고 싶다는 생각을 전했다고 하자. 그러면 도대체 어떻게 될 것인가? 날품팔이꾼은 그것을 인간으로서 인간적으로 받아들인다면 틀림없이 조금쯤 당황하여(어쩌면 대단히 당황할지도 모른다) 어쩐지 부끄러운 듯하고 난처한 듯한 기분이 될 것이다.

그에게는 그것이 인간적으로는 대단히 기묘한 일, 바보 같은 일로 생각되므로(이것이 인간적인 것이다) 이런 일은 결코 다른 사람에게 이야기해서는 안 된다고 생각할 것이다. 아는 사람이나 이웃 사람

---

[5] 고린도 전서 제2장 9절. "기록된 바 '하나님이 자기를 사랑하는 자들을 위하여 예비하신 모든 것은 눈으로 보지 못하고 귀로 듣지 못하고 사랑의 마음으로 생각하지도 못하였다' 함과 같으니라." 이 말은 이사야서 제64장 4절에도 기록되어 있다.

이 들으면 누구에게나 금방 떠오를 수 있는 설명이 이미 자신의 마음 속에서도 머리를 쳐들고 있기 때문이다.

즉 제왕은 자기를 바보로 만들려고 한다. 그래서 자기는 거리 전체의 웃음거리가 되고 자기의 초상화가 신문에 실려 황녀와 자기의 결혼 이야기가 거리에서 큰 화젯거리가 될 것이라고.

그런데 제왕의 사위가 된다고 하는 이 사건은 물론 금방이라도 외적인 현실이 될 수 있는 것이다. 그렇게 되면 이 날품팔이꾼은 제왕이 어느 정도로 그것에 관해 진지하게 생각하고 있는지 아니면 제왕은 이 가난한 사람을 단지 바보로 만들고 있는 것인지, 그 결과 그의 전 생애를 불행하게 하고 결과적으로 그의 생을 정신 병원에서라도 마치게 하려는 것인지(모든 경우 도가 지나칠 때 사람은 곧잘 그반대의 것을 생각한다)를 자신의 오관(五官)으로 확인할 수도 있을 것이다.

어쨌든 제왕이 작은 호의를 나타냈다면 이 날품팔이꾼도 쉽게 이해할 수 있고 작은 도회지에 살고 있는 사람들도 그것을 쉽게 이해할 수 있으며 존경받고 교양 있는 사람들과 모든 총명한 부인들, 요컨대 그가 살고 있는 작은 도시의 오십 만 주민의 한 사람 한 사람(인구수로는 분명히 대도시이지만 특별한 일에 대한 이해와 감각에 있어서는 소도시이다)이 그것을 이해할 수 있지만 날품팔이꾼이 제왕의 사위가 된다는 따위는 정말로 너무나 분에 넘치는 일이다.

그럼 이제 외면적인 사실은 문제 삼지 말고 오직 내면적인 사실만을 문제로 삼아 보자. 따라서 날품팔이꾼을 확신으로 이끌 수 있는 사실도 존재하지 않고 신앙만이 유일한 사실이라고 하자. 그래서 모든 것이 신앙에 맡겨져 있다고 하자. — 그런 경우에도 그것을 믿을 만큼 충분히 겸손한 용기가 그에게 있을까? 뻔뻔한 용기는 신앙에까지 이를 수 없다.

그런 경우 그만한 용기를 가지고 있는 날품팔이꾼이 도대체 몇 사람이나 될까? 그런 용기를 가지지 않은 자는 좌절할 것이며 평범하지 않은 일은 자신에 대한 비웃음처럼 생각되리라. 어쩌면 그는 진실로 이렇게 고백할 것이다.

"그런 일은 나에게는 너무 높다. 나는 그것을 이해할 수가 없다. 숨김없이 말하자면 그것은 당치않은 일처럼 생각된다."

그런데 기독교는 어떤가! 기독교는 이 개체적인 인간(모든 개체적인 인간, 그가 남자·여자·하녀·대신·상인·이발사·학생 등 어떤 인간이든 문제되지 않는다), 즉 개성적인 인간이 신 앞에 현존해 있다는 사실을 가르친다.

그의 생애에 단 한 번이라도 제왕과 이야기하는 일이 있다면 아마도 그것을 더없는 명예로 생각할 이 개체적인 인간, 만약 조금이라도 고귀한 지위에 있는 누군가와 친한 사이라도 된다면 그것을 적잖이 자랑 삼을 이 인간 — 이 인간이 신 앞에 현존해 있으며 그가 원하는 어떤 순간에도 신과 이야기할 수 있고 신의 음성을 확실히 들을 수 있는 것이다. 요컨대 이런 인간이 신과 가장 친한 관계에서 살 수 있도록 허락되어 있는 것이다. 그뿐만이 아니다. 이 인간을 위하여 다름 아닌 바로 이 인간을 위하여 신은 세상에 오셨다. 사람의 아들로 태어나 고난을 받았고 그리고 돌아가신 것이다. — 이 수난의 신이 인간을 향해 그에게 허락된 구원을 받아들여 주기를 바라고 있다.

아니 탄원하고 있는 것이다!

참으로 생각을 완전히 바꿀 만한 그 무엇인가가 있다면 바로 그것이다. 그것을 믿을 수 있는 겸손한 용기를 갖지 못한 자는 누구나 그것에 좌절한다. 왜일까? 그것은 그에게는 너무 높기 때문이다. 그는 그것을 이해할 수 없기 때문이다. 그것을 받아들일 수 있을 만큼 마음을 열 수 없기 때문이다. 그런 까닭에 그것을 없애려 하고 파괴하려 하고 무의미한 것으로 만들어 버리려고 발버둥을 친다. 그는 그것이 자신을 질식시킨다고 생각하는 것이다.

그렇다면 대체 좌절이란 무엇인가? 좌절이란 불행한 경탄이다. 따라서 그것은 질투와 비슷하다. 그런데 그것은 질투하는 바로 그 사람을 향한 질투이다. 그래서 좀더 엄밀하게 말하면 사람이 가장 악의를 품고 있는 상대는 바로 자신인 것이다. 자연인은 신이 그에게 주려는 엄청난 선물을 자신의 좁은 마음 때문에 받아들일 수가 없다. 그리하여 그는 좌절하는 것이다.

좌절의 도는 사람이 경탄에 대한 열정을 얼마나 많이 가지고 있는가에 달려 있다. 공상도 열정도 가지지 않은 산문적인 인간, 즉 진정한 의미로 경탄할 수 없는 인간도 좌절하는 일은 있다. 그러나 그들은 '나는 이런 일은 이해할 수 없다, 나는 그런 일에는 관계하지 않는다' 라고 할 뿐 그 이상으로 진전하지는 않는다.

그들은 회의론자이다. 그런데 인간이 열정과 상상력을 많이 가지면 가질수록, 따라서 어떤 의미로(즉 가능성에 있어서) 신앙인(뛰어난 것 앞에 찬미하면서 겸손하게 무릎 꿇는)에 가까워지면 가까워질수록 좌절도 그만큼 열정적이 된다. 그리하여 최후에는 그것을 뿌리

째 뽑고 파괴하고 진흙 속에 짓밟아 버리기라도 하지 않으면 견딜 수 없게 되는 것이다.

좌절이 무엇인가를 이해하고 싶다면 인간의 질투심을 연구함이 좋다. — 이것은 내가 특별히 연구 제목으로 추천하고 싶은 것으로 나 자신 철저히 연구했다고 자부하는 주제이다. 질투란 숨겨진 경탄이다. 경탄자가 헌신에 의하여 행복해질 수 없다고 느끼게 되면 경탄의 대상을 질시하기에 이른다. 그리고 그가 하는 말도 달라진다. 이제 그는 이렇게 말한다.

"이것(그가 본래 경탄하던 것)은 실로 시시한 것이다. 우둔하고 얼빠지고 기묘하고 엉뚱한 것이다."

진실로 경탄이란 행복한 자기 상실이고 질시는 불행한 자기주장이다. 좌절 역시 마찬가지이다. 이는 인간과 인간의 관계에 있어서 경탄이고 질투인 것이 신과 인간의 관계에 있어서는 예배이고 좌절이다. 모든 인간적인 지혜의 총결산은 '도를 넘지 말라(ne quid nimis)'고 하는 금언(金言)[6](실은 도금된 것이지만)이다.

"지나침은 미치지 못함과 같다."

인간 사이에서는 이것이 지혜로 간주되어 받아들여지고 감탄할 만한 생각으로 존중받고 있다. 그 가치는 결코 변동하는 일이 없다. 전 인류가 그 가치를 보증한다. 때때로 천재가 나타나서 조금쯤 그

---

6) 아리스토텔레스의 덕(德)론의 중심 개념으로서 이성(理性)에 의하여 욕망을 통제하고, 지견(知見)에 의하여 과대와 과소 양극의 한가운데를 지칭했으며 호라티우스의 송가(頌歌)에도 '황금의 중용(中庸)'이라는 말이 기록되어 있다.

금언에 벗어나는 행위를 하지만 그는 영리한 인간들로부터 어리석은 자로 취급받게 된다.

그런데 기독교는 이 '도를 넘지 말라'는 금언을 훨씬 넘어서 배리적(背理的)인 것 속으로 거대한 한 발짝을 내디딘다. 거기서부터 기독교와 좌절이 시작되는 것이다.

이제 우리는 기독교를 변호한다는 것이 얼마나 유별나고 (유별난 것도 조금쯤 남겨 두도록 하자) 얼마나 터무니없이 어리석은 것인가를 알 수 있다. 인간에 대한 이해가 얼마나 빈약한가가 거기서 폭로되는 것이다. 기독교적인 것을 결국 변호에 의해 구원될 수밖에 없는 그런 가련한 것으로 생각한다면 그런 변호자는 무의식적이라 하더라도 좌절의 지붕 밑에 살고 있는 것이다.

그러므로 기독교계 내에서 기독교를 변호하는 것을 최초로 생각해낸 사람은 사실상 제2의 유다인 것이다. 그 또한 입맞춤으로 배반하는 자이다.[7] 이것은 확실하고 틀림없는 사실이다. 다만 그의 배반은 어리석음에서 저질러진 것이라는 차이뿐이다. 도대체 무언가를 변호한다고 하는 것은 언제나 그것을 잘못 추천하는 것이다.

한 사람이 집에 가득 찰 정도의 금을 가지고 있다고 하자. 그리고 지금 자기가 가지고 있는 금을 남김없이 가난한 사람들에게 나누어 주려고 한다고 하자. 그때 그가 어리석게도 이 자선 계획을 변호하고

---

7) 마태복음 제26장 48절~50절에 기록된 바 "내가 입 맞추는 자가 그이니 그를 잡으라 한지라. 곧 예수께 나아와 '랍비여, 안녕하시옵니까?' 하고 입을 맞추니 ~ 중략 ~ 그들이 나아와 예수께 손을 대어 잡는지라." 즉 입맞춤으로써 예수를 팔아 넘긴 유다의 배신을 말함.

자 세 가지 이유를 들어 그것을 행하는 정당성을 증명하려 한다면 아마도 사람들은 그가 진실로 좋은 일을 하려고 하는지 어떤지 의심을 품게 될 것이다.

자, 그럼 이제 기독교에 관한 이야기로 돌아가 보자. 실제 기독교를 변호하려 하는 사람은 한 번도 기독교를 믿은 적이 없는 사람이다. 그가 진실로 기독교를 믿는 자라면 그의 신앙의 감격은 변호가 아니라 공격이며 승리인 것이다. 신앙인은 승리자이다.

기독교적인 것과 좌절의 경우도 역시 이와 마찬가지이다. 죄에 관한 기독교적인 정의 속에는 참으로 정당하게도 좌절의 가능성이 포함되어 있다. 즉 '신 앞에서'라는 말 속에 그 좌절의 가능성이 포함되어 있는 것이다. 이교도도 자연인도 죄가 존재한다는 것은 언제나 인정하고 있다.

다만 이 '신 앞에서(본래 이것이 죄가 비로소 죄답게 되는 이유인 것이다)'라는 규정이 그들에게는 너무나도 지나친 것이다. 그것은 그들에게는 (여기에 서술된 것과는 다른 방법에서이기는 하지만) 너무 무리한 것을 인간에게 요구하는 것이다. 좀더 적당한 것이었다면 그는 기꺼이 그것을 받아들일 수 있었겠지만 지나친 것은 미치지 못한 것과 같다.

제2장 죄의 소크라테스적 정의(定義)

죄는 무지(無知)이다. 이미 알려진 바와 같이 이것이 소크라테스적 정의[8]이다. 이것은 (모든 소크라테스적인 것이 그렇듯이) 언제나 주목할 만한 가치가 있는 견해이다. 그런데 이 소크라테스적인 것은 다른 많은 소크라테스적인 것과 똑같은 운명에 부딪쳤다. 사람들은 더욱더 앞으로 나아가고자 하는 욕구를 느낀 것이다.

얼마나 많은 사람들이 소크라테스적인 무지를 넘어 더욱더 그 앞으로 나아가고자 하는 욕구를 느꼈던 것일까? 생각건대 그들은 무지에 머물러 있는 것은 불가능하다고 느꼈으리라. 단 한 달이라도 일체의 것에 대하여 무지를 실존적으로 고백하고 그것을 견디어낼 인간이 각 시대에 도대체 몇 사람이나 있을까?

그러므로 나는 사람들이 무지 속에 머물러 있을 수 없다는 그 이유만으로 결코 소크라테스적인 정의를 일축해 버리려고는 생각지 않는다. 오히려 나는 기독교적인 것을 염두에 두면서 그것을 예리하게 표현하기 위하여 소크라테스적인 정의를 이용하려고 생각한다. 그 이유는 소크라테스적인 정의가 아주 순수하게 그리스적인 것이

---

8) 소크라테스는 "올바른 것을 아는 자는 그것을 행한다. 그러므로 올바른 것을 행하지 않는 자는 올바른 것을 모르는 자이다. 다시 말하면 올바른 것을 행하지 못하는 것은 무지하기 때문이다. 그러므로 덕(德)은 지(知)이며 무지(無知)는 부덕(不德), 즉 죄이다."라고 주장했다.

기 때문이며 언제나 그렇듯이 이 정의에 비하면 다른 모든 정의는—엄밀한 의미로 기독교적이 아닌 정의—즉 이것도 저것도 아닌 다른 모든 어중간한 정의는 이 죄의 문제에 있어서도 단순히 공허한 것에 지나지 않는다는 것이 폭로되어야만 한다.

그런데 소크라테스적인 정의에서의 난점은 그것이 무지 자체, 무지의 근원 등에 깊이 파고들어 무지를 어떻게 이해해야 할 것인가를 규정하지 않았다는 점이다. 사실 어떤 의미로는 죄가 무지라는 사실(기독교라면 우둔이라고 부르겠지만)은 결코 부정할 수 없다.

이 경우의 무지는 근원적인 무지여서 본인은 진리에 관하여 전혀 아무것도 알지 못했고 이제까지 아무것도 알 수 없었다는 의미일까? 아니면 뒤에 비로소 나타난 무엇인가의 결과로서 생겨난 무지일까? 후자의 경우라면 죄는 본래 무지 이외의 것에 기인해야 한다. 다시 말해 인간이 자신의 인식을 흐리게 만든 행위 속에 그 뿌리가 있어야 한다.

비록 이런 것이 인정되었다고 하더라도 완고하고 대단히 집요한 난점이 다시 나타난다. 즉 그가 자신의 인식을 흐리게 하기 시작한 순간에 자신의 그 행위를 명료하게 의식하고 있었는지 아닌지가 문제가 되는 것이다. 그가 그것을 명료하게 의식하고 있지 못했다면 인식을 흐리게 하기 전에 이미 인식이 어느 정도까지 흐려져 있었던 것이다.

그렇게 그의 무지가 근원적인 것이었는지 그렇지 않으면 뒤에 비로소 나타난 것인지 하는 문제는 오직 근원으로 돌아갈 뿐이다. 그에 반하여 인간이 그의 인식을 흐리게 하기 시작한 때에 이미 그것을 명료하게 의식하고 있었다면 그때 죄는 (무지가 죄의 결과로서 나타나는 한 죄도 무지이기는 하나) 인식 안에 있는 것이 아니라 의지 안에 있다. 그래서 인식과 의지의 상호 관계가 문제되는 것이다.

이런 모든 사실(우리는 이렇게 하여 며칠이라도 그 문제를 진행시킬 수 있을 것이다)에는 본래 소크라테스적인 정의는 아무런 관여도 하는 바가 없다. 소크라테스는 확실히 윤리가였다. 고대 사람들은 윤리학 창시자로서의 영예를 무조건 소크라테스에게 돌린다. 최초의 윤리가이자 제1급 윤리가였으며 또한 언제까지나 그럴 것이다.

그런데 그 소크라테스가 무지로써 시작하는 것이다. 인간은 아무 것도 모른다고 하는 무지의 방향을 소크라테스는 지적으로 찾는 것이다. 당연한 일이지만 소크라테스는 본질적으로 결코 종교적인 윤리가가 아니다. 하물며 교의가(教義家)는 더구나 아니다. 기독교적 윤리가인 경우는 교의가라고 할 수 있지만.

그런 까닭에 그는 기독교가 출발하는 바로 그 관점에 대한 모든 연구에는 전혀 발을 들여놓지 않았다. 죄를 전제로 하는 그 선행적인 것, 그리고 원죄라는 교리에 의해 기독교적으로 설명되어 있는 것(이 책에서 우리는 소위 이 교리의 경계에 접촉하는 데 지나지 않는다) 안에는 전혀 발을 들여놓지 않은 것이다.

그러므로 사실 소크라테스는 죄를 규정하기에는 이르지 못했다. 이 점이 소크라테스적인 죄의 정의에 있어서 하나의 난점이다. 왜일까? 만약 죄가 무지라면 본래 어떤 죄도 있을 수 없다. 죄는 다름 아닌 의식이기 때문이다.

인간이 올바른 것을 몰라서 부정을 행한 것이 죄라면 그런 경우

죄라는 것은 존재하지 않는다. 만약 무지가 죄라면 올바른 것을 알면서 부정을 행한다든지 부정이라는 것을 알면서 그 부정을 감히 행한다는 것은 있을 수 없다는 식으로 생각할 수 있다. 사실 소크라테스는 그런 식으로 생각했다. 그래서 죄에 관한 소크라테스적인 정의가 정당하다면 죄는 전혀 존재하지 않는다.

사실 다름 아닌 바로 이것이 기독교적으로 말하면 조금도 이상하게 생각할 수 없는 것으로 좀더 깊은 의미로 아주 당연한 것이다. 이것이 기독교적인 관심에 있어서 증명되어야 했던(quod erat demonstrandum) 그것이다.

기독교가 질적으로 가장 결정적으로 이교와 구별되는 개념은 다름 아닌 죄의 개념, 죄에 관한 교설(教說)에 존재한다. 그러므로 기독교는 이교도나 자연인이 죄가 무엇인지를 모른다고 단정하고 그것을 시종일관하고 있다. 뿐만 아니라 기독교는 죄가 무엇인가를 나타낼 수 있기 위해서는 신의 계시가 필요하다고 생각하는 것이다. 즉 피상적인 고찰이 믿고 있는 것처럼 속죄의 교설이 이교와 기독교 사이의 질적인 구별을 형성하는 것은 결코 아니다.

아니 우리는 훨씬 깊은 데에서부터 시작하지 않으면 안 된다. 죄와 함께, 죄에 관한 교설과 함께 시작하지 않으면 안 된다. 기독교가 그것을 행하고 있는 것이다. 따라서 만약 이교가, 기독교가 정당하다고 승인하지 않을 수 없는 죄의 정의를 가지고 있다면 기독교에 대하여 이만큼 위험한 항의는 또 없을 것이다!

그런데 소크라테스가 죄를 규정할 때 그에게는 어떤 규정이 결핍되어 있었던 것일까? 그것은 의지와 반항이다. 인간이 선을 행하는 것을 의식적으로 포기하고, 의식적으로 바른 것이 무엇인가를 알면서 부정을 행한다는 사실을 파악할 수 있기에는 그리스의 지성은 너무나 행복했고 너무나 소박했고 너무나 미적이었고 너무나 풍자적이었고 너무나 기지가 있었고 그리고 너무나 죄에 물들어 있었다. 그리스 정신은 지성적인 무상명법(無上命法)⁹⁾을 제시했던 것이다.

소크라테스의 죄의 규정 속에 포함되어 있는 진리를 우리는 결코 간과해서는 안 된다. 오히려 우리 시대에는 그것을 더 새롭게 해야만 한다. 우리 시대는 매우 공허하고 열매 없는 지식 속에서 방황하고 있으므로 지금 우리는 어느 정도 소크라테스 시대와 똑같이, 아니 그 이상으로 소크라테스적인 것을 위하여 뱃속을 비워 둘 필요가 있다.

최고의 것을 이해했다든가 파악했다는 사람들의 모든 단언들은 우리에게 웃음과 눈물을 자아내게 한다. 많은 사람들이 (어떻게 보면 아주 정당하게) 이 최고의 것을 추상적으로 표현해 보여 주는 교묘함도 마찬가지이다. 이들 모든 지식 및 이해가 인간 생활에 전혀 아무런 힘도 미치지 못하며 따라서 그들이 이해한 바가 그들의 실생활에 조금도 나타나지 못하고 오히려 그 반대로 되어 있다는 사실을 볼 때에도 우리는 웃음과 눈물을 쏟지 않을 수 없다. 서글프기도 하고 우습기도 한 이런 모순을 바라볼 때 무심코 이렇게 외치지 않고는 견딜 수가 없다.

"도대체 그들이 그것을 이해한다는 일이 어떻게 있을 수 있는 일이란 말인가! 그들이 그것을 이해했다는 것이 진실일 수 있는가!"

---

9) "인간은 도덕률을 무조건 지켜야 한다"는 칸트의 주장에서 나온 말임.

이에 대하여 저 그리스의 풍자가이며 윤리가[10]는 이렇게 대답한다.

"오오, 나의 친구여! 그런 것을 믿지 말라. 그들은 그것을 이해하지 못했다! 그들이 정말로 이해했다면 그것은 생활 속에 표현되었을 것이며 또 스스로 이해한 것을 실행했을 것이다."

그렇다면 그가 말하는 '이해'라는 말은 경우에 따라 뜻이 달라진다는 이야기가 아닌가? 정말 그렇다. 그리고 그것을 이해한 사람은 그것만으로 이미 풍자의 모든 비밀에 참여하고 있는 것이다.

풍자는 다름 아닌 이 모순을 문제 삼고 있다. 인간이 실제로 무언가를 모른다는 것을 우스꽝스러움으로 받아들이는 것은 대단히 저급한 해학이지 풍자라고 할 수 없다. 예를 들어 지구가 멈춰 있다고 생각하는 사람이 있다고 하자. 그는 원래 그 이상의 지식을 가지고 있지 않다면, 보다 깊은 의미로 거기에는 본래 아무런 희극적인 것이 존재하지 않는다. 아마 우리 시대도 물리학적 지식이 훨씬 더 앞선 시대에서 보면 역시 마찬가지로 보일 것이다.

이 경우의 모순은 서로 다른 두 시대에 존재하므로 거기에는 보다 깊은 의미에서의 접촉점이 없다. 그러므로 그런 모순은 본질적인 것이 아니며 따라서 그것은 또 본질적으로 희극적인 것도 아니다.

그런데 여기 한 사람이 바른 말을 하고 있다고 하자. 따라서 그는 그것을 당연히 이해하고 있을 터인데도 정작 행동을 할 때에는 바르

---

10) 소크라테스(Socrates; B. C. 470~399)를 가리킴.

지 못하다고 하자. 즉 그가 그것을 이해하지 못했다는 사실이 폭로된다면 이야말로 무한히 희극적이다.

진리를 위하여 생명을 바친 고귀한 자기 부정의 이야기를 읽거나 듣고 눈물을 흘릴 정도로 감동한 인간이, 아니 눈물뿐만 아니라 땀방울까지 뚝뚝 흘리던 인간이 바로 다음 순간 아직 그 눈물이 마르기도 전에 '하나 둘 셋 땅!' 하고 돌변하여 허위가 승리를 얻게 하기 위해 전력을 다한다면 이야말로 무한히 희극적이다.

목소리에도 몸짓에도 진리가 가득한 연설가가 스스로도 깊이 감격하고 사람들도 깊이 감격시키면서 진리를 제시하고 침착한 태도와 움직이지 않는 눈초리, 경탄할 만큼 확고한 발걸음으로 지옥의 모든 사악과 권력의 면전에 맞설 수 있을 정도이면서 그와 같은 순간에 아직 오른손에 정의의 검을 잡은 채 극히 사소한 번뇌에도 무서워 떨면서 슬금슬금 도망치는 일이 있다면 이야말로 무한히 희극적이다.

어떤 사람이 세상이라는 것이 얼마나 시시한 것이고 동정할 만한 것인가 하는 진리를 이해할 수 있는 경우 그가 그것을 이해하면서도 다음에 스스로 이해할 것을 재인식하지 않는다면 이것 또한 무한히 희극적이다.

그는 그것을 이해함과 거의 동시에 스스로 세상에 나아가 다른 사람들과 똑같이 시시하고 가련한 일들을 함께 행하는 것이다. 세상이 그를 존경하기라도 하면 그는 그 존경을 받아들인다. 즉 세상을 시인하는 것이다.

아아, 그리고 나는 또 다음과 같은 사람을 본 일이 있다. 그 사람은 그리스도가 비천한 종의 형상으로 어떻게 이곳저곳을 방황하고 얼마나 가난했으며 얼마나 경멸받고 조롱당하고 침 뱉음 당했는가 (성서에 기록되어 있는 것처럼[11])를 완전히 이해했다고 단언한다. 그런데 그 같은 사람이 대단히 조심스럽게, 세상적인 의미로 형편이 좋은 곳으로 달아나 거기에서 참으로 마음 편하게 지내는 것을 나는 본 일이 있다.

그리고 그가 이쪽 저쪽에서 오는 아주 작은 풍파에도 마치 생명에 관계되기라도 하는 양 벌벌 떨며 일일이 그것을 피하려 하는 것을 볼 때, 또 그가 만인에게 (그렇다, 만인에게) 무조건 존경받고 경외받는다는 것에 행복을 느끼며 더할 나위 없이 만족하고, 아니 너무 만족하여 마침내 감격해서 그것을 신에게 감사하는 것을 볼 때 나는 몇 번인가 마음속으로나 자신에게 이렇게 물었다.

"소크라테스, 소크라테스, 소크라테스! 이 사람이 스스로 이해했다고 주장하는 것을 이해하고 있다는 사실이 대체 있을 수 있는 일일까요?"

나는 이렇게 말하면서 동시에 소크라테스의 말이 옳았으면 좋겠다고 생각했다. 그것은 아무래도 나에게 기독교는 너무나 엄격한 것처럼 생각되었기 때문이다. 그리고 또 그런 인간을 위선자로 취급하는 것은 나의 경험과도 일치하지 않았기 때문이다.

그렇다! 소크라테스여, 나는 그대를 이해할 수 있다. 그대는 그런

---

11) 누가복음 제18장 32절. "인자(人子) 이방인들에게 넘겨져 희롱을 당하고 능욕을 당하고 침 뱉음을 당하겠으며." 마가복음 제10장 34절에도 이러한 말이 나온다.

인간을 어릿광대 익살꾼으로 삼고 다시 그것을 웃음거리로 삼았다. 그래서 내가 그런 사람을 위하여 희극의 식탁을 마련하고 시중든다 하더라도 내가 그것을 잘하기만 하면 그대는 내 행위에 대해 조금도 불만을 가지지 않을 것이다. 아니, 이것은 그대가 갈채를 보낼 일이 기도 할 것이다.

소크라테스, 소크라테스, 소크라테스! 그렇다, 우리는 그대의 이름을 다시 세 번 부르지 않을 수 없다. 그것이 무언가에 도움이 되기라도 한다면 그대의 이름을 열 번이라도 부를 것이다. 사람들은 세계가 하나의 공화국을, 하나의 새로운 사회 질서와 새로운 종교를 필요로 한다고 생각하고 있다. 그런데 다름 아닌 지식의 과잉에 의해 혼란된 세계가 필요로 하는 것은 한 사람의 '소크라테스'라는 사실을 아무도 알아채지 못한다.

그러나 누군가가 거기에 생각이 미쳤다면, 또는 많은 사람이 그것을 느꼈다면 그때는 소크라테스가 그렇게 필요하지 않을지도 모른다. 착각하고 있는 사람이 가장 필요로 하는 것은 그의 생각이 가장 적게 미치는 바로 그것이다. 이것은 당연한 일이다. 그렇지 않다면 착각하고 있다고 할 수 없기 때문이다.

따라서 우리 시대는 그런 비꼬인 윤리의 교정을 절실히 필요로 하고 있다 할 수 있다. 어쩌면 그것은 우리의 시대가 필요로 하는 유일한 것인지도 모른다. 그것은 확실히 우리의 시대가 가장 적게 생각하는 바로 그것이기 때문이다.

소크라테스보다 앞서 나아가기보다는 이 소크라테스적인 것으로 돌아가 똑같은 '이해'라는 말이 경우에 따라 뜻이 달라진다는 것을 배우는 일이 우리에게는 지극히 필요하다. 그런데 소크라테스적인 것으로 돌아가는 일이 결론이 아니라, 이해와 이해 사이의 구별을 없애 버려서 결국 인간을 심각한 비참 속으로 떨어뜨리는 것이 결론인 것이다. 따라서 일상생활의 윤리관으로서의 소크라테스적인 것으로 돌아가는 일이 중요하다.

그래서 소크라테스적인 정의는 다음과 같아진다. 누군가가 올바른 일을 하지 않을 경우에 그는 아직 그것을 이해하지 못한 것이다. 단지 그 자신이 이해했다고 믿을 뿐이며 그것을 이해했다는 그의 단언은 착각이다. 그가 되풀이하여 '제기랄, 이해했다면 이해한 거야' 하고 단언하기라도 한다면 그는 참 이해로부터 점점 더 멀어지게 되는 것이다.

그러고 보면 이 정의(定義)는 확실히 정확하다. 누군가가 올바른 일을 했다면 물론 그는 죄를 범한 게 아니며, 그가 올바른 일을 하지 않았다면 그는 그것을 이해하지 못한 것이다. 그가 정말로 이해했다면 그것은 그를 올바르게 움직여 그로 하여금 올바른 일을 실행하게 할 것이며 그리하여 그와 이해를 일치시킬 것이다. 그러므로 죄는 무지이다.

이 경우 어디에 난점이 숨어 있을까? 어떤 것을 이해했다는 것으로부터 그것을 행위로 옮기는 데 있어서 변증법적 규정이 결여되어 있다는 점에 난점이 존재하는 것이다. 소크라테스적인 입장도 어느 정도까지는 이 난점을 알고 있었으며 어떻게든 그것을 벌충해 보려 했다.

이런 이행(移行) 과정에서 기독교적인 것이 시작된다. 기독교적인 것은 이행 과정이 진행함에 따라 죄가 의지 안에 존재함을 나타내고 이윽고 반항의 개념에까지 도달하게 된다. 그리고 결말을 맺기 위해 마지막으로 원죄의 도그마(dogma:교의)가 곁들여지는 것이다.

특별히 '결말을 맺기 위하여'라고 한 것은 사변 철학(思辨哲學)의 비밀은 끝을 맺는 일 없이 그리고 실에 매듭을 짓는 일 없이 바느질한다는 바로 그 점에 있기 때문이다. 따라서 그것은 신기하게도 어디까지나 바느질해 갈 수 있다. 즉 한없이 실을 끌어당길 수 있다. 그에 반하여 기독교는 역설에 의해 끝을 맺는다.

개체적이고 현실적인 인간이 전혀 문제되지 않는 순수한 관념의 세계에 있어 이행은 필연적이며 (실제로 체계[12] 안에서는 모든 것이 필연적으로 일어난다) 이해로부터 행위에의 이행에는 아무런 어려움도 없다. 이것이 그리스적 입장이다.(소크라테스적 입장은 아니다. 그러기에 소크라테스는 너무나 윤리적이다) 이와 똑같은 것이 실은 근세 철학 전체의 비밀이다.

"나는 생각한다. 그러므로 나는 존재한다."

즉 사유(思惟)가 존재이다. 그에 반하여 기독교에서는 이렇게 말한다.

"네 믿는 대로 될지어다."[13]

---

12) 헤겔의 철학 체계를 말하는 것임.
13) 마태복음 제8장 13절. "예수께서 백부장에게 이르시되 '가라, 네 믿은 대로 될지어다.' 하시니 그 즉시 하인이 나으니라." 마태복음 제9장 29절에도 예수께서 맹인의 눈을 만지시며 '너희 믿음대로 되라.' 하시며 맹인의 눈을 뜨게 하셨다는 이야기가 나온다.

다시 말하면,

"네가 믿는 대로 너는 존재한다."

즉 신앙이 존재이다. 이리하여 근세 철학은 이교(異敎) 이상도 이하도 아님을 알 수 있다.

그러나 이것이 결코 최악의 것은 아니다. 소크라테스와 유사하다는 것은 그렇게 쓸데없는 일이 아니다. 그런데 이런 것이 기독교라고 스스로도 그렇게 생각하고 남에게도 그렇게 생각하도록 하는 점이 근세 철학이 정말로 비(非)소크라테스적인 연유이다.

그에 반하여 개체적인 인간이 문제로 되어 있는 현실 세계에 있어서는 이해한 상태에서 행위로의 이 미묘한 이행은 언제나 '바람처럼 빠르게(cito citissime[14])' 행해지지는 않는다. 오히려 그것은 상당히 긴 역사를 가진다.

정신생활에 정지 상태란 없다. 본래 상태라는 것은 없으며 거기에는 모두가 활동하고 있는 것이다. 그러므로 인간이 올바른 것을 인식한 바로 그 순간에 실천하지 않으면 무엇보다도 먼저 인식이 그 비등(沸騰)을 멈춘다.

다음 문제는 의지가 인식된 것을 어떻게 생각하느냐이다. 의지는 변증법적인 것으로 인간의 비천한 성질까지도 포함한다. 그럼 인식된 것이 이 비천한 부분의 마음에 들지 않는 경우에는 어떻게 될까? 바로 의지가 출동하여 인식이 이해한 것과 반대되는 행위를 실천할

---

14) Cito Citissime는 '빠르게 너무나 빠르게' 라는 뜻.

까? 그렇지는 않다. 그런 심한 대립은 아주 드물게밖에 일어나지 않는다. 오히려 의지는 잠시 그대로 내버려 둔다.

이렇게 하여 잠정 기간이 발생한다.

"좋아, 내일까지 두고 보기로 하자."

하는 식이 되는 것이다. 그 사이에 인식은 점점 흐려져 비천한 쪽 부분이 차차 승리를 차지하게 된다. 실제로 선은 그것이 인식된 순간에 실행에 옮겨져야 하는데(순수한 관념의 세계에서는 사유에서 존재로의 이행이 용이하여 모든 것이 즉시 일어난다) 비천한 부분이 강하게 그것을 연장시키려 하기 때문이다.

그러는 동안 의지는 별로 저항하지도 않고 멍한 상태로 그것을 묵인하고 있다. 이렇게 하여 인식이 어느 정도 흐려진 후에 인식과 의지는 먼저보다도 서로를 더 잘 이해하게 되고 마침내 양자는 완전히 공명하게 된다. 이제 인식은 의지의 편으로 옮겨가 의지가 원하는 대로 하는 것이 옳다는 것을 인정하기에 이르렀기 때문이다.

대부분의 인간이 이런 식으로 살고 있다. 윤리적이면서 종교적인 인식이 그들 안의 비천한 부분이 원하지 않는 결단과 귀결로 그들을 데려가려 하므로 서서히 인식을 흐리게 하려 노력하는 것이다. 대신 그들은 심미적, 형이상학적인 인식을 확장해 간다. 이런 인식은 원리적인 입장에서 보면 오락적인 것에 지나지 않는다.

그런데 위에서 말한 것만으로는 아직 소크라테스적인 것 이상으로 나아가지 못했다. 아마 소크라테스는 이렇게 말할 것이다. 만약 그런 일이 일어난다면 거기에도 역시 그런 인간이 옳다는 것을 이해하지 못했음이 나타나기 때문이다.

요컨대 그리스 정신은 인간이 지식, 올바른 것에 대한 지식을 가지고 있으면서 부정을 행한다는 사실을 단언할 만한 용기가 없었던 것이다. 그들은 자위하면서 이렇게 말할 것이다.

"누군가가 올바르지 않은 일을 행한다면 그는 올바른 일을 이해하지 못한 것이다."

확실히 그렇다. 어떠한 인간도 그 이상으로 나아갈 수는 없다. 인간은 자신이 죄 안에 있는 까닭에 자신의 능력만으로는 죄가 무엇인가에 관하여 말할 수가 없다. 인간이 죄에 관하여 말한다면 그 말은 모두 죄에 대한 변명일 뿐이다. 그러므로 기독교는 다른 방법, 즉 오직 신의 계시만이 죄가 무엇인가를 인간에게 밝혀 줄 수 있다는 사실에서 시작한다. 즉 죄란 인간이 올바른 것을 이해하지 못했다는 것이 아니라 이해하려 하지 않았다는 것, 원하지 않았다는 것이다.

이해할 수 없다는 것과 이해하려 하지 않는다는 것의 구별에 관해서조차 소크라테스는 아무런 설명도 하지 않았다. 대신 이해와 이해 사이의 구별에 관한 연구에 있어서 그는 모든 아이러니스트들의 대선배이다. 그는 이렇게 설명한다. 올바른 일을 행하지 않는 자는 아직 그것을 이해하지 못한 것이라고.

그런데 기독교는 한 발짝 더 근원으로 거슬러 올라간다. 즉 그가 올바른 것을 이해하지 못했다는 것은 그가 올바른 것을 원하지 않았기 때문이다. 이렇게 기독교는 인간은 올바른 것을 이해하고서도 행하기를 포기하거나 혹은 올바른 것을 이해하고 있으면서(이것이 본래 의미의 반항이다) 감히 부정을 행하는 것이라고 가르친다. 한 마디로 표현한다면 기독교의 죄악론은 어디까지나 인간을 빈정거린 것이고 비난에 비난을 더한 것이다. 그것은 신이 고발자로서 인간에 대하여 제기한 고소장이다.

인간이 이런 기독교적인 것을 이해할 수 있을까? 결코 이해할 수 없다. 기독교적인 것이란 실로 그런 것이다. 그렇기 때문에 그것은 좌절을 야기하는 것이다. 기독교적인 것은 믿지 않으면 안 된다. 인간이 이해할 수 있는 것은 인간의 영역 안의 것들뿐이다. 신적인 것에 대한 인간의 관계는 신앙뿐이다. 이 불가해한 사태를 기독교는 어떻게 설명할까? 그것은 역시 불가해한 방법에 의한다. 즉 '계시되었다' 라는 것이 그 설명 방법이다.

기독교적으로 이해하면 죄는 인식 안에 있지 않고 의지 안에 있다. 그리고 의지의 이런 타락은 개체의 의식을 초월한다. 이것은 너무나 당연하다. 그렇지 않다면 죄가 어떻게 해서 시작되었는가 하는 문제가 실제 개체마다에 제기되지 않으면 안 되게 된다.

이렇게 해서 여기에 또 좌절의 표지가 나타난다. 죄가 무엇이며 죄가 얼마만큼 깊이 박혔는가 하는 것을 인간에게 보여 주기 위해서는 신의 계시가 필요하다는 점에 좌절의 가능성이 존재하는 것이다. 자연인 또는 이교도는 예를 들면 이런 식으로 생각한다.

"내가 천상과 지상에 있는 모든 사물을 이해하지 못한다는 것은 사실일 것이다. 계시라는 것이 꼭 있어야 한다면 그것은 천상의 사물에 관하여 우리에게 설명해 주기 위해서일 것이다. 그런데 죄에 관하여 우리에게 설명하기 위해 계시가 필요하다는 것은 아무런 의미도 없다. 나는 자신이 완전한 인간이라고는 생각지 않는다. 절대로 그렇게는 생각지 않는다. 자신이 완전성에서 얼마나 멀리 떨어져 있는지

나는 잘 알고 있다. 또 그런 사실을 언제든 고백할 각오도 되어 있다. 그런데도 내가 죄가 무엇인가를 모른단 말인가?"

기독교는 대답한다.

"그렇다! 너는 자신이 완전성에서 얼마나 떨어져 있는지, 죄가 무엇인지 바로 그런 것을 전혀 모르고 있다."

보라, 이 의미로 죄는 확실히 기독교적인 의미로 무지이다. 그것은 죄가 무엇인가에 대한 무지이다.

따라서 앞 장에서 논의되었던 죄의 정의는 다음과 같이 보충되어야 한다. 죄란 신의 계시에 의해 어디에 죄가 존재하는지 인간에게 밝혀진 후 인간이 신 앞에서 절망하여 자기 자신으로 있으려 하지 않는 것 또는 절망하여 자기 자신으로 있으려 하는 것이다.

제3장 죄는 소극성이 아니고 적극성이다[15]

죄는 소극성이 아니고 적극성이라는 이 사실을 옹호하기 위해 정통파 교의학(敎義學)[16], 정교(正敎)는 끊임없이 싸워왔다. 그리고 죄를 단순히 소극적인 어떤 것, 의지 · 박약 · 감성 · 유한성 · 무지 등등으로 삼는 죄의 모든 정의를 범신론적(汎神論的)이라고 배척해 왔다.

정통파는 여기가 싸워야 할 곳이라는 것을, 앞에서 말한 것을 상기한다면 여기서 최후의 결말을 지어야 하며 최후의 저항을 해야 한다는 것을 매우 정확히 꿰뚫어보고 있었다. 그래서 정통파는 신의 계시로 타락한 인간에게 죄란 무엇인가를 가르쳐 주지 않으면 안 된다는 것을, 또한 도그마이기 때문에 믿지 않으면 안 된다는 것 — 아주 당연한 일이지만 — 을 확실히 했다.

말할 나위도 없이 역설과 신앙과 도그마 이 세 가지 규정은 동맹과 단결을 결성하고 있으므로 모든 이교적인 지혜에 대해 가장 안전

---

15) Negation을 '소극성', Position을 '적극성'으로 번역했다. 직역하면 '부정', '긍정'이 되지만 여기서 주장하는 것은 죄란 단순히 빛(光)이나 선(善)이 부족하거나 없는 부정적, 소극적인 것이 아니고 (그렇게 하면 여기서 말하는 범신론(汎神論)이 된다.) 개체의 자유로운 행위에 의해 거기에 '놓여진(Posited)' 것이므로 (이렇게 생각함으로써 비로소 신에 대한 반역으로서 죄의 관념이 명확해진다) '소극성', '적극성'으로 번역했다. 따라서 '적극성'이라고 해도 내용적으로는 능동적인 부정 작용이다. 그에 비하여 '소극성'은 부족하거나 전혀 없는 마이너스를 의미한다.
16) 정통파 교의학이란 루터파의 정교(正敎)를 가리킨다.

한 지주이고 견고한 보루이다. 이상이 정통파의 견해다.

다음은 이른바 사변적 교의학[17]인데 이것은 철학과 좀 의심스러운 관계를 맺고 있는 것으로 '죄는 적극성이다' 라는 규정을 개념적으로 파악할 수 있는 것이다. 그런데 죄가 개념적으로 파악될 수 있는 것이라면 죄는 일종의 소극성이다. 개념적 파악 자체가 그것을 정립하는 적극성보다도 한층 높은 곳에 있다는 것이 개념적 파악의 비밀이다.

개념은 적극성을 정립한다. 그런데 적극성은 개념적으로 파악되는 것에 의해 부정(否定)된다. 사변적 교의학도 어느 정도 이 점을 깨닫고는 있었으나 여러 가지 단언(斷言)이라는 분견대(分遣隊)를 동요가 일고 있는 위험지대로 보내는(물론 이것은 철학적인 학문에 적합하지는 않다) 일 이외의 구제책을 알지 못했다.

그들은 더욱 엄숙하게 점점 더 많은 맹세와 저주의 말을 가지고 죄가 적극성이라는 것을 단언하며 죄가 단순히 소극성이라는 따위는 범신론이고 합리주의로써 사변적 교의학이 부인하고 혐오하는 바로 그것이라고 단언한다.

그리고 그들은 죄가 적극성이라는 사실을 개념적으로 파악하는 데로 이행하는 것이다. 이것은 결국 죄를 단순히 어느 정도까지 — 개념적으로 파악할 수 있는 정도까지이며 결코 그 이상은 아니다 —

---

17) 독일의 관념론(觀念論), 특히 헤겔(1770~1831)의 사상을 교의(敎義)에 적용한 프로테스탄트 신학자들의 교의학으로서 정교(正敎)를 철학적 개념으로 파악하려고 한다.

적극성이라고 생각하는 데 지나지 않는다.

사변의 이런 모순은 역시 사물에 관해서도 마찬가지이기는 하지만 또 다른 점에서도 나타난다. 죄가 어떻게 규정되는가 하는 것은 회개(悔改)의 규정에 결정적인 의미를 가진다. 사변이라는 것은 부정의 부정[18]을 말할 정도로 사변적인 것이기는 하지만 이 경우 역시 사태는 마찬가지이다. 회개는 부정의 부정이어야 하며 따라서 죄는 부정이라는 것, 즉 소극성이 된다.

냉철한 사상가가 명백히 해 주었으면 하고 바라는 바이지만 문법에서는 이중의 부정은 긍정이라고 하고 (여기서 논리와 문법의 제1 관계를 상기시킨다) 수학에서도 마이너스 곱하기 마이너스는 플러스라고 하는데 이런 것을 연상시키는 이 순수하게 논리적인 것이 도대체 어느 정도까지 현실과 질(質)의 세계에서도 타당성을 갖는 것일까? 일반적으로 질(質)의 변증법은 그와는 다른 것이 아닐까? '이행' 은 여기서 다른 역할을 하는 것이 아닐까?

영원의 상(相) 아래에서는[19] 중간적, 계기적(繼起的)인 것은 전혀 존재하지 않는다. 따라서 거기에는 모든 것이 있으므로 어떠한 이행도 생각할 수 없다. 그러므로 이런 추상적인 것의 정립은 곧 지양(止揚)이다. 그러나 현실을 이런 식으로 생각한다면 그것은 거의 미친 짓이다.

---

18) 부정(否定)의 부정(否定) 이론은 헤겔의 논리학에서 매우 중요한 역할을 하고 있다.

19) 스피노자(1632~677)의 ≪윤리학≫ 제2부에 "이성(理性)은 사물을 영원의 상(相) 아래에 놓고 파악하는 본성을 가지고 있다." 라고 설명한다.

완전히 추상적이 되면 미완료태(未完了態), 다음에는 완료태(完了態)가 온다고 말할 수 있다. 그런데 만약 현실 세계에서 누군가가 아직 완료되지 않은(미완료태) 일이 그대로 아무런 과정 없이, 아무런 이행 없이 완료된다(완료태)고 추론한다면 실제로 그는 미친 것이다.

죄의 적극성도 이처럼 순수 사유(純粹思惟)에 의해 정립된다고 한다면 그 또한 미친 짓이다. 죄의 적극성을 진지하게 문제 삼을 수 있기에는 이 순수 사유는 너무나도 무력한 것이다.

그러나 이 모든 것들은 지금 내가 문제로 삼고 있는 것이 아니다. 나는 어디까지나 죄는 적극성이라는 이 기독교적인 것만을 고집한다. 그것도 개념적으로 파악되어질 수 있는 것으로서가 아니라 믿지 않으면 안 되는 역설로서 고집하는 바이다. 이것은 정당한 일이라고 생각한다. 개념적으로 파악하려는 모든 시도가 자기모순에 빠진다는 것을 나타내 보일 수만 있다면 나는 정당한 위치를 획득할 수 있다.

그리고 이때 기독교적인 것이 신앙, 즉 사람이 믿으려는 의지를 가지느냐 안 가지느냐에 맡겨지지 않으면 안 되는 까닭이 분명해진다. 어디까지나 개념적으로 파악하지 않으면 직성이 풀리지 않고 오직 개념적으로 파악할 수 있는 것만을 존중하는 그런 사람에게 위의 말은 매우 하찮은 것으로 여겨지리라는 것을 나도 잘 알고 있다. — 그렇다고 이것이 개념적으로 이해할 수 없을 정도로 신적인 것은 결코 아니다.

그런데 기독교 전체가 그것은 믿어야 하는 것이지 개념적으로 파악되는 것이 아니라는 점에 따라 인간이 그것을 믿느냐 그렇지 않으면 좌절하느냐의 한 점에 걸려 있다면 이 경우에도 역시 개념적으로 파악하려 함이 공적(功積)이 되는 것일까? 개념적으로 파악될 수 없는 것을 개념적으로 파악하려 하는 것이 도대체 공적이 될 수 있을까? 오히려 그것은 철면피이든가 바보가 아닐까?

어떤 왕이 철저한 암행(暗行)을 하고자 하여 보통 사람으로 취급받기를 원할 때, 그 경우에도 왕에게 어울리는 정중한 태도로서 충성하는 일이 과연 올바른 일일까? 그것은 오히려 왕의 의지에 거역하고 자기 자신의 의견만을 주장하며 복종 대신 자신의 의지대로 행동하는 것이 아닐까? 왕이 그런 것을 원하지 않음에도 불구하고 왕에게 신하로서의 경의를 나타내는 인간이 왕의 마음에 들겠는가? 그 인간이 왕의 의지에 거역하는 재능을 많이 가지고 있으면 있을수록 그 반대가 될 것이다.

기독교적인 것을 개념적으로 파악할 수 있다고 주장하는 인간을 사람들이 어떻게 칭송하고 찬양하든 그것은 그들의 자유다. 다만 '다른 사람들'이 다투어 기독교적인 것을 개념적으로 파악하는 일에 몰두해 있는 이런 사변적 시대에 나는 기독교적인 것은 개념적으로 파악되어질 수 있는 것도, 또 개념적으로 파악되어야 할 것도 아니라는 것을 고백한다.

이는 확실히 윤리적인 과제(이것은 자기 부정을 적잖이 요구한다)라고 생각한다. 바로 이것이야말로 기독교계에 대해 시대가 요구하는 것이다. — 다시 말해 기독교적인 것에 대한 약간의 '소크라테스적인' 무지를 필요로 하는 것이다.

소크라테스의 무지는 신을 두려워하고 신에게 봉사하는 한 방법이었다(그것은 '신을 두려워하는 것이 지혜의 시작'[20]이라는 유태교 방법을 그리스적으로 표현한 것이었다)는 사실을 우리는 결코 잊어서는 안 된다. ― 그렇지만 일찍이 그것을 바르게 알고 있었던 사람이나 깨달았던 사람이 도대체 얼마나 있었을까?

소크라테스는 신에 대한 외경 때문에 무지자(無知者)였던 것을 우리는 결코 잊어서는 안 된다. 그는 이교도로서 가능한 한 온 힘을 다하여 신과 인간 사이의 경계선 위에 서서 재판관으로서 감시했다. ― 신과 인간이 철학적, 시적(詩的) 등의 방법에 의해 하나로 되는 일이 없도록 신과 인간 사이의 질적 차이의 단절을 확보해 두기 위해 감시했던 것이다. 보라! 그런 까닭에 소크라테스는 무지자였다. 그리고 그런 까닭에 신은 그를 최대의 지자(知者)로서 인정했던 것이다.[21]

그런데 기독교는 오직 신앙에 대해서만 현존한다는 것을 가르친다. 따라서 신앙을 사변으로부터 방어하는 무지는 참으로 신을 두려워하는 소크라테스적인 무지밖에 없다. ― 이 무지는 신과 인간이 이교에서보다도 더욱 전율할 방법으로, 즉 체계 안에서 철학적, 시적 등의 방법에 의해 하나로 귀결되어질 수 없도록 역설과 신앙에 있어서와 같이 신과 인간 사이의 질적 차이의 단절을 확보해 두기 위해 감시한다.

여기서 나는 오직 한 측면에서 죄가 적극성이라는 사실을 해명할

---

20) 시편 제111편 10절. "여호와를 경외함이 지혜의 근본이라."
21) 플라톤의 저서 《소크라테스의 변명》에 소크라테스가 델포이에 나아가 무녀(巫女)에게 자기보다 더 지혜로운 자가 있느냐고 묻자 그녀는 아무도 없다고 대답했다는 이야기가 나온다.

수 있을 뿐이다. 전편에서 절망을 서술할 때 언제나 상승이 제시되었다. 한편으로는 절망에서 자기의식의 도가 강해지는 것, 다른 한편으로는 절망이 수동적인 고뇌로부터 의식적인 행위에까지 그 도가 강해지는 것으로써 이 상승이 표현되었다. 이 양면은 절망이 밖에서 오는 게 아니라 안으로부터 일어난다는 사실을 표현한다. 이 도가 강해짐에 따라 절망은 점점 적극적으로 정립된다.

앞에서 말한 죄의 정의에 의하면 죄를 구성하는 것은 신의 관념에 의해 무한히 그 도가 강해진 자아와 행위로서의 죄에 관한 최대한의 의식이다. 여기에서 죄가 적극성이라는 사실이 나타난다. 죄가 신 앞에서 일어난다는 것이 바로 죄의 적극성인 것이다.

'죄는 적극성이다.' 라는 규정은 전혀 다른 의미에서 좌절의 가능성 역설(逆說)을 그 안에 포함하고 있다. 역설은 속죄의 교설(敎設)로부터의 귀결로서 생기기 때문이다. 처음에 기독교는 죄를 인간의 오성(悟性)이 파악할 수 없을 정도로 확고하게 적극적인 것으로서 정립하고 다음에 그 죄의 적극성을 인간의 오성으로는 결코 파악할 수 없는 방법으로 제거해 줄 것을 보증한다.

어떤 역설도 다변(多辯)으로 회피하는 사변(思辨)은 양끝을 조금씩 잘라 버림으로써 용이하게 진행해 나간다. 그렇지만 그것은 죄를 철저히 적극적인 것으로 만들지도 못하고 또한 죄를 완전히 잊어버릴 수 있게 하지도 못한다.

역설을 최초로 발견한 기독교는 여기에서도 가능한 한 역설적이다. 기독교는 스스로 자신에게 거역하려고 노력한다. 먼저 죄를 확고하게 적극성으로 정립함으로써 그것을 없애 버린다는 것은 완전히 불가능한 일인 듯 하다. 다음에 다시 속죄를 통하여 죄를 마치 바다 속에라도 던져 버린 것처럼 흔적도 없이 씻어 버리려 한다.[22]

Ⅰ의 부론(附論) – 그러나 죄는 다른 의미에서는 대단히 드문 것이 아닐까?(윤리)

절망은 그 도(度)가 강해지면 강해질수록 세상에는 점점 더 드물게 나타난다는 것을 전편에서 말한 바 있다. 그런데 죄라는 것은 절망의 도가 질적으로 한층 더 강해진 것이다. 이렇게 생각할 때 죄는 아주 드물게 나타나야 할 것이다. 그런데 기독교는 모든 것을 죄 아래에 놓는다. 실로 기묘한 난점이다.

그래서 우리는 기독교적인 것들을 가능한 한 엄밀하게 서술하려 노력해 왔다. 그 결과 여기에 이런 기묘한 귀결이 발생되었다. 죄는 이교(異敎)에서 전혀 발견될 수 없다. 그것은 단지 유태교와 기독교에서만 발견될 수 있는데 그 또한 아주 드물다는 기묘한 귀결이 발생한 것이다.

이 사실은 물론 특정한 의미에 있어서 완전히 정당하다. '인간이 신의 계시를 통해 죄가 무엇인가를 안 후에 신 앞에서 절망하여 자기 자신으로 있으려 하지 않는 것, 또는 절망하여 자기 자신으로 있으려 하는 것' ─ 이것이 죄를 범하는 것이다.

---

22) 미가 제7장 19절. "다시 우리를 불쌍히 여기셔서 우리의 죄악을 발로 밟으시고 우리의 모든 죄를 깊은 바다에 던지시리이다."

사실 이 정의는 인간이 자신에게 해당될 수 있다고 스스로 확실히 자각하기에 이를 정도로 성장하는 일은 드물다. 그로부터 어떤 결과가 발생할까? 참으로 이 점에 주목하지 않으면 안 된다. 여기에 독자적(獨自的)인 변증법적 회전이 존재하기 때문이다.

보다 강한 의미에 있어서는 인간이 절망해 있지 않다고 해서 그로부터 그가 절망해 있지 않다는 귀결이 나오지는 않는다. 그 반대로 이미 보인 바와 같이 대부분, 아니 거의 모든 인간이 절망해 있는 것이다. 단지 절망의 도가 약할 뿐이다. 그리고 좀더 높은 정도로 절망해 있다고 해서 그것이 특별히 무슨 공적이 되는 것도 아니다.

심미적인 견해로 보면 그것은 일종의 우월이다. 심미적인 견해는 힘에 대해서만 착안하기 때문이다. 그렇지만 윤리적으로 보면 강한 절망은 낮은 절망에 비해 그만큼 구원으로부터 멀리 떨어져 있는 것이다.

죄의 경우도 이와 마찬가지이다. 대부분 인간의 생활은 변증법적인 것과 무관하게 영위되고 있어 선(善, 신앙)으로부터 멀리 떨어져 있고 너무나 무정신적이어서 죄라고 부를 수조차 없을 정도이다. 아니, 절망이라고 부를 수조차도 없다.

보잘것없는 일에만 열중하며 어리석은 타인의 흉내만 내는 인생, 죄라고 부르기에는 너무나 무정신적이어서 죄라 부를 가치조차 없고 성서에 기록되어 있는 것처럼 '입으로부터 토해 낼'[23] 뿐 뒤처리

---

23) 요한계시록 제3장 16절. "네가 이같이 미지근하여 뜨겁지도 아니하고 차지도 아니하니 내 입에서 너를 토하여 버리리라."

를 하려 하지 않는 이런 인생의 어디에서 본질적인 의미로서의 죄의 식(그렇다! 기독교가 바라고 있는 것이 다름 아닌 바로 이것이다.)을 발견할 수 있단 말인가!

문제는 이것으로 끝나지 않는다. 여기서 죄의 변증법이 또 다른 방법으로 인간을 붙든다. ─ 도대체 어떤 인간의 인생이 그렇게도 무정신적인가? 기독교가 그와의 관계에 끼어드는 따위는 도저히 생각조차 할 수 없을 정도로 어째서 그렇게 무정신적인가? 이래서야 가는 곳마다 못이나 늪지뿐으로 굳은 땅이 없어서 지렛대도 사용하지 못하는 ─ 기독교의 고양력(高揚力)은 지렛대와 비슷하다 ─ 격이 아닌가.

그런 일은 외부로부터 인간에게 덮쳐 오는 것일까? 아니, 그것은 인간 자신의 책임이다. 인간은 아무도 무정신적으로 태어나지는 않았다. 아무리 많은 사람들이 인생에서 얻은 오직 하나의 수확물로 무정신성을 지닌 채 죽어 간다고 해도 그것은 인생의 책임이 아니다.

그렇다 하더라도 다음과 같은 것이 말해지지 않으면 안 된다. 그것도 가능한 한 솔직하게, 소위 기독교계라는 것(여기에서는 누구나 몇 백만의 사람이 모두 거리낌 없이 기독교도이다. 따라서 인간의 수만큼 기독교도가 있는 것이다)은 단지 의미가 통하지 않는 많은 오식

---

24) 라울리는 이 부분을 "기독교라는 이름의 남용이다."라고 번역하고 1854년의 키에르케고르의 일기에서 다음과 같은 한 구절을 주석(註釋)에 인용했다. "아메리카가 콜럼버스라는 이름으로 불리지 않는 것은 확실히 콜럼버스에 대한 부정(不正)이다. 그리고 그리스도교가 그리스도의 이름을 따서 이름 지어진 사실도 그리스도에 대한 그 이상의 부정이다."

과 무사려(無思慮)한 탈락을 보충하는 잡동사니 기독교판(版)일 뿐만 아니라 그것은 또 기독교의 남용이다.[24] 그것은 기독교를 무의미한 것으로 만든다.

아마 작은 나라에서는 한 시대에 시인은 기껏해야 세 명 정도밖에 나오지 않을 것이다. 그러나 목사는 남아돌 만큼 많다. 다 임용할 수 없을 정도로. 시인에 관해서 사람들은 그것이 천직인지 어떤지를 문제 삼는다. 그런데 목사가 되기 위해서는 사람들의(보통 기독교도의) 의견에 따라 시험에 통과하기만 하면 되는 것이다.

그렇지만 참된 목사는 참된 시인보다 훨씬 드문 법이다. '천직(天職)'이라는 것은 본래 신적(神的)인 것에 속한다. 그런데도 기독교도들이 '시인이 되는 일은 대단히 어려운 일이며 그것은 천직이다.' 운운하며 그것을 직업으로 하는 것은 대단히 의미 있는 일이라고 생각한다. 반면 목사가 된다는 일은 기독교도들의 눈으로 보면 그다지 특별히 숭고한 일도 아니고 오직 생활을 위한 직업일 뿐 조금도 신비적인 일이 아니다.

천직이란 본래 공직(公職)을 의미한다. 따라서 소명(召命)에 접하는 일이라고도 할 수 있다. 그런데 이 작은 나라에서는 '공직을 가지고 있다.' 라든가 '공직이 하나 비어 있는데 메우지 않으면 안 되겠어.' 하는 따위의 말들을 한다.

아아, 실로 기독교계에 있어 천직이라는 말은 기독교적인 것, 전체의 운명을 나타내는 표어 같은 것이다. 불행은 기독교적인 것이 거론되지 않았다는 점에 있지 않다. 더욱이 필요한 만큼의 목사가 없다는 점에 있지도 않다. 기독교적인 것이 거론되기는 하나 대부분의 인간이 아무 생각 없이 그에 대해 이야기한다는 점에 불행이 존재하는 것이다. 그것은 목사를 상인, 변호사, 수의사 등과 같은 일상의 직업으로밖에 생각하지 않는 것과 마찬가지이다.

따라서 최고의 것, 지성(至聖)의 것도 그들에게는 아무런 감명도 주지 못한다. 그것은 다른 여러 가지 것들과 마찬가지로 이미 습관이 되어 버린(왜 그런지는 모르지만) 것이다. 그렇기 때문에 그들이 자신의 태도를 용서받을 수 없는 것으로 생각하는 대신 기독교를 변호할 필요가 있다고 생각한다 해서 무엇이 이상한가!

목사는 뭐라 해도 신앙인이어야만 한다. 신앙인! 생각건대 신앙인이란 사랑하는 자이다. 사랑하는 모든 사람 가운데 가장 열렬히 사랑하는 사람이 있다 해도 신앙인에 비하면 그 열정 면에서 그는 풋내기에 지나지 않는다.

지금 사랑을 하고 있는 사람이 있다고 하자. 그는 날마다 밤이고 낮이고 자기의 사랑에 관해서 이야기할 것이다. 그런데 그가 사랑한다는 것이 뜻있는 일이라는 것을 세 가지 이유를 들어 증명해 보이려 한다고 해 보자. 과연 그런 일이 있을 수 있다고 당신들은 생각하는가? 그에게 그런 일이 가능하리라고 당신들은 생각하는가 말이다. 그런 혐오스러운 짓을 하다니 있을 수 없는 일이야! 하고 당신들은 생각하지 않는가?

그것은 목사가 기도가 유익한 까닭을 세 가지 이유를 들어 증명하려는 것과 다를 바 없다. 그는 기도의 가치가 매우 하락했기 때문에 세 가지 이유의 도움을 빌어 평판을 조금쯤 회복하려는 것이다. 혹은 또 목사가 (이것도 마찬가지이지만 좀더 해학적이다) 기도는 일체의 오성(悟性)을 초월하는 축복이라는 것을 세 가지 이유로써 증명하려 하는 것과 같다.

오오, 분별없는 안티 클리막스여![25] 일체의 오성을 초월하는 것이 단지 세 가지 이유로써 증명된다니! 세 가지 이유라는 것이 무엇인가에 도움이 되는 것이라면 그것은 일체의 오성을 초월하지 않는 것이어야 하며 이런 축복이 결코 일체의 오성을 초월하는 것이 아님을 오성으로 하여금 확실히 깨닫게 하지 않으면 안 된다. '이유' 란 어쨌든 오성의 영역 안에 존재하기 때문이다. 일체의 오성을 초월하는 사람들이나 그것을 믿는 인간에게는 세 가지 이유 따위는 세 개의 병이나 세 마리의 사슴 이상의 의미를 가지지 못한다.

또 사랑하고 있는 자가 자신의 사랑을 변호하는 따위의 짓을 하리라고 여러분은 생각하는가? 그리하여 그의 사랑이 그에게 무조건 절대적인 것이 아니고 그가 그것을 변호하지 않으면 안 되는 어두운 점을 지니고 있음을 그가 용인하리라고 여러분은 생각하는가? 다시 말해 그가 자신은 사랑하고 있지 않음을 용인할 수 있거나 용인하고자 한다고 생각하는가? 사랑하고 있지 않다는 것을 스스로 폭로하는 짓을 그가 하겠는가? 만약 누군가가 사랑하고 있는 자에게 그런 변

---

25) 클리막스란 원래 계단 또는 사다리를 의미한다. 수사학에서는 점층법(漸層法) ― 어구를 겹쳐 써서 문장의 뜻을 차차로 강화시켜 독자의 느낌을 절정으로 이끄는 기법 ― 을 클리막스(소위 클라이막스)라고 한다. 안티 클리막스는 반대로 문세점락법(文勢漸落法)이다. 여기에서는 일체의 오성(悟性)을 초월한 것을 세 가지 이유로써 증명하려 한다면, 본래 그것은 증명 불가능한 것이기 때문에 그 세 가지 이유의 증명력은 점차 그 힘을 잃어 갈 것이라는 데 관련시켜 이 말을 사용했다.

호를 하도록 제안한다면 그는 그 제안을 미친 짓이라고 생각하지 않 겠는가?

만약 그가 사랑하면서 다른 한편으로는 관찰자의 마음을 가지고 있다면 그런 제안을 하는 사람에 대하여, 이 사람은 아직 사랑을 경 험하지 않았던가 그렇지 않으면 자기에게 사랑을 변호하게 하여 자 신의 사랑을 배반하고 부인하도록 꾀고 있다는 의혹을 품지 않겠는 가?

진실로 사랑하고 있는 사람은 자기의 사랑을 세 가지 이유를 들 어 증명하려 하거나 변호하려 하지 않으리라는 것은 당연한 일이다. 사랑은 일체의 이유나 변호 따위를 초월해 있기 때문이다. 그는 사랑 하고 있는 것이다. 변호하거나 증명하는 자는 사실 사랑하고 있지 않 은 것이다. 단지 스스로 사랑하고 있다고 생각할 뿐이다. 요컨대 그 는 행인지 불행인지 자신의 정체를 폭로할 정도로 바보인 것이다.

그런데 신앙심 있는 목사들이 기독교에 관하여 바로 그런 말들을 하고 있다. 그들은 기독교를 '변호하거나' 혹은 '기초를 만들어 확고 하게' 한다. 거기에서 한 단계 더 나아가면 그것을 사변적으로 '파 악' 하려 한다. 그리고 그런 것을 설교라고 한다. 그런 설교를 하거나 듣는 것이 기독교계에서는 아주 중요한 일로 간주되고 있다.

진실로 이로 인해 기독교계는 스스로 그 본질로부터 멀어지고 (여기에 그 증거가 있다) 있으므로 사람들의 생활은 엄밀한 기독교적 인 의미로는 죄라고도 부를 수 없을 정도로 철저히 무정신적인 것이 다.

II

죄의 계속

죄 안에 머물러 있는 어떠한 상태도 새로운 죄이다. 다시 말해 —
이에 대해서는 좀더 자세히 이야기할 필요가 있어 다음에 설명할 것
이나 — 일반적으로 죄 안에 머물러 있는 상태는 새로운 죄이며 죄
그 자체이다. 이것은 죄인에게는 어쩌면 과장처럼 들릴지도 모른다.
그는 기껏해야 그때그때 새로 범한 죄만을 새로운 죄로 인정할 것이
다. 그렇지만 그의 죄의 감정서를 만드는 영원(永遠)은 죄 안에 머물
러 있는 상태를 새로운 죄로서 장부에 기재할 것이 틀림없다.

영원은 오직 두 개의 난(欄)만을 가지고 있다. 신앙에 의하지 않는
모든 일은 죄이다.[1] 회개하지 않는 모든 죄는 새로운 죄이며 죄가 회
개되지 않고 있는 순간순간이 새로운 죄이다. 그런데 자기 자신에 대
한 의식에 일관성(연속성)을 가지고 있는 인간이 과연 얼마나 될까?

인간은 대부분 순간적으로 오직 보통 이상의 결단을 내려야 할
때에만 자기 자신에 대한 의식을 가진다. 그때는 일상적인 일들은 전
혀 고려하지 않는다. 이렇게 일주일에 한 번 그것도 한 시간쯤 그들
도 의식이 된다. 물론 이때의 정신은 본연의 동물적인 상태이다. 그
런데 본질적이며 연속성인 영원은 인간에게 연속성을 요구하고 따
라서 인간이 정신으로서 자기를 자각하고 신앙을 가질 것을 요구한
다.

그런데 죄인은 죄의 힘 밑에 있으므로 죄의 전체적인 성격을 의
식하지 못한다. 그는 멸망의 길로 치닫는 것이다. 이렇게 그는 오직

---

[1] 로마서 제14장 23절. "의심하고 먹는 자는 정죄되었나니 이는 믿음을 따라 하
지 아니하였기 때문이라, 믿음을 따라하지 아니하는 것은 다 죄니라."

개개의 새로운 죄만을 계산하고 있다. 그는 멸망 도상(途上)에서 새로운 죄에 의해 새로이 한 발짝씩 정진한다. 그러나 그는 선행적(先行的)인 죄의 추진력으로 인해 이 멸망의 길을 한 발짝씩 나아가고 있었음을 전혀 모르고 있다.

그에게 죄는 대단히 자연스러운 것으로 소위 제2의 천성이 되어버렸기 때문에 그의 일상생활을 완벽하게 정상적이라고 생각하고 있다. 그리고 오직 그때그때의 새로운 죄로 파멸의 길을 전진할 때만 잠시 멈출 뿐이다. 그는 타락의 못에 빠져 있으므로 신 앞에서 영원자의 본질적인 연속성을 가지는 일 없이 자신의 생활이 죄의 연속성 안에서 영위되고 있다는 사실이 그의 눈에는 보이지 않는 것이다.

그런데 '죄의 연속성'이라지만 죄야말로 비연속적인 것이 아닐까? 보라, 여기서 또다시 죄는 소극성에 지나지 않는다는 생각이 머리를 쳐든다. 즉 죄란 그에 대한 권리를 취득할 수 없는(마치 도둑맞은 재산에 대한 권리를 가질 수 없는 것처럼) 소극성이고 무력한 자기주장의 시도이며 절망적인 반항 안에서 무력한 갈등으로 번뇌하는 것일 뿐이다.

사변적인 입장에서 실제로 그런 식으로 보고 있다. 그러나 기독교적인 입장에서 죄란(이것은 어떤 인간도 개념적으로는 파악할 수 없는 역설인 까닭에 오직 믿지 않으면 안 된다) 적극성이며 끊임없이 증대해 가는 '정립'의 연속성을 자기 안에서 전개하는 것이다.

이런 연속성의 증대의 법칙은 부채(負債) 및 부정량(否定量)의 증대의 법칙과는 다르다. 부채는 그것을 갚지 않는다고 더 많아지는 것이 아니고 단지 옛날 부채에 새로운 부채가 더해질 때만 많아지기 때문이다. 그런데 죄는 인간이 그로부터 빠져나오지 않는 한 순간마다 증대된다.

따라서 죄인이 새로운 죄에 의해서만 죄가 증대된다고 생각하는 것은 아주 잘못된 생각이다. 오히려 기독교적으로 이해하면 죄 안에 머물러 있는 상태가 바로 죄의 증대이며 새로운 죄이다.

이런 격언이 있다.

'죄를 범하는 것은 인간적이지만 죄에 머무는 것은 악마적이다!' (물론 이것은 기독교적으로는 좀 다른 의미로 이해되어야 한다.)

단지 새로운 죄만을 보고 그 중간에 죄가 존재하는 것을 간과하는 단순히 비연속적인 고찰 방법은 기관차가 폭폭 하고 수증기를 토할 때만 움직인다고 생각하는 것처럼 어리석다. 우리가 주목해야 할 점은 기관차가 수증기를 토하는 그때부터 나아간다는 사실이 아니라 기관차가 움직이는 평균 운동이며 그 수증기를 토하게 하는 원인이다.

죄의 경우도 마찬가지이다. 죄 안에 머물러 있는 상태는 최악의 죄이다. 개개의 죄는 죄의 계속이 아니라 죄의 계속을 나타내는 표현이다. 개개의 새로운 죄 안에서는 죄의 운동을 쉽게 감지할 수 있다.

죄 안에 머물러 있는 상태는 개개의 죄보다 더욱 악한 죄이다. 그것은 죄 자체이다. 이렇게 이해한다면 죄 안에 머물러 있는 상태가 죄의 계속이고 새로운 죄라는 것은 진실이다. 대체로 사람들은 이것을 다른 방법으로 이해한다. 즉 하나의 죄는 또 다른 새로운 죄를 만들어 낸다는 것이다. 여기에는 아주 깊은 근거가 있다. 죄 안에 머물러 있는 상태가 새로운 죄라는 것이 바로 그것이다.

셰익스피어가 맥베드로 하여금 다음과 같이 말하게 한 것은 심리학적으로 보아 과연 거장답다. 죄로 인하여 생긴 일은 오직 죄에 의해서만 힘과 강함을 얻는다.(제3막 제2장) 결국 죄는 그 자체로 일관성을 가진 것이며 악이 그 안에 소유하는 일관성에 의해 죄도 힘을 얻는다는 것을 말하려 한 것이다.

사람이 단순히 개개의 죄만을 본다면 결코 이런 통찰에는 도달하지 못한다. 말할 필요도 없이 대부분의 인간은 자기 자신에 관해 너무나 빈약한 의식을 가지고 생활하므로 일관성이 무엇인가에 대한 관념을 가질 수 없다. 결국 그들은 정신으로서 존재하고 있지는 않은 것이다.

그들의 생활은 어린아이 같은 사랑스러운 소박함 속에서, 그렇지 않으면 완전한 우둔함 속에서 단편적인 것으로 이루어져 있다. 즉 얼마 안 되는 행위나 이것저것 사소한 사건으로 이루어져 있는 것이다.

그들은 무언가 좋은 일을 하는가 하면 다음에는 잘못을 저지른다. 이런 식으로 반복하는 것이다. 어느 날 오후 혹은 어쩌면 3주일 정도 절망해 있다. 이윽고 활기를 되찾는다. 그리고 또 하루쯤 절망해 있다.

그들은 이른바 인생의 유희에 함께 참가하고 있음에 지나지 않으므로 한 가지 일에 일체를 거는 진실한 승부를 경험하는 일이 없다. 따라서 자기 자신 안에 있는 무한한 일관성의 관념에 도달하는 일도 결코 없다. 그리하여 그들 사이에는 언제나 개개의 일, 개개의 선행, 개개의 죄만 문제되는 것이다.

정신의 규정 하에 있는 실존은 설령 그것이 자기 혼자만의 책임에 관계되는 것이라 해도 본질적으로 자기 자신 안에 일관성을 가지고 있으며 동시에 보다 높은 것 안에(적어도 이념 안에) 일관성을 가지고 있다. 그런데 또 이런 인간은 일관되지 않은 것을 무한히 두려워한다. 그는 자신의 생명이 걸려 있는 전체로부터 어쩌면 분리될지도 모른다는 만일의 결과에 대해 무한한 관념을 품고 있기 때문이다.

만약 조금이라도 일관해 있지 않은 것이 있다면 그에게는 엄청난 상실이다. 그는 일관성을 잃게 되기 때문이다. 또 일관성을 잃는 순간 마법이 풀려 모든 것을 잘 어울리도록 통합하고 있던 신비스러운 힘이 마력을 잃고 용수철은 느슨해지고 전체가 혼돈되어 힘은 그 안에서 반란을 일으켜 서로 싸우게 될 것이다.

참혹한 것은 자아 안에서 이제 자기 자신과의 어떠한 일치도 발견할 수 없고 아무런 전진도 충동도 없다는 사실이다. 일관해 있을 때에는 그 강철 같은 강함에도 불구하고, 지극히 부드러운 힘에도 불구하고 유연했던 거대한 기계가 이제 미치기 시작한 것이다. 우수하고 위대한 기계였던 만큼 그 혼란은 더욱더 전율할 만한 것이다.

이리하여 선(善)의 일관성 안에 안주하면서 생활을 영위하고 있는 신앙인은 아무리 작은 죄일지라도 무한히 두려워하는 것이다. 왜냐하면 그는 많은 것을 잃지 않으면 안 되기 때문이다. 직접적인 인간, 어린아이 같은 인간은 전체를 잃는 일은 없다. 그들은 단지 단편적인 것만을 잃거나 얻는다.

신앙인에 대하여 말했던 똑같은 것을 그 반대인 악마적인 것에 대해서도 말할 수 있다. 단 이번에는 죄 자체의 일관성에 관해서이다. 술 마시는 사람이 날마다 취한 상태를 유지하려 하는 것은 전혀 취하지 않은 상태로 있을 때 찾아들 무기력과 그로부터 야기될 수 있는 모든 결과를 두려워하기 때문이다.

악마적인 것도 바로 이와 같다. 그렇다. 만약 누군가가 선인(善人)을 유혹하려고 선인의 눈앞에 죄를 여러 가지 매혹적인 형태로 나타내 보인다면 선인은 그 사람에게,

"제발 나를 유혹하지 말아 줘!"

하고 간청할 것이다. 이와 똑같은 예를 악마적인 것에서도 볼 수 있다. 만약 누구보다도 탁월한 선인이 악마적인 것에게 선의 축복된 숭고성을 제시하려고 한다면 그도 역시,

"제발 나에게는 아무 이야기도 하지 말아 줘. 제발 나를 약하게 하지 말아 줘!"

하고 눈물을 흘리면서 애원할 것이다. 악마적인 것 또한 일관적이며 악의 일관성 안에 서 있으므로 그 역시 전체를 잃는 게 되기 때문이다.

한순간만이라도 그 일관성으로부터 벗어날 수 있다면, 아주 작은 위생상의 부주의가 있거나 단 한 번이라도 한눈을 팔거나 전체 혹은 단 일부분이라도 달리 보이거나 이해되는 일이 있다면 악마적인 것은 스스로도 말하는 바와 같이 두 번 다시 결코 그 자신이 될 수는 없다.

자신은 아무래도 그것으로는 구제될 수 없다는 이유로 절망적으로 포기한 선(善)이 지금도 역시 그의 마음을 혼란시켜 놓을 수 있으며 그가 다시금 전속력으로 진행하는 일관성 안으로 들어가는 것을 불가능하게 하고 그의 마음을 약하게 할 수 있다는 것이다.

오직 죄의 계속 안에서만 그는 그 자신이고 동시에 그 자신이라는 느낌을 가질 수 있다. 또 오직 그 안에서만 그는 살아 있는 것이다. 대체 이 사실은 무엇을 의미하는 것일까? 그 의미는 이렇다. — 죄의 상태는 그가 빠져 있는 깊은 바닥에 그를 붙잡아 두고 그의 무신적(無神的)인 상태를 일관성으로써 강화시키는 것이다. 그를 구해 주는 것은 개개의 새로운 죄가 아니다. (이는 실로 전율할 망상이다.) 새로운 죄는 단순히 죄 안에 머물고 있는 상태의 표현에 지나지 않으므로 그 상태야말로 본래의 죄이다.

그런 까닭에 '죄의 계속' — 바로 이것을 문제 삼으려 하고 있다 — 인 경우 우리는 개개의 새로운 죄가 아닌 죄 안에 머물러 있는 상태를 염두에 두지 않으면 안 된다. 그런데 이 상태는 그 안에서 죄의 도를 한층 심화(深化)하게 되고 이윽고 죄의 상태 안에 머물러 있음을 의식하면서 죄의 상태 안에 머무는 데까지 이르게 된다. 이렇게 강화된 죄의 운동은 여기에서도 다른 경우와 같이 내면으로 향하여 점차 강렬한 의식 속으로 들어가는 것이다.

A. 자기의 죄에 대하여 절망하는 죄

죄란 절망이다. 그 도가 강화된 것이 자기의 죄에 절망한다고 하는 새로운 죄이다. 이것이 강화된 성질의 것이라는 사실은 쉽게 알수 있다. 자기의 죄에 절망한다는 것은 하나의 죄를 반복한다는 의미로서 새로운 죄는 아니다. (예를 들면 앞서 백 달러를 훔친 사람이 다음에 천 달러를 훔치는 것과 같다.) 여기에서는 개개의 죄를 문제 삼고 있지 않다. 죄 안에 머물러 있는 상태가 죄이며 이 죄는 새로운 의식 상태 안에서 그 도를 강화한다.

자기의 죄에 절망한다는 것은 죄가 일관적으로 되었거나 되려는 것의 표현이다. 그것은 선과는 아무 관계도 가지려 하지 않고 가끔이라도 다른 이야기에 귀를 기울일 정도로 마음이 약해져서는 안 된다고 생각한다. 그것은 오직 자기 자신의 말만을 들으려 하며 오직 자기 자신만을 문제 삼고 자기 자신 안에 틀어박힌다.

그렇다, 더한층 높은 울타리 안에 굳게 버텨 선으로부터의 일체의 습격이나 추궁에서 자신을 지키려 한다. 이미 자기 뒤에 있는 다리는 끊어져 버렸기 때문에 자기로부터 선에 이르는 통로도, 선으로부터 자기에 이르는 통로도 차단되어 있음을 그것은 의식하고 있다. 가령 약한 순간에 스스로 선을 바라는 일이 있다고 해도 이미 선에 대한 의지를 갖는 것은 불가능하다는 것을 그것은 의식하고 있다.

죄는 그 자체가 선으로부터의 단절이다. 죄에 관한 절망은 선으로부터 제2의 더욱 심각한 단절이다. 물론 그것은 죄 안으로부터 악마적인 것의 마지막 힘까지 짜내어 무신적인 냉혹과 완고함을 만들어 낸다. 이것은 이렇게 시종일관 회개라고 불리는 것과 은총이라고 불리는 것을 단지 공허하고 무의미한 것으로 돌릴 뿐만 아니라 이들을 적으로 간주하고 마치 선이 유혹으로부터 자신을 보호하려는 것과 같이 이들을 경계를 요하는 최대의 적으로 생각한다.

이런 의미에서 파우스트 중의 메피스토펠레스가,

"악마가 절망한 것만큼 비참한 것은 없다"[2]

라고 한 말은 아주 정당하다. 여기서 절망한다는 것은 무엇인가 회개나 은총의 이야기를 듣고 싶을 정도로 악마가 약해져 있다는 의미이기 때문이다. 우리는 죄에서부터 죄에 관한 절망에까지 이르는 상승을 이렇게 말할 수 있다. 죄는 선과의 절교이고 죄에 대한 절망은 회개와의 절교이다.

죄에 절망한다는 것은 사람이 더욱 깊이 침잠함으로써 자신을 지탱하려 하는 하나의 시도이다. 경기구(輕氣球)에 탄 사람이 자기가 가진 무거운 것을 내던져 버림으로써 상승하는 것처럼 절망자도 선(善) — 이것은 그 무게로 인간을 끌어올린다 — 을 단호하게 자기에게서 떼어내 버림으로써 깊이 빠져간다. 그는 빠지는 것이다. — 물론 자신은 올라가고 있다고 생각하지만 — 하긴 그가 점점 가벼워지는 것은 사실이다.

---

2) 괴테의 《파우스트》 제1부 '숲과 동굴'의 마지막 부분에서 메피스토펠레스가 파우스트에게 다음과 같이 말하는 장면이 나온다. "당신도 결국 악마가 되어 버렸군. 절망하는 악마보다 더 비참한 것은 없소."

죄는 그 자체가 절망과의 싸움이다. 그러나 싸움에 지쳐 기진했을 때에는 죄를 새롭게 강화함으로써 악마적인 힘으로 더욱 자신을 굳게 폐쇄함으로써 다시 말해 자기 죄에 절망한다는 바로 그 사실에 의해 구제되지 않으면 안 된다. 이것은 전진이며 악마적인 것에 있어서의 상승이다. 그리고 물론 이것은 죄 안에 더욱 깊이 빠지는 것이다.

그것은 회개나 은총에 관해서는 조금도 귀를 기울이지 않겠다고 결심을 함으로써 하나의 힘으로 죄에 새롭게 지지(支持)와 이득을 주고자 하는 시도이다. 그럼에도 불구하고 자기의 죄에 절망하는 자는 자기 자신의 공허함을 잘 의식하고 있다. 자신은 생명의 양식이 되는 그 무엇을 조금도 소유하고 있지 않다는 것, 자신의 자아에 관한 관념조차도 소유하고 있지 않다는 것을 잘 의식하고 있다.

셰익스피어가 맥베드로 하여금 다음과 같이 절규하게 했을 때(제2막 제2장)[3] 과연 인간 영혼의 깊은 이해자였다는 것이 잘 나타나 있다. 그가 제왕을 살해한 뒤 자신의 죄에 절망하고 있을 때,

"이제부터 인생에는 아무런 진실도 없다. 모든 것이 허무하다. 명예도 은총도 사라져 버렸다."

라고 한 거장적인 필치는 '명예와 은총'이라는 마지막 두 단어 속에 약동하고 있다. 죄 때문에, 즉 죄에 대한 절망 때문에 그는 은총과의 모든 관계를 상실했으며 동시에 자기 자신과의 모든 관계까지도

---

3) 원문에는 '제2막 제2장'이라고 씌어 있는데 이것은 '제3장'의 잘못이다.

상실하고 말았다. 그의 이기적인 자아는 명예욕의 절정에 달한다. 그는 이제 제왕이 되었다.

그렇지만 자기의 죄에 회개의 현실성과 은총에 절망해 있으므로 그는 자기 자신까지도 상실한 것이다. 그는 자신에게조차도 자아를 주장할 수 없다. 은총을 붙들 수 없는 것처럼 명예욕을 충족할 자신의 자아를 향락할 수도 없는 것이다.

죄에 관한 절망이 실생활 안에서 나타나는 한 — 어쨌든 사람들이 그렇게 부르고 있는 것과 같은 것이 나타난다. — 사람들은 죄에 관한 이 절망을 대부분 잘못 평가하고 있다. 생각건대 사람들이 보통 경박한 짓, 분별없는 짓, 쓸데없는 잡담 따위만을 일삼고 있기 때문에 무엇인가 좀 심각한 것에 부닥치면 대단히 점잖게 되어 공손히 모자를 벗어 버리기 때문이다.

자기의 죄에 절망해 있는 인간은 자기 자신 또는 자아의 의의(意義)에 관하여 혼란하고 불투명한 의식밖에 가지고 있지 않든가 그렇지 않으면 위선자다. 또는 절망한 사람이 가진 교활함과 궤변의 도움을 빌어 자신을 선한 자로 가장하기를 좋아한다. 그렇게 함으로써 그는 자신이 깊은 본성을 가지고 있고 그 때문에 자신의 죄에 대해 신경을 많이 쓰고 있다는 사실이 나타나기라도 하는 것처럼 생각한다.

예를 들어 예전에 죄에 빠져 있던 사람이 그 후 얼마 동안 죄의 유혹에 저항하여 그에 이겼으나 다시금 유혹의 포로가 되었다고 하자. 이 경우에 볼 수 있는 인간의 우울은 반드시 죄 때문이라고는 할 수 없다. 그가 우울한 것은 다른 여러 이유에서일 수 있다. 그것은 섭리(攝理)에 대한 분노일 수도 있다.

그는 자신이 유혹의 포로가 된 것을 운명의 탓으로 생각한다. 이제까지 오랫동안 유혹과 싸워 왔고 그리고 이겨 왔는데 자신이 이와 같은 꼴이 된 것은 너무 가혹하지 않은가 하는 생각과 함께 섭리에 대한 분노를 느끼는 것이다. 어찌 됐든 그런 비탄을 선인(善人)의 징후로 받아들인다는 것은 너무나 부녀자(婦女子)같은 짓이다.

모든 격정(激情)은 실로 이의적(二義的)인 것이다! 격정적인 인간은 어떤 일에 관해 자신이 말하려 했던 것과 전혀 반대되는 말을 했음을 나중에 깨닫고 거의 미칠 듯한 생각에 사로잡히는 일을 흔히 볼 수 있다. 그런 인간은 필시 점점 더 열렬한 기세로 또 다시 저지른 이 죄 때문에 자기가 얼마나 괴로워하고 있고 절망의 깊은 늪에 빠져 있는가를 사람들에게 말하리라.

"이제 결코 내 자신을 용서할 수 없어!"

그리고 그는 생각한다. 이런 모든 괴로움은 자기 안에 많은 선(善)이 머물고 있고 자기가 깊은 본성의 소유자임을 나타내는 것이라고. 그러나 그것은 기만이다. 나는 지금 일부러 '이제 결코 내 자신을 용서할 수 없어!'라는 말을 삽입했다. 사람들이 그런 경우에 자주 듣게 되는 말이기 때문이다. 그리고 또 우리는 바로 이 말을 실마리로 하여 변증법적인 해석을 발견할 수 있다.

이제 결코 자신을 용서할 수 없다! 그런데 지금 신이 그를 용서하려 하신다면 그도 자기 자신을 용서할 만한 아량을 가져도 좋지 않을까? '그런 죄를 범하다니, 이제 결코 내 자신을 용서할 수 없어!' 하는 식으로 그가 점점 더 격정적으로 말하면 말할수록 (도대체 이런 식으로 말한다는 것은 신에게 간절히 용서를 비는 참회와는 완전히 반대되는 행위이다) 오히려 자신의 정체를 폭로하게 될 뿐이다.

즉 죄 때문에 그의 절망은 선의 규정으로부터 아득히 멀어졌다는 것, 오히려 한층 더 강화된 성격의 죄이며 죄에 더욱 깊이 빠지는 것이라는 사실을 그는 전혀 알지 못하고 있다.

사실은 이렇다. 그가 유혹에 저항하여 이겼을 때 그의 눈에는 실제 이상으로 자신이 내면적으로 훌륭한 인간이 된 것처럼 보였던 것이다. 그래서 그는 자기 자신을 자랑하기에 이르렀다. 이 자랑의 기분에서 볼 때 자신을 완전히 과거로 돌리고 싶은 것이다.

그런데 다시 죄를 범함으로써 그의 과거는 갑자기 현재가 된다. 그의 교만은 이 회상을 참을 수가 없다. 그래서 앞에서 말한 것 같은 깊은 비판이 나타나게 되는 것이다. 그런데 그의 비판은 틀림없이 그 자신을 신으로부터 이탈시킨다는 점에서 위장된 자기애와 교만에 지나지 않는다.

그는 그처럼 오랫동안 유혹에 저항할 수 있도록 자신을 도와 준 신에 대하여 겸손하게 감사하면서도 새로 출발하려 하지 않는다. 또 그 일이 자신의 능력 이상의 것이었음을 신과 자기 자신 앞에 고백하려 하지 않으며 자신이 예전에 어떠했던가를 회고하면서 겸허한 마음이 되는 일도 없다.

이때도 다른 경우처럼 고대의 신앙서(信仰書)들이 설명해 주는 바는 대단히 깊이 있고 이치에 맞으며 훌륭한 길잡이다. 고대의 신앙서는 '신은 신앙자가 좌절하여 유혹에 빠지는 것을 가끔 모르는 체 내버려 둔다. 그것은 신앙자를 겸손하게 함으로써 더욱더 선(善) 안에 존재하게 하려는 생각에서다' 라고 가르치고 있다.

죄를 다시 범하는 것과 선의 상당한 진보를 대조하는 것은 인간의 마음을 아주 겸손하게 한다. 또한 그런 자신도 같은 인간이라는 사실이 큰 고통이며 훌륭한 인간일수록 자신의 죄 때문에 고뇌한다. 따라서 그가 올바른 방향 전환을 하지 않는다면 그만큼 위험도 커진다. 극소의 당황이나 불안조차도 위험한 것이다. 어쩌면 그는 비애 때문에 어두운 우수(憂愁)의 밑바닥에 빠져 버릴지도 모른다.

그때 좀 부족한 목사(牧師)는 그것이 마치 선에 기인(起因)하기라도 하는 것처럼 그의 영혼의 깊이와 선이 그에게 미치는 힘의 위대함에 경탄한다. 그리고 그의 처(妻)는 죄 때문에 그처럼 비탄에 잠길 수 있는 진실하고 거룩한 남편과 자신을 비교해 보고 자신의 마음이 아주 겸허해짐을 느낀다. 필시 그의 말은 점점 더 사람을 미혹하리라. 아마 그는,

"이제 결코 내 자신을 용서할 수 없어!"

라고는 말하지 않을 것이다. (그렇게 말하면 전에는 자기의 죄를 용서한 일이 있는 것이 되며 이는 신을 모독하는 일이므로) 아니, 그는 필시 '신은 결코 자신을 용서하지 않을 것'이라고 말할 것이다.

아아, 이 역시 단순한 기만(欺瞞)에 지나지 않는다. 그의 비애, 그의 우울, 그의 절망은 이기적이다. 이것은 죄에 대한 불안 같은 것이다. 이 불안은 죄 없는 자신을 자랑하려 하는 자기애와 다름없기 때문에 오히려 인간을 죄 속으로 끌어들인다. 그리고 위로와 도움이야 말로 그가 가장 필요로 하지 않는 것이다. 따라서 위로와 도움을 주기 위해 목사가 처방하는 갖가지 거대한 사상은 점점 더 그의 병을 악화시킬 뿐이다.

B. 죄의 용서에 대하여 절망하는 죄*(좌절)

자아의식의 강화는 여기에서는 그리스도를 앎으로써 일어난다. 다시 말해 인간이 '그리스도에 대한 자아'가 됨으로써 일어난다. 처음에는 (제1편에서) 인간이 영원한 자아를 가지고 있다는 사실에 대한 무지(無知)가 나타났고 다음에는 영원적인 것이 그 안에 포함되어 있는 자아에 대한 지식이 나타났다. 다시 (제2편으로 옮아갈 즈음) 이상의 구별에도 불구하고 자기는 아직 자기 자신에 관한 인간적인 관념밖에 가지고 있지 않다는 것, 다시 말해 자기의 표준은 인간이라는 사실이 나타났다. 그 반대는 신에 대한 자아이다. 그리고 이것이 죄의 정의(定義)의 기초가 되었다.

이번에는 그리스도 앞에 있어서의 자아가 나타난다. 단 그것은 절망하여 자기 자신으로 있으려 하지 않는, 또는 절망하여 자기 자신으로 있으려 하는 자아이다.

죄의 용서에 대한 절망은 절망의 제1 또는 제2의 정식 — 약함의 절망이나 반항의 절망 — 중 어느 쪽으로 환원되지 않으면 안 된다. 즉 그것은 좌절하여 믿을 용기를 잃어버린 약함의 절망과 좌절하여 믿으려고 하지 않는 반항의 절망 중 어느 한 쪽이 된다. 단 여기에서는 약함과 반항이 그 역할을 서로 바꾸고 있다. 여기서는 인간이 자

---

* '자기의 죄에 관하여 절망하는 것'과 '죄의 용서에 대하여 절망하는 것'의 구별에 주의하기 바란다.

기 자신으로 있으려 하는가 안 하는가를 문제 삼지 않는다. 인간이 죄인으로서, 즉 그 불완전성에서 자기 자신으로 있으려 하는가 안 하는가를 문제 삼는다.

앞의 경우에는 인간이 절망하여 자기 자신으로 있으려 하지 않는 것이 약함이었다. 그런데 여기서는 그것이 반항이다. 인간이 현재 있는 그대로 죄인으로 있으려 하지 않으며 또한 죄의 용서에 대하여 아무것도 알려고 하지 않는 것은 다름 아닌 반항이기 때문이다.

앞의 경우에는 인간이 절망하여 자기 자신으로 있으려 하는 것이 반항이었다. 여기서는 인간이 절망하여 자기 자신(죄인)으로 있으려 하며 죄의 용서 따위는 없다고 생각하는 것이 약함이다.

그리스도에 대하여 존재하는 자아는 신이 참으로 자기를 위해 탄생하여 인간이 되셨고 괴로움을 받다 돌아가셨다는 신의 크나큰 발자취보다도 그런 사실 때문에 자아 위에 짊어지게 된 거대한 무게에 의해 강화된 자아이다. 앞에서,

"신에 관한 관념이 많으면 많을수록 그만큼 자아는 많다."

라는 말을 했는데 여기서도 역시,

"그리스도에 관한 관념이 많으면 많을수록 그만큼 자아도 많다."

라는 말을 할 수 있다. 자아는 그것이 척도로 삼고 있는 바와 같은 성질의 것이다. 그리스도가 척도라 함은 신의 편에서 본다면 인간의 자아가 얼마나 거대한 실재성(實在性)을 가지고 있는가 하는 가장 강력한 보증이다. 왜냐하면 신이 인간의 목표 내지 척도 또는 척도 내지 목표라는 것은 그리스도에 있어서 비로소 참인 까닭이다. 그런데 자아가 많으면 많을수록 그만큼 죄의 도(度)도 강렬하다.

또 다른 면에서 보아도 죄의 도가 강해지는 것이 증명된다. 절망은 죄였으며 그 도가 강해진 것이 죄에 대한 절망이었다. 그런데 지금 신은 죄의 용서에 있어서 화해를 제의한다. 그렇지만 죄인은 '죄의 용서'에 절망하고 있으므로 그 절망이 한층 더 심각하게 표현되어질 뿐이다.

다른 의미로 그는 신과의 관계를 유지하고 있다. 그러나 바로 그 때문에 그는 신으로부터 더욱 더 멀어져 가며 죄 속에 더욱 강렬히 빠져든다. 죄인이 자신의 죄를 용서받는 것에 절망해 있는 경우 대부분 그가 신에게 정면으로 육박(肉迫)하고 있는 것처럼 보인다.

"아니, 죄의 용서 따위는 존재하지 않아. 그것은 불가능해"

하는 따위의 말은 대부분 말다툼 같은 여운을 띠고 있다. 그것은 격투처럼 보이기도 한다. 그런데 인간이 그런 말을 할 수 있기 위해서는 또 그런 말을 들을 수 있기 위해서는 신으로부터 질적(質的)으로 더욱 멀리 떨어져 있지 않으면 안 된다. 그처럼 가까이에서 (comminus) 싸울 수 있기 위해서는 멀리 떨어져(emminus[4]) 있지 않으면 안 되는 것이다.

정신 세계의 구조는 음향학적(音響學的)으로 보면 실로 기묘하다. 이 세계의 거리 관계는 실로 기묘한 것이다. 어떤 의미에서는 신에게 접근하려고 한다는 것에 대한 부정의 소리를 들을 수 있기 위해서 인간은 될 수 있는 한 신에게서 멀리 떨어져 있어야 한다.

---

4) comminus와 emminus는 모두 로마 시대의 군사 용어. comminus는 '가까이에서(서로 손이 닿을 정도의)', emminus는 '멀리에서 (나는 도구(飛道具)를 사용할 정도의)'라는 뜻.

신에게 가장 가까이 가려면 신으로부터 가장 멀리 떨어져 있어야 한다. 신에게 가까이 다가갈 수 있기 위해서는 인간은 신으로부터 멀리 떨어져 나가지 않으면 안 된다. 설령 인간이 신에게 보다 가까이 갈 수 있다고 해도 그는 신에게 그다지 가까이 갈 수는 없다. 만약 인간이 신에게 지나치게 가까이 갔다고 하면 그것은 그가 신으로부터 멀리 떨어져 있다는 것을 의미한다.

오오, 신에 대한 인간의 무력(無力)이여! 누군가가 높은 지위의 인간에게 지나치게 가까이 간다면 필시 그는 벌로써 멀리 추방되어 버리고 말 것이다. 그러므로 인간이 신에게 가까이 가기 위해서는 그는 먼저 신으로부터 멀리 떨어져 나가지 않으면 안 된다.

세상에서는 이 죄(죄의 용서에 대하여 절망하는 죄)를 대부분 잘못 평가하고 있다. 특히 사람들이 윤리적인 것을 제거해 버림으로써[5] 윤리적으로 건전한 말을 드물게, 아니 완전히 들을 수 없게 된 이래 더욱 그렇다. 인간이 죄의 용서에 대하여 절망하는 것이 미학적(美學的)=형이상학적(形而上學的)으로 보다 깊은 본성의 징후로서 존경되고 있는 것이다.

이는 마치 어린이가 제멋대로 개구쟁이 짓을 하는 것이 보다 깊은 어린이 본성의 징후로 간주되는 것과 같다. 인간과 신과의 관계에서 '너 행해야만 한다.' ― 이곳이 유일한 통제 원리이다 ― 라는 것이 제거되어 버린 이래 어느 정도의 혼란이 종교적인 것 속에 깊이

5) 헤겔 철학과 사변적인 철학을 키에르케고르는 윤리적인 것을 방기(放棄)한다고 비난하고 있다.

파고들어 왔는가는 일반적으로 거의 믿을 수 없는 정도다.

'너 행해야만 한다.' 라는 이 점이 종교에 관한 모든 규정 속에 내포되지 않으면 안 되는 것이다. 그럼에도 불구하고 신의 관념을 인간은 모험적이게도 자신을 위대하게 보이게 하기 위한 액세서리로 이용하고 신 앞에서 점잔빼려 했던 것이다.

마치 정치에 있어 반대당에 소속되는 것으로 자신을 위대하게 생각하려 하고 정부에 반대하기 위하여 정부의 존속을 바라는 것처럼 인간은 신에게 대항함으로써 자기 자신을 훌륭한 사람으로 생각하려 하는 오직 그 이유 때문에 신을 제거하기를 원하지 않는 것이다.

옛날에는 경건치 못한 반역성(反逆性)의 현상으로 전율하던 모든 것이 이제는 천재적이며 보다 깊은 본성의 징후로 생각되고 있는 것이다. 옛날에는 '너 믿을지어다!' 하고 간결하게 그리고 되도록 장중하게 말했었다. 그런데 이제는 '믿을 수 없다.' 는 것이 천재적이며 보다 깊은 본성의 징후가 되어 버렸다. 옛날에는,

"네 죄의 용서받음을 믿어라."

하고 말했다. 그리고 이 원전(原典)에 대한 유일한 주석(註釋)은,

"네가 만약 그것을 행하지 않는다면 불행을 초래할 것이다. 해야 할 일은 네가 할 수 있기 때문이다."

였다. 그런데 이제는 죄가 용서됨을 믿을 수 없다는 것이 천재적이며 보다 깊은 본성의 징후가 된 것이다. 이것이 기독교계가 초래한 멋진 결과이다! 인간이 기독교에 관하여 아무것도 듣지 못했다면 이처럼 잘난 체하는 일은 없었을 것이다. — 사실 이교의 세계는 결코 이렇지 않았다.

기독교적인 관념이 이렇게 비기독교적인 방법으로 공중에 떠 있기 때문에 극도로 건방진 것에 이용되거나 혹은 그와 같은 파렴치한 방법으로 악용되는 것이다. 이교 세계에서는 신(神)의 이름을 남용하지 않는데 오히려 기독교에서 당당히 신의 이름을 남용한다는 것은 참으로 놀라운 일이다.

이교 세계에서는 신비스러운 것에 대한 일종의 전율과 두려움을 가지고 매우 엄숙한 태도로 신의 이름을 부르는 데 반해 기독교계에서는 '신의 이름'을 일상의 대화 속에서 아주 흔히 아무런 의미도 없이 사용하고 있다. 가없은 계시(啓示)의 신은 (이는 고귀한 인간들이 보통 그러하듯이 자신을 숨기지 않고 부주의하고 무분별하게 자신을 드러낸 것이다) 민중 전체에 너무나도 잘 알려진 존재가 되어 버렸다.

사람들은 가끔 교회에 나가기만 하면 그것으로 신에게 대단한 호의를 보인 것이 되고 게다가 목사에게 칭찬을 받는다. 목사는 교회를 방문해 준 사람들의 신에 대한 존경에 감사하며 '신심(信心)'이 깊다고 칭찬하지만 교회를 방문하는 정도의 존경을 신에게 보이지 않는 사람들에 대해서는 조금쯤 듣기 싫은 말을 한다.

죄의 용서에 대하여 절망하는 죄가 좌절이다. 따라서 그리스도가 죄를 용서하려 했다고 하여 그에 대하여 좌절한 것은 유태인으로서는 아주 당연한 일이었다.[6] 인간이 죄를 용서하는 것에 대하여 신앙

---

6) 마가복음 제2장 7절. "이 사람이 어찌 이렇게 말하는가. 신성 모독이로다. 오직 하나님 한 분 외에는 누가 능히 죄를 사하겠느냐."

인도 아닌 인간이 (그가 신앙인인 경우에는 그리스도가 신이라는 것을 믿는다) 좌절하지 않기 위해서는 특별히 고도의 무정신성(기독교 계에서 흔히 발견되는 것 같은)이 필요하다. 또한 죄를 용서받을 수 있다는 것에 대하여 좌절하지 않기 위해서도 같은 정도의 특별한 무정신성이 필요하다. 요컨대 죄의 용서란 인간적인 오성(悟性)으로는 도저히 이해할 수 없는 것이다. 따라서 나는,

"죄의 용서를 믿을 수 없다."

라는 태도를 천재적인 것이라고 칭찬하지 않는다. 그것은 믿어져야 하는 것이기 때문이다.

이교 세계에는 물론 이런 죄는 존재하지 않았다. 설령 이교도가 죄에 대한 진실한 관념을 가질 수 있었다고 해도 (이교도에게는 신의 관념이 부족하기 때문에 실제로 그것은 불가능했다.) 그는 자기의 죄에 관해 절망하는 것 이상으로 나아갈 수는 없었으리라. 아니, 어쨌든 이교도도 (이것은 우리가 인간적인 오성과 사유에 대하여 허용할

---

* 여기서는 죄에 대한 절망을 신앙 면에서 변증법적으로 포착하고 있음을 독자는 깨달을 것이다. 이런 변증법적인 것의 존재를 (이 책에서는 절망이 단순히 병으로 취급되고 있지만) 결코 잊어서는 안 된다. 절망이 신앙에 있어서 제1의 계기가 된다는 점에 실로 변증법적인 것이 존재하는 것이다.

이와는 반대로 절망이 신앙 및 신과의 관계로부터 인간을 멀어지게 하는 경우에는 죄에 대한 절망은 새로운 죄이다. 정신생활에 있어서는 모든 것이 변증법적이다. 따라서 좌절 역시 지양(止揚)된 가능성으로서 신앙의 한 계기가 된다. 단 신앙으로부터 멀어지는 방향으로 향하는 좌절은 죄이다. 우리는 한 인간을 기독교에 좌절할 수조차도 없는 인간이라고 비난할 수 있다. 이때 우리는 좌절이 무언가 좋은 일이거나 한 것처럼 말한다. 그렇지만 다른 면에서 보면 좌절은 역시 죄이다.

수 있는 최대한의 양보이지만) 단순히 세상에 대하여 또 자기 자신에 대하여 절망할 뿐만 아니라 자기의 죄에 대하여 절망하는 데까지 도달했다면 우리는 그들을 크게 칭찬하지 않으면 안 될 것이다.*

자기의 죄에 절망할 수 있으려면 인간적으로 깊은 마음과 자기 자신에 대한 윤리적 성찰이 필요하다. 인간으로서는 그 이상 진보할 수 없으며 거기까지 진보한 인간도 아주 드물다. 그렇지만 기독교적인 입장에서는 모든 것이 달라진다. 그것은 "너는 죄의 용서받음을 믿어야 한다." 이기 때문이다.

그런데 죄의 용서에 대하여 기독교계는 어떠한 상태에 있을까? 확실히 기독교계는 죄의 용서에 절망해 있다. 단지 이 상태가 그대로 나타나는 일조차 없을 정도로 기독교계가 퇴보해 있을 뿐이다. 사람들은 죄에 대한 의식조차 가지고 있지 않다. 그들은 단지 이교도가 알고 있는 종류의 죄밖에는 알지 못한다. 그리고 이교적인 안일 속에서 안락하고 행복하게 살고 있다.

그렇지만 그들은 기독교계 안에서 살고 있기 때문에 이교도보다는 한 걸음 진보되어 있다. 다시 말해 이 안일이 죄의 용서에 대한 의식이라고 망상(妄想)하고 있다. (실제로 기독교계에는 이것 이외에는 있을 수 없다.) 그리고 목사들이 교인들에게 그것을 보증한다.

기독교계의 근본적인 불행은 사실 기독교이다. 즉 '신(神)=인간'의 교설(教設)이 (이것이 기독교적인 의미로는 역설과 좌절의 가능성에 의해 보호되고 있다는 것에 주의하기 바란다.) 끊임없이 설교의 대상이 되는 동안에 공허(空虛)한 것으로 되어 버린다. 그 결과 신과 인간 사이의 질적 차이가 — 처음에는 귀족적으로 사변에 의해, 다음

에는 대중적으로 큰길과 뒷길에서 — 범신론적으로 지양되었다.[7]

일찍이 지상(地上)의 어떠한 교설도 기독교만큼 신과 인간을 실제로 그처럼 가깝게 결부시킨 것은 없었다. 그것은 신 자신 이외의 어느 누구도 할 수 없었다. 인간이 생각해 낸 것은 결국 모두가 꿈이며 믿을 수 없는 망상에 지나지 않는다. 그런데 또 어떠한 교설도 신이 이런 수단을 취한 이후 마치 신과 인간이 하나로 되어 버린 것처럼 오해하는 전율할 모독에 대하여 기독교만큼 주의 깊지는 못했다.

실로 어떠한 교설도 기독교만큼 스스로를 방어하지는 못했던 것이다. 기독교는 좌절의 도움을 빌어 스스로를 보호한 것이다. '좌절이 무엇인가를 모르는' 어리석은 연설가들, 경박한 사상가들에게 저주 있으라! 그들에게 배우고 그들을 칭찬하는 무리들에게 저주 있으라!

현세에서 질서가 유지되어야 한다면(사실 신은 이것을 바란다. 신은 혼란의 신이 아니므로)[8] 무엇보다도 먼저 인간 각자가 개체적이 되는 동시에 개체적인 인간임을 스스로 의식하는 데 주의해야 한다.

처음에 인간이 군집(群集:아리스토텔레스는 이 점에서 동물의 특

---

7) 히르쉬는 "신과 인간의 질적(質的) 차이를 사변적으로 지양(止揚)한 헤겔 철학을 생각했음은 말할 필요도 없지만, 그것의 대중적(大衆的) 지양의 유물론적 범신론의 입장에서 그렇게 멀지 않은 포이에르바하의 인간학적 철학을 염두에 두고 있다."라고 주석을 달았다.

8) 고린도전서 제14장 33절. "하나님은 무질서의 하나님이 아니시요, 오직 화평(和平)의 하나님이시니라."

9) 아리스토텔레스는 그의 《정치학》에서 국가의 주권은 뛰어난 소수(少數)에게 있는 것이 아니라 민중에게 있다고 주장했다.

성을 보고 있다)⁹⁾ 속에 몰입(沒入)하는 것을 허용받았다고 하자. 그러면 다음에는 군집이라는 이 추상물(抽象物) — 이것은 무(無)보다도, 보잘것없는 개체적인 인간보다도 더 아무 내용도 없는 것이다. — 이 무엇인가 상당한 것으로 간주되기에 이른다. 그리고 오래지 않아 이 추상물이 신이 된다.¹⁰⁾ 그렇게 되면 이것이 철학적으로 '신(神)=인간'의 교설과 일치하게 되는 것이다.

군집이 제왕(帝王)을 위압하고 신문이 참사관(參事官)을 위압한다는 것을 사람들이 알고 있는 것처럼 드디어 인간은 모든 인간이 합해짐으로써 신을 위압할 수 있다는 사실을 발견한다. 그리고 인간은 이것을 '신=인간' — 즉 신과 인간은 유일동일(唯一同一:idem per idem)의 것이라는 — 의 교설이라고 이름 붙인다.

개체에 대한 인류의 우위라는 이런 교설을 전파하는 데에 협력한 철학자들 가운데 대부분이 이처럼 천민(賤民)이 '신=인간'이 되도록까지 교설이 하락함에 이르자 혐오의 감정을 품고 그것으로부터 등을 돌린 것은 말할 필요도 없다.

그런데 철학자들은 이것이 다름 아닌 그들의 교설의 귀결임을 잊고 있다. 그리고 그들의 교설이 귀족들에 의해 받아들여지던 때에도, 그리고 상당한 귀족들이나 선택된 철학자들의 무리가 자신들을 신의 화신이라고 생각하던 때에도 지금보다 진리성이 있었던 것이 아니라는 사실을 간과하고 있다.

---

10) 독일의 종교 철학가(David Friedrich Strauss 1808~1874)가 주장한 '신인(神人)은 전 인류(全人類)다.'라는 사상을 가리킴.

결국 '신=인간'의 교설은 기독교를 뻔뻔스럽게 만들었다. 그리하여 신이 너무 약한 듯이 보이기도 한다. 마음씨 좋은 사람이 너무나 큰 양보를 했기 때문에 오히려 배은망덕한 처사를 당한 것과 똑같은 일이 신에게도 일어난 것이다. '신=인간'의 교설을 만들어낸 것은 신이다.

그런데 지금 기독교계는 뻔뻔스럽게도 그것을 전도(顚倒)시켜 신이 마치 친척이라도 되는 것 같은 행동을 하기 시작했다. 그리하여 신이 하신 양보는 군주(君主)가 자유로운 헌법을 용인하는 (이것이 무엇을 의미하는지는 누구나 알고 있다. 즉 '그는 그렇게 하지 않을 수 없었던 것이다'라는 식의) 것과 거의 같은 의미밖에 지니지 않게 된다.[11] 그래서 지금 신이 낭패하기 시작한 것처럼 보인다.

현자(賢者)가 신을 향해 다음과 같이 말한다 하더라도 그의 말은 지당한 것처럼 생각된다.

"이것은 당신 자신의 책임이다. 왜 당신은 인간 따위에게 그토록 깊이 관계했단 말인가? 인간은 결코 신과 인간 사이에 이와 같은 동등성이 있으리라고는 생각지 못했을 것이다![12] 당신 스스로 그것을 가르쳐 주었다. 지금 그 보답을 받고 있는 것이다!"

그런데 기독교는 애초부터 자신을 보호하고 있었다. 기독교는 죄

---

11) 이 책이 쓰인 1848년에 덴마크에서는 인민(人民)이 전제 군주로부터 입헌제(立憲制)를 쟁취했다.
12) 고린도전서 제2장 9절. "하나님이 자기를 사랑하는 자들을 위하여 예비하신 모든 것은 눈으로 보지 못하고 귀로 듣지 못하고 사람의 마음으로 생각하지도 못하였다."

의 교설로써 시작된다. 죄의 범주는 개체성의 범주이다. 그러므로 죄는 사변적으로는 결코 사유(思惟)될 수 없다. 즉 개체적인 인간은 개념 이하의 것이다. 우리는 개체적인 인간을 생각할 수 없다. 단지 인간이라는 개념을 생각할 수 있을 뿐이다.

사변이 개체에 대한 인류의 우위(優位)의 교설에 빠져 버린 것은 그 때문이다. 도대체 현실에 대한 개념의 무력함을 사변으로 인식시키고자 하는 것이 무리이다. 우리는 개체적인 인간을 생각할 수 없는 것처럼 개체적인 죄인을 생각할 수 없다. 죄를 생각할 수는 있다.(그때 죄는 소극성이다) 그러나 개체적인 죄인을 생각할 수는 없다.

그런데 바로 그 이유 하나만으로 죄가 생각되어져야 하는 것이라면 우리는 죄를 엄숙하게 문제 삼을 수 없는 것이다. 엄숙한 문제는 일반적인 죄가 아니라 나와 네가 죄인이라는 데 있기 때문이다. 엄숙함의 중심은 개체인 죄인에게 달려 있다.

그러나 '개체적 인간'에 대해 사변은 그것이 시종일관하는 한 인간이 개체적이라든가 인간이란 사유할 수 없는 무엇이라든가 하는 따위에 대해서는 매우 조소적인 태도를 취할 것이다. 그리고 그런 것을 문제 삼으려 하는 경우 사변은 개체를 향해 틀림없이 이렇게 말할 것이다.

"도대체 그런 것을 가지고 인간이 시간을 낭비할 필요가 있을까? 개체 따위에 대해서는 잊는 게 좋다. 개체적 인간이라는 것은 별문제가 안 된다. 오직 사유하라. 그러면 너는 전인류(全人類)이다. 나는 생각한다, 고로 나는 존재한다.(Cogito ergo sum)"

라고. 어쩌면 이것도 틀린 말일지 모른다. 그리고 개체적인 인간이야말로, 인간이 개체적이라는 것이야말로 최고의 것인지도 모른다. 그러나 사변이 말하는 대로라고 해 두자. 사변은 논지(論旨)를 일관시키기 위해 다시 이렇게 말하지 않으면 안 될 것이다.

"개체적인 죄인이라는 것은 아무런 문제도 되지 않으며 그것은 개념 이하의 것이다. 그런 일로 시간을 낭비하는 것은 그만두는 게 좋다."

라고. 그 다음은 어떻게 될까? 우리는 사변(思辨)의 권고에 따라서 개체적인 인간 대신에 '인간'이라는 개념을 생각하고, 개체적인 죄인 대신에 '죄'를 생각해야 할까? 그렇다면 그 다음은? 어쩌면 죄를 생각하는 것 자체가 '죄'가 되는 (나는 생각한다, 고로 나는 존재한다.) 것이 아닐까? 멋진 제안이다!

그렇기는 하나 이와 같이 죄를 생각하는 것 자체가 죄가 되며 그것도 순수한 죄가 되지 않을까 하고 걱정할 필요는 없다. 왜냐하면 죄는 사유(思惟)될 수 없는 것이기 때문이다. 이것은 사변 자신도 인정하지 않을 수 없으리라. 죄는 개념으로부터의 이반(離叛)이다.

사변적인 전제(前提: econcessis[13]) 아래서의 논의는 이 정도로 해두지만 사실 중요한 난점(難點)은 다른 곳에 존재한다. 사변은 죄와의 관계에 있어서 윤리적인 것이 하는 역할을 한다는 점에 주의를 기울이지 않는다. ― 윤리적인 것은 언제나 사변과는 반대의 것을 주장하며 그와 정반대의 방향으로 움직인다.

---

13) econcessis란 용인(容認)된 것을 기초로 논의를 전개하는 것.

윤리적인 것은 현실을 추상(抽象)하지 않고 오히려 현실 속에 깊이 파고든다. 즉 본질적으로 사변에 의해 간과되고 경멸되고 있는 '개체성'이라는 범주의 도움을 빌어 작용한다. 죄는 개체적인 규정이다. 그 자신이 개체적인 죄인이면서도 개체적인 죄인이라는 것은 아무 문제도 아니라는 듯이 행동한다면 그것은 불성실이며 또 다른 죄이다.

여기에 기독교가 깊이 파고들어 사변 앞에 십자(十字:聖號)를 긋는다. 돛단배가 심한 역풍(逆風)을 거슬러 나아갈 수 없는 것처럼 사변도 이 곤란으로부터 벗어날 수는 없는 것이다. 죄의 진실성은 개체에 있어서 (그것이 너든 나든) 죄의 현실성이다. 사변의 입장에서는 개체적인 것은 당연히 무시하는 것으로 되어 있다. 따라서 죄에 관하여 사변적으로 말하는 것은 경박하지 않을 수 없는 것이다. 죄의 변증법은 사변의 변증법과 정반대로 대립되어 있다.

여기서 기독교는 죄의 교설과 더불어 개체와 더불어 시작한다.*

---

* 인류의 죄에 관한 교설은 사람들이 다음의 점에 주의하지 않았기 때문에 흔히 잘못 사용되어 왔다. 죄는 만인에 공통되는 것이기는 하나 인간을 사회라든가 회사 같은 공통 개념 속에 총괄(總括)하는 것은 아니다. (이것은 교회의 묘지에서 죽은 자의 무리가 사회를 형성하는 일이 없는 것과 마찬가지다) 오히려 인간을 개체로 분산시켜 각각의 개체를 죄인으로서 규정해 두는 것이다.

그런데 이 분산은 다른 의미로는 현존재의 완전성과도 조화되고 있으며 또 목적론적으로는 완전성의 방향을 목표로 하기도 한다. 사람들은 이 점에 주의하지 않고 계속해서 타락하는 인류를 그리스도를 통해 단번에 재차 선(善)의 상태로 회복시킨 것이다.

그리하여 또다시 하나의 추상물이 신의 목에 매달리게 되었고 이 추상물은 추상물인 주제에 신과 아주 가까운 친척이라는 따위의 주장을 하는 것이다. 그러나 그것은 인간을 철면피로 만드는 방패막이에 지나지 않는다.

물론 기독교는 '신=인간', 따라서 신과 인간의 동일성에 관하여 가르친다. 그러나 기독교는 오만한 혹은 건방지게 강요하는 것 같은 태도를 매우 미워한다.

신과 그리스도는 군주가 자유로운 헌법을 요구하는 국민이나 대중·공중(公衆) 등에 대하여 자기를 보호하는 것과는 다른 방법으로 개개의 죄에 대한 교설에 의해 단호하게 자기를 방어한다. 이 모든 추상물(抽象物)들은 신 앞에서는 전혀 존재하지 않는다. 오직 개체적인 인간만이, 오직 개체적인 죄인만이 그리스도 안에서 신 앞에 살고 있는 것이다. 그럼에도 불구하고 신은 전체에도 마음을 쓴다. 실로 참새를 돌보는 일까지도 하는 것이다.[14]

신은 일반적으로 질서의 벗이다. 그리고 이 목적을 위하여 그 자

'개체'가 신에게 친근감을 느낀다면 (이것은 기독교의 교설이다.) '개체'는 이런 친근감의 모든 중압(重壓)을 공포와 전율 속에서 느끼지 않으면 안 되며 또 좌절의 가능성을 발견하지 않으면 안 된다. (이미 발견되지 않았다면) 그런데 개체가 추상물을 통하여 이런 영광에 도달해야 한다면 사태는 너무나 천박해지고 결국 공허한 것이 되어 버릴 것이다.

그 경우 개체는 신의 이 거대한 중압(重壓) — 이것은 개체를 겸허하게 하여 깊이 가라앉게 하는 동시에 그것을 높인다 — 을 경험하지 못한다. 개체는 이 추상물에 관여함으로써 모든 것을 수월하게 소유할 수 있다고 생각한다.

인간적 존재는 동물적 존재와는 달리 개체는 결코 종(種) 이하가 아니다. 인간은 일반적으로 열거할 수 있는 여러 가지 장점에 의해 동물과 구별될 뿐만 아니라 개체가 종(種) 이상의 것이라는 사실에 의해 인간은 질적으로 동물과는 다른 것이다. 그리고 이 규정은 또한 변증법적인 것으로 개체가 죄인임을 의미함과 동시에 그럼에도 불구하고 개체임이 완전성임을 의미하고 있다.

14) 마태복음 제10장 29절. "참새 두 마리가 한 앗사리온에 팔리지 않느냐. 그러나 너희 아버지께서 허락하지 아니하시면 그 하나도 땅에 떨어지지 아니하리라."

신은 모든 곳, 모든 순간에 존재한다. 그는 편재자(遍在者:이것은 신을 일컫는 칭호의 하나로서 교본[15]에 기록되어 있는데 사람들은 때때로 이런 사실에 생각이 미치기는 하나 그것을 늘 염두에 두고 있지는 못한다.)이다.

신의 개념은 인간의 개념 — 여기서 개체는 개념 속에 나타날 수 없는 것이라고 생각되고 있다. — 과는 다르다. 신의 개념은 일체를 포괄한다. 다른 의미로는 신은 어떠한 개념도 가지고 있지 않다. 편재자(遍在者)라는 호칭의 도움을 빌 필요도 없이 그는 현실 그 자체, 즉 모든 개체를 파악하고 있다. 신에 있어서 개체는 개념 이하의 것이 아니다.

그런데 죄에 관한 교설, 나와 네가 죄인이라는 교설(무리를 완전히 분산시켜 버리는 이 교설)은 신과 인간 사이의 질적 차이를 그 예를 볼 수 없을 정도로 (왜냐하면 오직 신만이 이를 행할 수 있기 때문에) 깊이 확립한다. 죄란 신 앞에서의 것이기 때문이다. 어떠한 인간도 죄인이며 그것도 '신 앞에서' 그렇다고 하는 점만큼 인간과 신이 확실히 구별되는 점은 없다.

이런 구별을 통하여 대립되는 양극이 이중(二重)의 의미로 '결합되어 있다'. 즉 그들은 조합되는 동시에 대조(對照)되어 있다. 그리고 어느 쪽도 상대방으로부터 떨어지는 것이 허용되지 않는다. 그렇게 결합되어 있음으로써 양자(兩者)의 구별은 더욱 두드러진다. 마치 두

---

15) 발레(Balle)의 복음적(福音的) 기독교 교재로서 덴마크의 학교용 교재를 가리킴.

가지 색을 조합시키는 경우와 같다.

대립하는 것은 나란히 놓일 때 그 대립이 더욱 선명해진 다.(Opposita juxta se posita magis illucescunt) 인간에 대하여 말할 수 있는 모든 것 가운데 죄만이 부정(否定)의 길(via negationis)에 있어서도 긍정(肯定)의 길(via eminentiae)에 있어서도 신에 대해서는 말할 수 없는 유일한 것이다.

누군가가 신은 유한(有限)하지는 않다(신이 무한하다는 것을 부정의 길에서 표현한 것)고 이야기하는 것과 같은 의미로 신은 죄인이 아니라는 식으로 신을 설명하려 한다면 그것은 신을 모독하는 것이다.

인간은 죄인으로서 질적(質的)인 절대의 심연(深淵)에 의해 신으로부터 단절되어 있다. 신이 인간의 죄를 용서하는 경우에도 역시 이런 질적인 절대의 심연에 의해 인간으로부터 단절되어 있음은 말할 필요도 없다. 다른 경우라면 일종의 역(逆)의 순응에 의해 신적인 것이 인간적인 것으로 옮겨지는 일도 있기는 하나 죄의 용서라는 이 한 가지 점에 있어서만은 인간은 영원히 신과 동등해질 수 없다.

바로 이 점에 좌절의 가능성이 집중되어 있다. 신과 인간의 동일성을 가르치는 바로 그 교설이 이런 것을 필요하다고 생각한 것이다. 좌절은 개체적 인간의 주체성의 가장 결정적인 규정이다. 하긴 좌절하는 인간을 생각하지 않고 좌절을 말하는 것은 피리를 부는 사람을

---

16) 《소크라테스의 변명》에 "피리 부는 자를 인정하지 않으면서 피리 부는 것을 인정할 수는 없다." 라는 구절이 나온다.

생각하지 않고 피리 소리를 말하는 것보다는 그런 대로 가능할 것이다.[16] 그렇지만 사유라 하더라도 좌절이 연애(戀愛)보다 더 비현실적인 개념이라는 것을 인정하지 않을 수 없을 것이다. 좌절이라는 개념은 좌절하는 인간 개체가 출현할 때마다 비로소 현실적인 것이 되기 때문이다.

따라서 좌절은 개체에 관계한다. 그리고 그와 함께 기독교가 시작된다. 즉 각자를 개체로, 개체적인 죄인으로 하는 데서 기독교가 시작되는 것이다. 그리고 기독교는 하늘과 땅이 찾아낼 수 있는 모든 좌절의 가능성을 한 점에 집중시킨다. (신은 그것만을 마음에 둔다) ─ 그것이 기독교이다. 기독교는 각 개체에게 말한다. '너는 믿어야 한다.' 즉,

'너는 좌절하든가 믿든가 어느 쪽이어야 한다.'

그 이상 아무 말도 없으며 그 이상 아무것도 덧붙일 것이 없는 것이다. '이미 나는 말했다'고 천상(天上)에서 신은 말한다.

"영원한 세계에서 다시 이야기를 나누기로 하자. 그때까지 네가 무엇을 하든 그것은 네 마음대로이다. 그렇지만 심판이 다가온다."

심판! 그렇다. 우리는 실제로 다음과 같은 것을 배웠고 또 경험이 그것을 우리에게 가르쳐 주었다. 예를 들어 선박 혹은 군대 안에서 폭동이 일어난 경우 너무 많은 사람이 유죄이기 때문에 어쨌든 처벌은 단념되지 않으면 안 된다.

또 높은 영예를 쟁취한 교양 있는 민중이나 국민이 죄를 범한 경우에 그것은 범죄도 아닐 뿐만 아니라 복음서나 계시처럼 믿는 신문에 의하면 그것은 신의 의지이다. 이것은 어디에 그 원인이 있을까?

심판의 개념이 개체에 관계하고 있다는 데에 원인이 있다. 심판이 집단적으로 행해지는 일은 없기 때문이다.

우리는 사람들을 집단적으로 학살할 수도 있고 집단적으로 그들에게 물세례를 퍼부을 수도 있고 집단적으로 그들의 기분을 상해 줄 수도 있다. 다시 말해 여러 가지 방법으로 사람들을 가축처럼 취급할 수는 있다. 그러나 사람들을 가축처럼 심판하는 것은 불가능하다. 우리는 가축을 심판할 수 없기 때문이다. 설령 매우 많은 사람들이 심판받았다 하더라도 그 심판이 진실과 진리를 포함하고 행해졌다면 그것은 각 개체가 심판받은 것이다.*

그런데 유죄자(有罪者)가 굉장히 많은 경우 인간의 힘으로는 일일이 심판할 수 없다. 그래서 심판 자체가 포기되는 것이다. 그런 경우에는 심판이라는 것이 전혀 문제가 되지 않는다는 것을 사람들은 안다. 유죄자가 너무 많기 때문에 그들을 하나하나의 개체로서 심판할 수 없는 것이다. 우리는 그들은 개체로서 파악할 수도 없으며 또 그들은 개체로 취급할 수도 없다. 그래서 심판은 포기되지 않으면 안 되는 것이다.

문명이 발달된 오늘날의 시대에는 신을 인간과 같은 모습을 하고 인간과 같은 감정을 가진 존재로 생각하는 의인적(擬人的) 신관(神觀)을 시대에 뒤떨어졌다고 취급하면서도, 심판자로서의 신이 많은 업무를 재빨리 처리하지 못하는 지방 재판소 판사나 배석 판사 같은

---

* 보라, 신이라는 '심판자' 앞에는 어떠한 군집도 없고 오직 개체만이 있을 뿐이다.

것으로 여기는 것을 시대에 뒤떨어진 생각으로 취급하지는 않는다.

사람들은 영원의 세계에서도 이와 똑같을 것이라고 미루어 생각하는 것이다. 그리하여 사람들은 힘을 합하여 목사로 하여금 그런 식으로 설교하도록 함으로써 안전을 도모해야 하지 않겠느냐고 말하게 된다.

"감히 이설(異說)을 주장하는 인간이 있다면, 즉 어리석게도 공포와 전율 속에서 자신의 생활을 불안한 것, 책임으로 가득 찬 것으로 만들고 또한 다른 사람까지도 괴롭히는 인간이 있다면 우리는 그를 미친 사람으로 간주하거나 필요한 경우에는 그를 때려 죽여서라도 우리의 입장을 안전하게 지켜야 하지 않겠는가.

그 경우에 우리의 수가 많기만 하다면 그것은 아무 부정(不正)도 되지 않는다. 다수자(多數者)가 부정을 행한다는 따위는 이치에 어긋나며 시대에 뒤떨어진 생각이다. 다수자가 행하는 것은 신의 의지이다. 이 지혜 앞에 이제까지의 모든 인간, 국왕도 황제도 각하도 모두 머리를 숙여 왔다.

우리는 젊은이가 아니므로 이것을 경험을 통해 알고 있다. 우리는 경험이 많은 어른으로서 말하고 있으므로 절대로 무의미한 말은 하지 않는다. 이 지혜 덕분에 모든 피조물(被造物)은 지금까지 구원받아 온 것이다.

맹세코 말하지만 신도 머지않아 틀림없이 이 지혜 앞에 머리를 숙이게 될 것이다. 요컨대 문제는 우리가 참된 다수자가 되어 일치단결하는 데 있다. 우리가 그렇게 하기만 한다면 영원의 심판에 대해서도 안전할 것이다."

라고 그들은 말할 것이다. 만일 그들이 영원의 세계에서 비로소 개체가 된다면 물론 그들은 안전할 것이다. 그러나 그들은 신 앞에서 언제나 개체였고 지금도 역시 개체이다. 유리 상자 안에 앉아 있는 인간이라 하더라도 신 앞에 있는 인간만큼은 부끄럽지 않을 것이다.

신은 인간의 구석구석을 꿰뚫어보고 있다. 양심이 그 사실을 나타낸다. 죄를 범할 때마다 양심의 도움으로 즉시 보고서가 작성되도록 되어 있으며, 그것도 죄를 범한 자신에 의해 작성되도록 되어 있다. 또한 그 보고서는 비밀 잉크로 쓰이므로 영원한 세계의 빛으로 비출 때, 즉 영원이 양심을 음미할 때 비로소 명료하게 드러난다.

요컨대 누구든 영원의 세계로 갈 때는 그가 저질렀거나 등한히 했던 극히 사소한 일까지도 모두 기록한 상세한 보고서를 몸에 지니고 가서 심판자에게 직접 제출해야만 하는 것이다. 그러므로 영원의 세계에서 심판을 관장하는 일은 어린아이라도 할 수 있을 정도이다. 그곳에서 제3자가 할 일은 아무것도 없다. 인간의 입에서 나온 가장 무의미한 말까지도 조사가 모두 끝나 있기 때문이다.

영원에 이르기까지의 인생의 여로에서 죄를 범하는 자는 마치 범행 현장에서 기차를 타고 탈출함으로써 그 속도에 의해 현장과 자신의 범죄로부터 벗어나려는 살인자와 같다.

아아, 그가 타고 있는 기차는 그의 인상서(人相書)와 그를 바로 다음 역에서 체포하라는 지령의 전신(電信)이 함께 달리고 있는 것이다. 기차가 정거장에 도착하여 기차에서 내릴 때 그는 체포되는 것이다. 그는 말하자면 자신의 행위에 관한 상세한 보고서를 몸에 지니고 있었던 것이다.

죄의 용서에 대하여 절망하는 것이 좌절이다. 좌절이란 강화된 죄이다. 흔히 사람들은 그런 것을 전혀 생각하지 않으며 일반적으로 좌절을 죄로 취급하지도 않는다. 그러므로 대체로 그런 죄에 관해서는 이야기하지 않고 좌절이 포함되어 있지 않은 개개의 죄에 관해서만 이야기하는 것이다. 더구나 사람들은 좌절을 강화된 죄로서 이해하고 있지 않다. 그것은 그들이 죄의 반대를 (기독교적으로) 신앙 안에서가 아니라 (이교적으로) 덕(德) 안에서 보고 있기 때문이다.

C. 기독교를 적극적으로 폐기하며 그것을 거짓이라고 말하는 죄

이것은 성령을 모독하는 죄이다. 이 단계에서는 자아가 절망적으로 강화되어 있다. 자아는 기독교 전체를 자신으로부터 내던져 버릴 뿐만 아니라 그것을 기만과 허위라고 단정 지어 버린다. 이런 자아는 자기 자신에 관하여 그 얼마나 무서운 절망적 관념을 갖게 되는 것일까!

우리가 죄를 인간과 신의 싸움으로서 파악할 때 죄의 도가 강해지는 것이 명료하게 나타난다. 이 전술(戰術)이 방어에서 공격으로 바뀔 때가 죄의 도가 강해지는 때이다. 절망은 죄이다. 이 단계에서는 싸움이 도피적으로 행해지며 다음에는 자기 죄에 대한 절망이 찾아든다. 이 단계에서도 여전히 싸움을 피하려 한다. 즉 자신의 퇴각 지점에 틀어박히거나 한 발 한 발 퇴각하면서(pedem referens) 싸움을 피하려 하는 것이다.

이제는 전술이 바뀐다. 죄는 끊임없이 자기 자신 안에 깊이 파고든다. 그리하여 자신은 신에게서 점점 멀어져 가지만 그렇게 함으로써 오히려 죄는 다른 의미로 점점 신에게 다가가서 결정적으로 자기 자신이 되는 것이다.

죄의 용서에 대하여 절망하는 것은 신의 자애로운 제안에 대한 정해진 준비 태세이다. 죄는 이미 단순히 도피적인 것만은 아니며 또 단순히 방어적인 것만은 아니다. 오히려 기독교를 허위이고 기만이라 하여 버리려 하는 행위의 죄는 이제 공세를 취하는 것이다. 앞서 모든 단계에서 죄는 어쨌든 어느 정도까지 상대가 강하다는 것을 인정했다. 이제 죄는 공격을 시작한 것이다.

성령에 거역하는 죄는 좌절의 적극적인 형태이다.

기독교의 교설은 '신=인간', 즉 신과 인간 사이의 친근성에 대한 교설이다. 이 경우 주의해야 할 점은 좌절의 가능성은 (이렇게 말하는 것이 허락된다면) 인간이 너무나 가까이 오는 일이 없게 하기 위해 신이 스스로를 지키는 보증이라는 사실이다.

좌절의 가능성은 모든 기독교적인 것에 있어서 변증법적인 계기이다. 이것이 없어진다면 기독교는 이교와 다른 점이 없을 뿐만 아니라 매우 공상적인 것이 되어 버릴 것이다. 그러면 이교는 그런 기독교의 교설이 불필요한 잔소리에 지나지 않는다고 말할 게 틀림없다.

기독교의 교설에 있어서처럼 인간이 그렇게도 신 가까이에 있다는 것, 인간이 그리스도 안에서 그처럼 신에 접근할 수 있으며 접근하는 것이 허락되고 또 접근해야 한다는 것은 일찍이 어떤 인간도 생각하지 못했던 일이다. 그런데 만약 이 일이 아주 당연한 일로서 추호의 유보나 아무런 망설임도 없이 그대로 받아들여져야 하는 것이라면 이것이야말로 신에 의한 광기 어린, 즉흥적인 착상이다.(이교가 만들어 낸 신들을 인간적인 광기라고 부른다면)

그런 교설은 오직 오성을 상실한 신만이 착안할 수 있는 것이다. ─ 아직 자기의 오성을 가지고 있는 인간이라면 이렇게 판단하지 않을 수 없는 것이다. 만약 인간이 그렇게 쉽게 가까워질 수 있는 인간의 모습을 한 신이라면 셰익스피어의 헨리 왕과 어울리는 짝이 될 것이다.

신과 인간은 그 사이에 무한한 질적 차이가 존재하는 두 개의 질(質)이다. 이 차이를 간과하는 모든 교설은 인간적으로 말하면 광기이고 신적으로 평하면 신을 모독하는 것이다. 이교에서는 인간이 신을 인간으로 만들었지만(인간=신) 기독교에서는 신이 스스로 자신을 인간으로 만든다(신=인간).

그런데 이 자비심 깊은 은총의 무한한 사랑 속에서 신은 하나의 조건을 제기한다. 그는 그렇게 하지 않을 수 없는 것이다. '신이 그렇게 하지 않을 수 없다'는 바로 이 점이야말로 기독교의 비애인 것이다. 그는 자신의 신분을 낮추어 종의 모습을 하고 인간을 위해 번뇌하면서 죽을 수 있다.

그는 모든 사람을 '내게로 오라'고 부른다.[17] 그는 생애의 매일을, 나날의 매시간을, 아니 생명 그 자체마저도 인간을 위해 바칠 수 있다. 그러나 좌절의 가능성만은 신도 제거해 줄 수가 없는 것이다.

아아, 사랑의 유일한 행위여! 아아, 사랑의 깊은 비애여! 신 자신조차 어떻게 할 수 없는 어려운 일이 있는 것이다. 그것은 어떤 의미에서는 신이 그것을 원하지 않기 때문일 것이다. 또한 원할 수도 없는 것이다. 신이 그것을 원한다 해도 어떻게 할 수 없는 어려운 일이다. 아니, 신의 이 사랑의 행위가 오히려 인간을 극단적으로 비참한 상태에 떨어뜨릴지도 모르며 죄보다 더 큰 인간 최대의 비참은 인간

---

17) 마태복음 제11장 28절. "수고하고 무거운 짐 진 자들아, 다 내게로 오라. 내가 너희를 쉬게 하리라."

이 그리스도에 좌절하여 좌절 상태에 머물러 버리는 일이다. 그리고 이 좌절만은 그리스도도 '사랑'도 어떻게 해 볼 수가 없다. 보라! 그렇기 때문에 신은 말한다.

"나에게 좌절하지 않는 자는 행복하다"[18]

그는 그 이상 어떻게도 할 수 없는 것이다. 따라서 신은 그의 사랑 때문에 일반적으로는 인간이 절대로 빠질 수 없는 비참한 상태에 인간을 빠뜨려 버릴 수도 있는 것이다. 실제로 그런 일은 가능하다. 아아, 헤아릴 길 없는 사랑의 모순이여! 그렇다고 해서 과감히 사랑을 포기하는 일은 신으로서 사랑 때문에 견딜 수 없다. 아아, 그렇지만 사랑 때문에 오히려 인간을 일반적으로는 절대로 빠지지 않을 비참한 상태에 떨어뜨리게 된다면!

위의 모순을 인간적인 측면에서 이야기해 보기로 하자. 사랑을 위해 자신의 모든 것을 바치고 싶다는 충동을 느껴 본 일이 없는 사람, 그래서 그런 일을 해 본 일이 없는 사람이 있다면 아아, 이 얼마나 가련한 인간일까! 그런데 만약 인간이 사랑 때문에, 다름 아닌 바로 그의 사랑에 의한 헌신 때문에 다른 한 사람, 즉 그의 애인이 최대의 불행에 빠질지도 모른다는 것을 깨닫게 된다면 어떻게 되겠는가? 우리는 다음 두 가지 경우를 생각할 수 있다.

첫째, 그가 그 사실을 깨달았을 때 그의 사랑은 긴장감을 잃고 강한 생명력이 끊어져 버리면서 비통한 슬픔 때문에 폐쇄적인 번민으

---

18) 마태복음 제11장 6절. "누구든지 나로 말미암아 실족하지 아니하는 자는 복이 있도다."

로까지 위축될 것이다. 이윽고 그는 사랑을 버리고 말 것이다. 그는 사랑을 행할 용기를 갖지 못한 것이다. 그리하여 그는 주저앉고 만다. 사랑의 행위 때문에 주저앉는 게 아니고 앞에서 말한 가능성의 중압 때문에 주저앉는 것이다.

이는 마치 저울추가 저울대 끝 쪽으로 가면 갈수록 무거워져 그것을 들어 올리려는 사람은 반대의 끝을 잡지 않으면 안 되는 것처럼 어떠한 행위도 그것이 변증법적인 것이 됨에 따라 곤란의 도가 더해진다.

그리고 그것이 '공감적=변증법적'인 것이 될 때 곤란은 그 절정에 이른다. 이렇게 사랑은 애인을 위해 행해져야 한다는 그 자체가 다른 의미로는 애인에 대한 염려가 그 사랑을 단념하도록 하는 것이다.

다른 한 경우는 사랑이 승리하는 것이다. 그는 사랑에 따른 모험을 감행한다. 아아, 그러나 사랑의 희열(사랑은 언제나 기쁜 것이다. 특히 사랑으로 인해 모든 것을 바칠 때는) 가운데에는 깊은 비애가 잠겨 있다. 그의 사랑으로 인해 애인에게 위해(危害)를 미치게 할지도 모른다는 가능성을 생각할 수 있기 때문이다.

보라! 그 때문에 그는 눈물 없이 그 사랑을 성취할 수도 희생(그로서는 기꺼이 희생을 바쳤을 것이다)을 바칠 수도 없었을 것이다. 이 — 무어라고 말해야 좋을까 — 내면성의 역사적 회화(繪畵) 위에 저 어두운 가능성이 감돌고 있지 않았다면 그의 행위는 진실한 사랑의 행위가 아니었을 것이다.

오오, 나의 친구여! 그대는 도대체 인생에서 무엇을 하려 했다고 말하겠는가? 그대의 머리를 짜내라! 그대를 싸고 있는 모든 껍질을 벗어 버려라! 그대의 깊은 가슴 속 감정을 속속들이 드러내라! 그리고 그대가 읽고 있는 것으로부터 그대를 분리시키는 모든 장벽을 헐어 버려라! 그런 다음 셰익스피어를 읽어 보라. 그러면 그대는 그의 갖가지 모순에 전율할 것이다.

본래의 종교적인 모순 앞에서는 셰익스피어조차도 두려워 쩔쩔맨 듯이 보인다. 이런 종교적 모순은 오직 신들의 말에 의해서만 표현될 수 있는 것이다. 어떤 인간의 말로도 그것을 표현할 수 없다. 이미 그리스인들이 적절하게 표현했던 것처럼 인간은 인간에게서는 말을 배우며 신에게서는 침묵을 배우기 때문이다.[19]

신과 인간 사이에 무한한 질적 차이가 존재한다는 그 점에 제거할 수 없는 좌절의 가능성이 존재한다. 사랑 때문에 신은 인간이 되었다. 신은 말한다.

"나를 보라 여기에 인간의 참모습이 있다!"

그는 덧붙여 말한다.

"그렇지만 명심하라. 동시에 나는 신이라는 것을. 나에게 좌절하지 않는 자는 행복하리라."

신은 인간으로서 비천한 종의 모습을 취한다. 어떠한 인간도 자기는 제외되어 있다고 생각하지 않도록, 또 인간을 신에게 접근시키는 것은 인간적인 명성이나 인간 사이의 인망(人望)이라고 생각하지

---

19) 플루타크의 《모랄리어》에 나오는 말.

않도록 신은 비천한 인간이라는 것이 무엇인가를 보여 주는 것이다. 아니, 그는 비천한 인간이다. 그는 말한다.

"나를 보라. 그리고 인간이 무엇인가를 깨달으라. 그렇지만 그대는 명심하라. 나는 동시에 신이다. 나에게 좌절하지 않는 자는 행복하리라."

또한 반대로,

"아버지와 나는 하나이다.[20] 그러나 나는 가난하고 버림받아 인간의 손에 내맡겨진[21] 고독하고 비천한 인간이다. 나에게 좌절하지 않는 자는 행복하리라. 나, 이 비천한 인간인 나야말로 귀머거리를 듣게 하고 장님을 보게 하며 앉은뱅이를 걷게 하고 문둥병자를 깨끗하게 하며 죽은 사람을 소생하게 하는 자이다. 나에게 좌절하지 않는 자는 행복하리라."

하고 말한다. 그러므로 나는 가장 높으신 분 앞에 책임감을 가지고 감히 이런 말을 하려 한다.

'나에게 좌절하지 않는 자는 행복하리라' 하는 이 말은 최후의 만찬 때의 말씀[22]과 같은 정도는 아니더라도 '각자 자신을 살피라'[23]는

---

20) 요한복음 제10장 30절. "나와 아버지는 하나이니라."
21) 마가복음 제14장 42절. "일어나라, 함께 가자. 보라, 나를 파는 자가 가까이 왔느니라."
22) 마태복음 제26장, 마가복음 제14장, 누가복음 제22장, 고린도전서 제11장 참조.
23) 고린도전서 제11장 28절. "사람이 자기를 살피고 그 후에야 이 떡을 먹고 이 잔을 마실지니."

말씀과 같은 정도로 그리스도의 가르침 안에 함께 포함되어 있는 것이다. 그것은 그리스도 자신의 말로서 특히 기독교계에 있어서 늘 되풀이하여 한 사람 한 사람에게 분명하게 가르쳐야 한다.* 어디든 이 말이 공명되지 않는, 아니면 적어도 기독교적인 서술이 모든 점에서 이 사상으로 일관되지 않는 그런 기독교는 신을 모독하는 것이다.

그리스도는 호위도 종자도 없이 — 그에게 길을 안내하고 지금 오는 사람이 누구일까 하고 사람들의 시선을 집중시킬 만한 — 비천한 종의 모습으로 이 땅위를 헤매셨던 것이다. 그렇지만 좌절의 가능성(아아, 이것이 그리스도의 사랑 안에서 얼마만큼 그의 마음을 아프게 했을까!)이 그리스도와 그의 바로 곁에 서 있던 자 사이에 절대의 심연을 만든다. 이런 좌절의 가능성은 예전부터 그리스도를 호위하고 있었으며 지금도 그를 호위하고 있는 것이다.

좌절하지 않는 사람은 믿음을 가지고 예배한다. 그런데 신앙의 표현인 예배는 동시에 예배받는 자와 예배하는 자 사이에 질(質)의 절대적인 심연이 입을 벌리고 있음을 표현한다. 신앙에 있어서도 좌

---

* 실제로 현재 기독교계에서는 거의가 다 그렇다. 즉 모든 사람들은 그리스도 자신이 몇 번이나 되풀이하여 마음속 깊은 곳으로부터 좌절을 경고했음을(그의 생애의 마지막 순간에 이르기까지 처음부터 그를 따랐고 그를 위해서는 모든 것을 버릴 수 있는 충실한 사도들에게도 그는 좌절하지 않도록 경고했다) 완전히 무시하고 있거나 그렇지 않으면 그것을 그리스도의 지나친 염려인 것처럼 생각하고 있는 것이다. 그것은 좌절의 가능성을 전혀 눈치 채지 못하고도 그리스도에의 신앙을 가질 수 있다는 것을 많은 사람들의 경험이 보증하고 있기 때문이다. 생각건대 이것은 좌절의 가능성이 기독교계를 심판하기 위해 나타날 때 반드시 폭로될 오류이다.

절의 가능성이 변증법적 계기이기 때문이다.*

우리가 지금 여기서 문제를 삼는 종류의 좌절은 분명히 '적극적:mode ponendo'[27]인 것이다. 그것은 기독교를 허위이며 기만이라고 선언하며 그리스도에 대해서도 같은 말을 한다.

이런 종류의 좌절을 해명하기 위해서는 좌절의 갖가지 형태를 살펴보는 것이 좋다. 좌절은 원리적으로 역설(그리스도)에 상응하며 또한 기독교적인 것 일체의 규정 하에서(그런 규정은 모두 그리스도에 관계하고 그리스도를 염두에 두고 있기 때문에) 되풀이하여 나타난다.

---

* 여기에 관찰자에 대하여 작은 과제가 있다. 설교를 하거나 설교문을 쓰거나 하는 우리 나라 또는 외국의 목사들이 모두 신앙심 깊은 기독교도라고 한다면 우리의 시대에 특히 어울린다고 생각되는 다음의 기도가 조금도 입에 오르지 않고 또 쓰이지도 않는 이 현상을 어떻게 설명할 수 있을까?

"하늘에 계시는 신이여! 당신이 인간에게 기독교를 개념적으로 파악하도록 요구하지 않은 것을 감사하옵니다. 그랬더라면 저는 모든 사람들 가운데 가장 비참한 사람이었을 것입니다.[24] 기독교를 개념적으로 파악하려고 노력하면 할수록 저는 더욱더 기독교를 이해할 수 없으며 좌절의 가능성만을 더욱 더 많이 발견할 뿐입니다. 그러므로 당신이 신앙만을 요구하신 것을 감사하고 또 감사하옵니다. 당신의 뜻에 의해 앞으로도 저의 신앙이 더해지기를 비나이다.[25]"

이 기도는 정통파의 입장에서 보더라도 아주 적절하다. 그런데 이 사람이 정말로 이렇게 기도한다면 이것은 동시에 사변(思辨) 전체에 대한 적절한 풍자이기도 할 것이다. 그런데 도대체 지상에서 신앙을 발견할 수 있을까.[26]

24) 고린도 전서 제15장 19절. "만일 그리스도 안에서 우리가 바라는 것이 다만 이 세상의 삶뿐이면 모든 사람 가운데 우리가 더욱 불쌍한 자이리라."

25) 누가복음 제17장 5절. "사도들이 주께 여짜오되 우리에게 믿음을 더하소서."

26) 누가복음 제18장 8절. "내가 너희에게 이르노니 속히 그 원한을 풀어 주시리라."

27) mode ponendo는 '적극적인 방법으로' 라는 뜻.

좌절의 가장 낮은, 인간적으로 말하면 가장 천진한 형태는 그리스도에 관한 모든 문제를 결정하지 않은 채 남겨 놓고 이렇게 판단하는 것이다.

"나는 이 점에 관해서는 감히 어떠한 판단도 내리지 않는다. 나는 믿지도 않지만 판단하지도 않는다."

이것이 좌절의 한 형태라는 것을 대부분의 사람이 간과하고 있다. 솔직히 말해 사람들은 기독교적인 의미에서의 '네가 행할지어다.'라는 것을 잊고 있다. 그 때문에 그들은 그리스도에 대하여 그런 무관심한 태도를 취하는 것이 좌절이라는 사실을 깨닫지 못하는 것이다. 기독교가 당신에게 전해졌다는 사실은 그리스도에 관하여 의견을 가져야 한다는 것을 의미한다. 그리스도가 존재했었고 또 현존한다는 사실이 인간 세상 전체에 관계되는 결단이다. 그리스도가 당신에게 전해졌을 때,

"나는 그 점에 관해서는 어떠한 의견도 가지지 않겠다."

라고 말하는 것은 좌절에 지나지 않는다.

그렇지만 기독교가 현재 볼 수 있는 것처럼 아주 빈약하게밖에 전해져 있지 않은 우리 시대에는 위에서 한 말도 약간의 제한을 가지고 이해해야 한다. 기독교 설교를 들은 사람은 많지만 그들은 '네가 하지 않으면 안 된다'라는 것에 대해서는 아무것도 들은 바가 없는 것이다. 그런데 그것을 들어 본 적이 있으면서도,

"나는 그 점에 관해서는 어떠한 의견도 가지지 않겠다."

라고 말하는 사람은 좌절해 있는 것이다. 그리스도에 관하여 의견을 가질 것을 인간에게 요구하는 권리를 그리스도에게서 빼앗는

것이기 때문이다. 설령 그가,

"나는 분명 그리스도에 관해서는 아무 말도 하지 않았다. 옳다고
도 그르다고도 하지 않았다."

라고 변명하려 해도 소용이 없다. 우리는 다시 그에게 이렇게 물
을 것이다.

"너는 그리스도에 관하여 자신이 의견을 가져야 할 것인가 갖지
않아야 할 것인가 하는 점에 관해서도 아무런 의견을 갖고 있지 않은
가?"

라고. 그가 만약 이 물음에,

"물론 그 의견은 가지고 있다."

라고 대답한다면 그는 자승자박에 빠지는 것이며,

"가지고 있지 않다."

라고 대답한다면 물론 기독교에 의하여 유죄 판결을 받게 되는
것이다. 그는 그 점에 관하여, 따라서 그리스도에 관하여 당연히 의
견을 가져야 하기 때문이다. 누구라도 그리스도의 생애를 골동품처
럼 장식한 채 내버려 두는 불손을 감히 행하는 것은 용서될 수 없는
것이다.

신이 인간으로 탄생하여 인간이 되신 것은 한가해서 즉흥적으로
착상한 것이 아니다. 다시 말해 신이 따분함을 면하기 위해서(뻔뻔스

---

28) 하이네(1797~1856)의 시 < 귀향(歸鄕) > 속에 "따분함이 나를 괴롭힌다." 운
  운 하며 신으로 하여금 이야기하게 한 부분이 있다. 키에르케고르는 하이네
  의 시를 알고 있었다.

럽게도 신의 존재를 따분함과 결부시키는 자가 있다)[28] 무언가 해 보고 싶어서 인간이 되신 것은 아니다.

또 모험을 체험해 보기 위해 인간이 되신 것도 아니다. 만약 신이 인간이 되었다면 그 사실은 인간 세상의 중대한 사건이다. 그리고 이 중대한 사건에 대하여 인간이 의견을 가져야 함은 당연한 일이다.

국왕이 지방의 도시를 방문했을 때 관리가 정당한 사유 없이 사후(伺候:웃어른께 문안드림)를 게을리 한다면 국왕은 그것을 자기에 대한 모욕으로 간주할 것이다. 또 만약 그가 국왕이 와 계신다는 사실을 무시하고,

"국왕이 뭐냐! 국법이 도대체 어떻게 되었다는 거냐!"

하고 마치 야인(野人)처럼 모르는 체한다면 국왕은 어떻게 생각할 것인가?

신이 인간이 되려고 생각했을 때 한 인간(인간은 본래 신의 관리이다)이,

"그런 것에 관해서 나는 아무런 의견도 갖고 싶지 않아."

라고 말한다면 그것은 앞에서 예를 든 관리의 경우와 마찬가지이다. 이런 말투는 마음속으로는 신을 업신여기면서도 그것을 점잖게 표현한 것으로 결국 신을 무시하는 것이다.

좌절의 제2형태는 부정적이면서도 수동적인 것이다. 이런 형태의 사람은 자신이 그리스도를 무시할 수 없다는 것을 잘 알고 있다. 그리하여 그는 그리스도를 그대로 내버려둔 채 그 밖의 생활에 분주하게 열중할 수는 없는 것이다. 그렇다고 해서 그리스도를 믿을 수도 없다. 그는 끊임없이 하나의 점, 즉 역설(逆說)을 응시한다. 그렇게

하는 한 어쨌든 기독교를 존경하고 있는 것이며,

"너는 그리스도를 어떻게 생각하는가?"[29]

하는 이 질문이야말로 가장 결정적인 문제라는 것을 고백하는 것이다. 이 형태의 좌절 상태에 있는 인간은 환영처럼 나날을 보내며 그의 생명은 그 자신을 삼켜 버린다. — 그의 마음 속 깊은 곳에서는 언제나 이 결정을 문제로 삼고 있기 때문이다. 이리하여 그는 마치 불행한 사랑에 번뇌하는 자가 사랑의 실재성을 나타내고 있는 것과 마찬가지로 기독교가 어떤 실재성을 가지고 있는가를 잘 나타내고 있는 것이다.

좌절의 마지막 형태는 우리가 지금 문제 삼고 있는 것으로서 적극적인 좌절이다. 그것은 기독교를 허위와 기만으로 취급하고 그리스도(그가 현존했던 사실, 또 그가 스스로 주장했던 대로의 존재였다는 사실)를 가현설적(假現說的)[30] 또는 합리주의적으로 부정하는 것으로 그 결과 그리스도는 현실성을 잃고 가상적인 존재가 되든가 혹은 단지 개체적 인간이 되어 버리는 것이다.

이리하여 그리스도는 (가현설적으로) 현실임을 주장하려 하지 않는 시와 신화가 되든가 (합리주의적으로) 신성임을 주장하려 하지 않

---

29) 마태복음 제22장 42절. "너희는 그리스도에 대하여 어떻게 생각하느냐, 누구의 자손이냐."
30) 그리스도 가현설(假現說)은 그리스도론에 있어서 이단적 견해의 하나로, 인간으로서 육체를 소유하는 그리스도는 천상의 영적 실재자로서 그리스도의 환영에 지나지 않으며, 따라서 그 육체는 단순히 가현적인 것이라고 하는 입장.

는 현실성이 되든가 한다. 역설로서의 그리스도에 대한 이런 부정 안에는 물론 모든 기독교적인 것 — 죄, 죄의 용서 등등 — 에 대한 부정도 포함되어 있다. 좌절의 이 형태는 성령에 거역하는 죄이다.

유태인들이 그리스도에 관하여,

"그는 마귀의 힘을 빌려 마귀를 쫓는 자다."[31]

라고 말한 것처럼 이 형태의 좌절도 그리스도를 마귀의 소산(所産)으로 취급하는 것이다. 이 종류의 좌절은 죄가 극도로 강해진 것이다. 사람들이 대부분 이 사실을 간과하는 것은 그들이 죄와 신앙을 기독교적으로 대립시키지 않기 때문이다.

이 대립이야말로 이 책 전체를 통하여 주장된 것이다. 이 책 서두에(제1편 A-A) 아무런 절망도 존재하지 않는 상태를 나타내는 정식을 세워 놓았다. — 자아가 자기 자신에 관계하면서 자기 자신이기를 원할 때 자아는 자기를 정립한 힘 안에 자각적으로 자기 자신의 기초를 만든다. 이 정식은 누차 주의를 환기시킨 바 있듯이 동시에 신앙의 정의(定義)이기도 하다.

---

31) 마태복음 제9장 34절. "바리새인들은 이르되 그가 귀신의 왕을 의지하여 귀신을 쫓아낸다 하더라."

키에르케고르 연보

1813년

· 5월 5일 탄생. 부친은 미카엘 페더센 키에르케고르(1756~1838)
  모친은 안네 쇠렌스닷터 룬(1768~1834).

· 6월 3일 해리 가이스트 교회에서 세례를 받음.

1821년(8세)

· 보가뒤즈 학교에 입학.

1828년(15세)

· 4월 20일 견신례(堅信禮)를 받음.

1830년(17세)

· 10월 30일 코펜하겐 대학에 입학.

1834년(21세)

· 4월 15일 일기를 쓰기 시작.

· 7월 30일 모친 안네 병으로 사망함.

· 가을 H. L. 마르텐센(1808~1884)에게 쉴라이에르마하의 교의학
(敎義學)을 사사함.

1837년(24세)

· 5월 8일~15일 사이의 어느 날 프레데릭스베르그에 있는 레아담
가(家)를 방문하여 레기네 오르센(1823~1904)을 만남.

· 11월부터 모교(母校) 보가뒤즈 학교에서 라틴어를 가르침.

· 마르텐센의 강의 <사변적 교양학 서설(思辨的 敎養學 序設)>을
청강.

1838년(25세)

· 8월 9일 부친 미카엘 페더센 사망.

· 9월 7일 ≪아직 생존하는 자의 수기(手記)≫ (필자의 뜻을 어기고
S. 키에르케고르 이름으로 간행)을 출판.

1839년(26세)

· 2월 2일 레기네 오르센에게 사랑을 고백.

1840년(27세)

· 6월 2일 국가시험 수험 원서를 신학부에 제출함.

· 7월 3일 신학 국가시험을 마침.

· 9월 8일 레기네에게 결혼 신청함.

· 9월 10일 승낙의 답변을 받음.

· 11월 17일 왕립전도학교(王立傳道學校)에 입학.

1841년(28세)

· 7월 16일 논문 <아이러니의 개념에 대하여 — 끊임없이 소크라
테스를 회고하면서>가 철학부로부터 문학사(文學士) 학위의 가

치를 인정받음.

· 8월 11일경 레기네에게 약혼반지를 돌려보냄.

· 9월 29일 학위 논문의 공개토론이 열림.

· 10월 11일 레기네와의 관계를 최종적으로 단절함.

· 11월 15일~22일 독일의 베를린 대학에서 셸링의 제2강(講)을 청강함.

· 12월 7일경 <인격의 완성에 있어서 미적인 것과 윤리적인 것의 균형>을 탈고함.

1842년(29세)

· 1월 30일 <현대 비극에 있어서의 고대 비극의 반영>을 탈고.

· 4월 14일 <유혹자의 일기>를 탈고함.

· 6월 12일 ≪조국(祖國)≫에 공개 고백 및 학위 논문에 대한 A. F. 페크(1816~1861)의 비판에 답한 <후기(後記)>를 공개함.

· 11월 ≪이것이냐 저것이냐≫의 편집자 서문을 탈고함. <요하네스 클리막스 혹은 일체의 것이 의심받지 않으면 안 됨(假題)>을 집필함.

1843년(30세)

· 2월 20일 <이것이냐 저것이냐–인생의 한 단편> (빅토르 엘레미터 간행) 제1부 및 제2부 출판.

· 2월 27일 ≪조국≫에 A. F.의 서명으로 <'이것이냐 저것이냐'의 저자는 누구냐>를 발표함.

· 3월 5일 ≪조국≫에 빅토르 엘레미터의 서명으로 <하이베르크 교수에 대한 감사의 말>을 발표.

· 4월 16일 ≪두 개의 교화적(敎化的) 강화(講話)≫를 출판함. 같은 날 ≪조국≫에 <조용한 성명(聲明)>을 발표.

· 10월 16일 ≪두려움과 공포 — 변증법적 서사시≫ (침묵의 요하네스 저), ≪反復 — 실험심리학의 시험(試驗)≫ (콘스탄틴 콘스탄티우스 저), ≪세 개의 교화적 강화≫ 세 권을 동시에 출판.

· 12월 6일 ≪네 개의 교화적 강화≫를 출판.

1844년(31세)

· 3월 5일 ≪두 개의 교화적 강화≫를 출판.

· 6월 8일 ≪세 개의 교화적 강화≫를 출판.

· 6월 13일 ≪철학적 단편 — 또는 단편의 철학. 요하네스 클리막스 저(著) S. 키에르케고르 간행≫ 출판.

· 6월 17일 ≪불안의 개념 — 원죄에 대한 교의학적인 문제에 관해 심리학적으로 시사를 주기 위한 하나의 단순한 고찰≫ (비길리우스 하우프니엔시스 저) 출판. ≪서언(序言) — 때와 경우를 쫓아 다양한 독자층을 위한 오락적 읽을거리≫ (니콜라우스 노타베네 저) 출판.

· 8월 31일 ≪네 개의 교화적 강화≫ 출판.

1845년(32세)

· 4월 29일 ≪가상(假想)의 기회에 있어서의 세 가지 강화≫ 출판.

· 4월 30일 ≪인생행로의 세 단계≫ (다양한 필자에 의해 연구. 제본소 힐라리우스에 의해 수집·인쇄·출판)을 출판.

· 5월 29일 1843년 이후의 강화(講話)를 수록한 ≪18가지 교화적 강화≫를 출판.

· 12월 25일 친구이며 ≪코르자르≫지(紙)의 배후 협력자인 P. J. 메라(1814~1865)로부터 미학연보(美學年報) ≪게아≫지에 기고를 청탁받았으나 이를 사절함.

1846년(33세)

※이 해 1월부터 7월 사이에 ≪코르자르≫지에는 키에르케고르를 조소하는 기사가 모욕적인 만화와 함께 10여 차례에 걸쳐 실렸다.

· 1월 27일 ≪철학적 단편에의 완결적 비학문적인 후기(後記) — 연기적, 정열적, 변증법적 잡문 모음. 실존적 진술≫ (요하네스 클리막스 저, S. 키에르케고르 간행) 출판.

· 3월 30일 ≪J. L. 하이베르크 간행 <일상 이야기> 작가의 소설 <두 시대>에 대한 문학 평론≫ 출판.

· <헌정사(獻呈辭) '그 단독자(單獨者)'에 대하여>를 집필. <아즈라서(書)>를 집필.

1847년(34세)

· <나의 저작 활동과 '단독자'와의 관계에 대해서 한 마디>, <윤리적 전달과 윤리적 종교적 전달과의 변증법>을 집필.

· 3월 13일 ≪다양한 정신에 있어서의 교화적 강화≫ 출판.

· 8월 2일 <사랑의 기교> 탈고(脫稿).

· 9월 29일 ≪사랑의 기교 — 강화의 형식에 의한 약간의 기독교적 고찰≫을 출판.

· 12월 1일 <아즈라서(書)> 제3 원고를 탈고.

1848년(35세)

- 3월 26일 ≪기독교적 강화(講話)≫ 출판.
- 10월 <나의 저작 활동의 시점(視點)>을 탈고. 이 작품은 그의 사후 형 페터에 의해서 간행됨.

1849년(36세)

- <무장중립(武裝中立) ― 또는 '기독교계'에 있어서 그리스도교적 저작자로부터의 나의 위치>를 집필.
- 5월 14일 ≪들의 백합 하늘의 새 ― 세 가지 경건한 강화≫를 출판.
- 5월 19일 ≪두 윤리적 종교적 소론집≫ (H H 저) 출판.
- 7월 30일 ≪죽음에 이르는 병 ― 교화와 각성을 위한 그리스도적 심리학적 논술≫ (안티 크리막스 저, S. 키에르케고르 간행) 출판.
- 11월 13일 ≪'대사제' ― '죄 있는 여자' ― 금요일 성찬식에서의 세 가지 강화≫ 출판.

1850년(37세)

- 9월 27일 ≪그리스도교의 수련≫ (안티 클리막스 저, S. 키에르케고르 간행)을 출판.

1851년(38세)

- 8월 7일 ≪나의 저작 활동에 대하여≫, ≪금요일의 성찬식에서의 두 개의 강화 ― 언젠가 그 이름이 밝혀질 사람에게 드림≫을 출판.
- 9월 10일 ≪자기 시련을 위하여≫ 출판. <스스로를 심판하라> (1876년 형 페터에 의해 간행)을 집필.

1854년(41세)

· 6월 5일 마르텐센 셸란의 감독으로 취임.

1855년(42세)

· 5월 16일 ≪이것만은 말해 두어야겠다. 그러므로 여기서 말하기로 하자≫ (S. 키에르케고르 저) 출판.

· 5월 24일부터 9월 24일 사이에 ≪순간(瞬間)≫ 제1호~9호를 발행함. 제10호는 그의 사후 발견됨.

· 6월 16일 ≪그리스도는 공인(公認) 그리스도를 어떻게 심판할 것인가 ≫를 출판.

· 9월 3일 ≪신의 불변성 ― 한 가지 강화≫ (S. 키에르케고르 저) 출판.

· 10월 2일 노상(路上)에서 졸도하여 프레데릭 병원에 입원.

· 11월 11일 오후 9시 영면(永眠).

예언서 연구의 고전을 만난다!

저 자 : 게르하르트 폰 라트
옮 김 : 김광남 / 추 천 : 김회권 교수
정 가 : 484쪽(양장) / 20,000원
출간일 : 2011년 12월 15일
ISBN : 978-89-966495-1-9 (03230)

    이 책은 20세기를 대표하는 구약학자 게르하르트 폰 라트가 그의 걸작 『구약성서신학 I, II』(Theologiedes Alten Testament I, II) 중 예언서 부분을 비신학도들을 위해 개정해 펴낸 책이다. 이 책은 1967년에 예언자들의 메시지(Die Botschaft der Propheten)라는 이름으로 출간되었고 같은 해에 영어로 번역되었다.

    본 번역서는 영어책 The Message of the Prophets를 번역한 것이다. 이 책의 내용은 구약성서신학의 예언서 부분과 동일하다. 다만 이 책은 원전에 나타나는 히브리어, 전문적인 학술어, 그리고 많은 각주들을 생략하고, 복잡한 문장들을 가다듬고, 약간의 내용을 보완함으로써 비신학도들의 책 읽기를 돕고 있다. 폰 라트가 구약성서신학 중에서도 굳이 예언서 부분만을 빼내 이런 방식으로 개정해 별도의 단행본으로 펴낸 것은 그가 예언서들에 대해 갖고 있는 특별한 관심과 애정을 보여 준다.

    이 번역서는 번역의 충실함과 아울러 독자들의 수월한 책 읽기를 염두에 두고 만들어졌다. 그런 노력의 일환으로, 비록 원서에는 그런 구분이 없으나, 책의 내용을 면밀히 분석해 책 전체를 4개의 부(部)로 나눴다. 이것은 책의 전체적인 구도를 이해하는 데 도움이 될 것이다. 또한 각 장(章) 안에서도 여러 개의 중간제목과 소제목을 제공함으로써 그 장의 내용을 파악하는 데 도움이 되게 했다. 물론 역자가 임의로 책의 부를 나누고 중간제목과 소제목을 넣는 것은 위험할 수도 있다. 그러나 오랜 시간 동안 같은 책을 반복해서 읽은 사람의 판단이 이 책을 처음 접하는 독자들에게 도움이 될 수도 있을 것이다.

이보다 탁월한 십계명 강해는 없다!

칼빈의 육성으로 듣는 십계명 이야기

저 자 : 존 칼빈
옮 김 : 김광남
정 가 : 442쪽(양장) / 20,000원
출간일 : 2011년 6월 15일
ISBN : 978-89-966495-0-2 (03230)

칼빈에 따르면, 하나님은 이스라엘 백성에게 십계명을 선포하시기에 앞서 애굽 땅에서 그들을 구해내셨다. 즉, 은혜가 율법보다 앞섰던 것이다. 실제로 신명기에 실려 있는 십계명 관련 기사는 다음과 같은 형식을 갖고 있다. "나는 너를 애굽 땅, 종 되었던 집에서 인도하여 낸 네 하나님 여호와라 [그러므로] 나 외에는 다른 신들을 네게 두지 말지니라"(신 5:6–7). 이처럼 하나님의 구원의 역사가 십계명 선포보다 앞섰다는 사실은 십계명이 구원을 위한 조건이 아니라, 이미 구원을 얻은 자들을 위한 은혜의 법 임을 보여 주는 것이다.

칼빈의 십계명 강해는 1555년 6월 7일에 시작되어 7월 19일까지 계속되었다. 이 시기는 칼빈이 제네바에서 신정정치를 위한 기반을 다져가던 무렵이다. 칼빈은 이 강해를 통해 당시의 제네바 시민들을 향해 하나님의 은혜로 구원을 얻은 자들의 삶이 어떠해야 하는지를 역설했다. 그러므로 이 책을 통해 독자들은 교회와 역사의 새 시대를 열었던 종교개혁자의 생생한 육성을 통해 은혜의 시대를 사는 자들을 위한 기본적인 삶의 지침을 얻게 될 것이다. 그리고 더 나아가 하나님께서 이토록 위대한 설교자를 보내주셔서 우리를 깨우쳐 주신 것에 감사하게 될 것이다.

"칼빈이 십계명 강해를 통해 의도했던 것은 루터가 그의 갈라디아서 강해에서 강력하게 수행했던 것처럼 율법의 저주가 제거되었음을 축하하는 것이 아니었다. 오히려 그는 사람들에게 하나님의 율법은 기독교 신자들에게도 '참되고 영원한 의의 법'이라는 점을 납득시키고자 했는데, 그것은 십계명이 계속해서 사람들을 자기기만과 자기에 대한 의존으로부터 불러내고, 또한 그들로 하여금 그들의 삶을 위한 하나님의 법과 마주하도록 만들기 때문이다."

―벤자민 W. 팔러

죽음에 이르는 병

초판 1쇄 발행 2012년 9월 20일
재판 2쇄 발행 2023년 4월 21일

지은이 쇠렌 키에르케고르
옮긴이 박병덕
펴낸이 박종태

펴낸곳 비전북
출판등록 2011년 2월 22일 (제2022-000002호)
주소 10849 경기도 파주시 월롱산로 64
전화 031-907-3927 **팩스** 031-905-3927
이메일 visionbooks@hanmail.net
페이스북 @visionbooks **인스타그램** vision_books_

마케팅 강한덕 박상진 박다혜
관리 정문구 정광석 박현석 김신근 정영도
경영지원 김태영 최주영

공급처 ㈜비전북 T.031-907-3927 F.031-905-3927

ISBN 978-89-966495-8-8 03230